奈良女子大学叢書 2

# 日本史論

## ——黒潮と大和の地平から

小路田 泰直 編著

敬文舎

目次

# まえがき

最近私が危惧するのは、何事につけ東京だけが「中央」であり、あとは「地方」だという感覚が広がっていることである。「地方創生」などといったことも、その感覚を前提に語られる。大学の分類などもそれを前提に行われる。東京に存在する大学に、地方への貢献を求められる大学はないが、逆に東京以外に存在する国立大学のほとんどは、立地する地方への貢献を第一義的に求められる。何かそれが当り前のことのように思われている。

しかしはたしてそれは当り前だろうか。明治維新後、京都から東京に都（天皇と政府の居場所）が移った経緯から考えてみたいのだが、その前提となった大久保利通の「大坂遷都論」には次のようにあった。

天皇は四海を以て住処《すみか》とすべきなのに、京都という中央に居て安逸を貪っていてはならない。全国至る所、とりわけ塗炭《とたん》の苦しみに喘《あえ》ぐ人民の居る所に出かけていき、撫民《ぶみん》の実をあげなくてはならない。そこでまずは手始めに大坂に遷都すべしと。

この論理が根底にあって東京遷都は行われたのである。戊辰《ぼしん》戦争が京都から江戸、そして東北地方に広がるにしたがって、その塗炭の苦しみに喘ぐ人民の居場所が、東に広がったからである。

当然現実は、江戸時代三〇〇年を経て、江戸が日本一の大都会になっていたから、東京遷都は行われたのである。しかし建前は大事である。建前は東京が「中央」だから遷都が行われたのではない。むしろ「地方」を象徴する空間だったから、当時もっとも大きな困難に直面していた東北地方への入り口だったから、遷都は行われたのである。だから遷都も遷都令を出して大々的に行われたのではなかった。巡幸の途中に天皇が立ち寄る（駐輦《ちゆうれん》する）という形で、あくまでも「仮に」ということを強調する形で行われた。

そしてその建前――天皇や国家は公平無私であるべきこと――の重要性を知るから、明治維新後の国家は、東京を「地方」としてイメージするための装置として、逆に古都（京都・奈良）を「中央」としてイメージ化するための努力を怠らなかったのである。天皇の即位の場所を京都と定めたのは、そのためであった。第三帝大（京都帝国大学）を京都に設けたのもそのためであった。歴史的景観の保全などに厖大《ぼうだい》な資金を投じたのである。

しかし敗戦後の日本に、その配慮はなくなった。東京一極集中の進行を進行するがままに任せ、意識のレベルにおいてさえ、東京を「中央」、他を「地方」とみなしてはばからない感覚を身につけてしまった。社会に差別のあることを、差別する側の無神経さで肯定してしまったのである。今日列島中で進む地域社会の崩壊はその帰結である。

ただ世の中には、政府が何をいおうと、じっと我慢して踊らない人たちがいる。ひとつは「関西人」がそれだ。「関西人」は、いまなお自分たちの居場所を「地方」だとは思っていない。むしろ、良いことではないが、東京を「田舎」と見下している。自分たちの居場所が「上方《かみがた》」と呼ばれていた時代の記憶を、いまだに引きずっているのである。

あるいは、我が奈良女子大学を目指して集まってくる学生たちがそれだ。全国津々浦々から集まってくる。興味深いことだが、奈良女子大学は、東京にあるいかなる大学よりも全国区型の大学になっている。奈良が「中央」としてイメージされているからこそ起こることである。いまだに奈良や京都に日本の中心を見ようとする人びとは、たくさんいるのである。

いま日本は、東京一極集中と地方の極端な衰弱、そして人口減少という、二重苦、三重苦に喘いでいる。

当然対策が急がれている。「地方創生」が叫ばれ、大学なども、卒業生の地方への就職を斡旋《あっせん》し、それにひと役買えと言われている。しかし抜本的な解決法はどうも見いだせないでいるようである。しかしそれは当然である。東京にはあらゆる権力が集中している。その東京の住人が、自分たち以外をすべて「地方」と見下す感覚を捨てない以上、だれも「地方創生」の掛け声など本気にしないからである。

ではどうすれば良いのか。東京以外にもうひとつ「中央」を立ち上げ、東京の「中央性」を相対化し、結局は多極分散型の社会をつくりだすしかないのである。人が「地方」で生きることに価値を見いだし、誇りを感じられる社会をつくりだすしかないのである。

ではそのもうひとつの「中央」の可能性をもった場所は。当然、京都・奈良の古都しかありえない。無から有は生めない。京都・奈良を「中央」として「仮想」すること、それがいま日本が、その陥っている東京一極集中に端を発する種々の苦境から抜けだすために、まずやらなければならないことなのである。奈良女子大学や京都大学のもっている、ほかにない「中央性」を、所詮は徒花《あだばな》として圧しさるのではなく、むしろ積極的に助長することなのである。アメリカをはじめ多くの国が経済中心と政治中心の二都構造をもっている知恵にも学ばなくてはならない。

しかし、京都・奈良を「中央」化させるためには、そもそもなぜかつて京都や奈良がこの国の「中央」だったのか、その理由を説明しなくてはならない。そしていま改めて京都や奈良を「中央」化させるためには、いったい過去から何を学ばなくてはならないのか、それを考えなくてはならない。

そこで京都のことはさておき、奈良を舞台に日本史の通史を描いてみようというのが本書の目的である。なぜ日本史の通史を描くのか。奈良が「中央」であるということは、そこの歴史を描くことは、日本史の通史を描くことに直結するはずだからである。

ただその場合、もうひと言添えておかなくてはならないのは、我々が「中央」という場合、それは世界と日本との接点という意味も込めているということである。いま東京（羽田や成田）が世界と日本の最大の接点となっているのと同じ意味で。

しかしそういうと、古い時代において世界と日本との接点は北九州であって、大和＝奈良ではないだろうと、だれしも思う。だが我々は、大和こそが、古代以来、世界と日本を結ぶ最大の接点（ハブ）であったと考えている。なぜそう考えるのか。くわしくは本文中で触れるが、ひと言でいえば日本と世界をつなぐ最大の動脈は、長く、黒潮の流れだったからである。大和は黒潮と日本列島がぶつかる最大の半島、紀伊半島の中央部に位置し、さらには太平洋岸と日本海沿岸を容易に結べる位置にあった。だからそういうことになる。

我々はそのことに深く留意して、大和を舞台とした日本史を描く。北九州と朝鮮半島の間にしか日本と世界の接点をみない従来の日本史とは、相当に異なる日本史が描けるものと思う。期待をしてもらいたい。

さて本書の全体は、私の「概論」とそれを補強する村上麻佑子氏の「コラム」、および斉藤恵美氏・西村さとみ氏・西谷地晴美氏・村上麻佑子氏の関連する個別の論文によって成り立つ。何度も何度も話し合ってきたメンバーによる共同執筆なので、全体をひとつの作品として読んでいただければ幸いである。

小路田泰直

# 日本史論

## ――黒潮と大和の地平から

小路田 泰直

# はじめに

歴史学という学問は、けっして客観的な史実をただ記述するだけの学問ではない。仮説を立て、仮説を実証することによってはじめて成り立つ、いたって論理的な学問である。現代に語り継がれ、痕跡を残す歴史上の出来事など、歴史上の出来事のなかのほんの一部にすぎない。そのほんの一部の出来事から、人間の過去の総体を再構成しようとするのが歴史学である。

戦後歴史学の先達石母田正《いしもだしよう》は『中世的世界の形成』の冒頭、次のように述べている。「遺された歯の一片から死滅した過去の動物の全体を復元してみせる古生物学者の大胆さ」をもって行う学、それが歴史学であると。戦後歴史学の号砲ともなった発言なので引用しておく。

本書はかつて伊賀国南部の山間地に存在した荘園の歴史である。一つの荘園の歴史をたどりながらそこに大きな歴史の潮流をさぐりたいということは、久しい間の私の念願であった。日本の歴史の大きな流れをその全体性において把握し叙述するということはいうまでもなく、その発展の諸特質についてさえ明確な観念をもつにいたらなかった私には、まず一つの狭い土地に起った歴史を丹念に調べることよりほかに全体に近づく方法はないように思われた。この場合無数の荘園のなかで関係古文書のもっとも豊富な荘園の一つであり、かつ平安時代から室町時代までの長い時代を生きつづけた東大寺領伊賀国黒田荘はもっとも適当な研究対象であった。しかし本書において荘園の第一義的問題は時代や法の問題ではない。荘園の歴史は私にとって何よりもまず人間が生き、闘い、かくして歴史を形成してきた一箇の世界でなければならなかった。いかに関係古文書が豊富であっても、所詮それは断片的な記録にすぎず、荘園の歴史を一箇の人間的世界の歴史として組立てるためには、遺された歯の一片から死滅した過去の動物の全体を復元して見せる古生物学者の大胆さが必要である。この大胆さは歴史学に必須の精神である。しかしこの大胆さを学問上の単なる冒険から救うものは、資料の導くところにしたがって事物の連関を忠実にたどってゆく対象への沈潜と従来の学問上の達成に対する尊敬以外にはない。本書もそれが学問上の著作たろうと期する以上、この二つの精神をうしなわないように努めたつもりである。

（石母田正、一九五七）

だから歴史学には問いを発し、仮説を立て、それを論証する力が求められる。ではその、問いを発し、仮説を立てる力はどこから得られるのか。多くの研究者は、それを過去の研究の徹底した整理と学修から得られると考えている。だから論文を読むときも、研究史の整理が十分かどうかをまず見る。たしかに過去の研究史をしっかりと学べば、そこに新たな歴史の見方へのヒントが隠されているというのは、十分にあり得る。その意味で研究史の学修そのものを否定する人はいない。ただその問いを発し、仮説を立てる力は、研究史を学びさえすれば得られるかというと、残念ながらそうはいかない。ほかの学問ならいざ知らず、歴史学の場合はそうはいかない。

なぜならば、人はじつは歴史の大まかな流れを、だれに教えられるまでもなく、あらかじめ知っているからである。だれに教えられなくても、人が言葉を覚えるのとそれは似ている。人もまた歴史的進化の所産だからである。人が母親の胎内で成長するとき、その長大な進化の過程を再現してみせる、その延長上に人はある。

だとすれば、その人があらかじめ知っている歴史と、既存の歴史の説明とのあいだに大きなズレが生じたとき、問いが発せられ、仮説が生まれる。したがって、問いを発し、仮説を生む力は、根本的にはみずからの内面を凝視する哲学的思惟から生まれる。その意味で歴史学は、哲学同様たんなる社会科学ではない。そしてみずからの内面を凝視するということは、「我」だけでなく、「我々」の内面をも凝視することにつながる。みずからが属する社会に身を埋めて物事を考えるということが、歴史学にとって重要であるゆえんである。

逆に歴史学がアプリオリに世界史にはなり得ないゆえんでもある。だから歴史を学ぶ者にとって、地域から歴史を考えるということもまた大事なのである。それは決して地域史を描くということではない。あくまでも地域から歴史を考えるということである。平行移動させれば、日本史を考えることをつうじて世界史を考えるということである。

しかしこれまでこの国の歴史学――と歴史教育――は、この歴史学の王道を歩んでこなかった。日本史を学ぶことと世界史を学ぶことを完全に切り離し、地域史を学ぶことの重要性に気づいてこなかった。ではなぜそれでやれてこられたのか。残念ながらみずから問いを発し、仮説を立てる必要に駆られてこなかったからである。

極端な言い方をすれば、歴史の大筋は西欧人から学び、それを日本史に適応することをみずからの課題と考えてきたからである。またそれで事足りてきた。西欧が世界で唯一の先進地域であり、それを模すことが、日本も含めほかの社会にとっては発展の原動力だったからである。

だがもうそれではやっていけなくなった。この間叫ばれつづけたグローバル化ということの裏返しとして、環境問題であれなんであれ、世界中がほぼ同時に、同じ問題に直面しはじめているからである。自分たちの直面している問題解決の先行事例を、西欧に求めることができなくなってきたからである。

ならば我々も、みずから問い、仮説を立て、答えを見いだす本来の歴史研究を、これからははじめなくてはならない。地域にも沈潜しなくてはならないのである。私の場合であれば、奈良に。奈良を中心に、日本・アジア・世界を同心円的に捉え、歴史を描かなくてはならないのである。

では奈良に歴史を眺める視座を据えたとして、いま問うべきことは何か。私は二つあると思う。

ひとつはなぜ「こんな所」で日本の国は生まれたのかとの問いである。大和が日本建国の舞台になったことについては異論はないと思うが、いまの奈良のさびれようを見るとき、やはりその問いは生まれる。いま近畿地方で三都といえば、通常は京都・大阪・神戸のことを指して、奈良は指さない。不便だからである。加えて、吉野川水系やその南となると、日本でも有数の過疎地とみなされている。その不便きわまる所が、かつてこの国の建国の舞台になったというのが信じられないからである。

　そしていまひとつは、大和はなぜいまなお日本人のアイデンティティーの中心たり得ているのかとの問いである。日本の代名詞になり得る地域名は大和しかない。山城（京都）も武蔵（東京）もそれにはなり得ない。我々はいまなお自分たちの国のことを大和と呼び、自分たちの心を「大和心」や「大和魂」と呼んでいる。

　考えてみれば、都が大和を去り、山城（長岡京・平安京）に移ってからもう一二〇〇年以上の歳月が経っている。現代の歴史学（古代史学）がいうように、大和王権の誕生が、早くて三世紀（邪馬台国誕生）、遅ければ五世紀（倭王武《ぶ》が中国南朝に上表文を提出）だとすると——じつは後述するようにそれは間違っているのであるが——、都が大和を去ってからの時間のほうが、都が大和にいた時間より長い。にもかかわらず、我々はみずからのアイデンティティーを言い表すのに、「大和」という言葉を用いつづけている。それはなぜか。当然問われるべきことである。

　いずれも奈良に視座を据えてこその問いであり、かつその解を見いだすことは、日本史全体の解釈に大きな影響を与える問いである。

この問いに仮説的に答えること、それが本書の課題である。

では何を論ずることから我々ははじめるべきか。何からはじめてもよさそうなのだが、私はこれまで自分が考えてきたことの経緯もあり、邪馬台国論争について私見を述べることからはじめる。

邪馬台国論争というのは、ご存知、「魏志倭人伝」に記された邪馬台国が、畿内（大和）にあったのか、九州にあったのかを巡る論争だが、いまや文献に拠る古代史家がだれも取り合わなくなってしまった論争である（若井敏明、二〇一〇）。文献的には答えの見いだしようがないということで、結論がいちおう出てしまっているからだ。論争の主役は、文献史家から考古学者に移り、纒向《まきむく》遺跡（奈良県桜井市）と吉野ケ里《よしのがり》遺跡（佐賀県）のどちらが邪馬台国だったのかを巡り、いまなお熱い論争が戦わされている。この論争に分け入ることからはじめる。

というのも、私には、いまやだれも支持してくれそうにない、奇妙な歴史観があるからである。それは歴史として書かれた歴史には、通常嘘《うそ》はないという歴史観である。当然誤解や曲解はある。しかし意図して書かれた嘘はないと考える。

いま流行の歴史観とは違う。どのみち歴史など、時の支配者がみずからを正当化するために書いた物語にすぎない。だから嘘だらけだというのが、いまの常識だ。「言語論的転回」や「構成主義」といった言葉を用いてそれを言う歴史家は多い。だから『古事記』や『日本書紀』など信じてはならない。

大化改新はなかった。聖徳太子はいなかった。こういった言い方が、世の中には溢れている。しかし私はいちばん嘘が多いと思われている『古事記』や『日本書紀』でさえ、基本的には嘘はないと思っている。誤解や曲解、省略はいくらでもあるが、である。

理由は簡単である。嘘の歴史を書こうと思って書けるほど、人は賢くはないというのがひとつ、いまひとつは、嘘を書きたかったら、歴史など書かずに、そもそもフィクションである物語を書けばいいだけの話だからである。事実そうした人はいた。

日本紀などはただかたそばぞかし　（『源氏物語』蛍巻）

と主人公光源氏に語らせて『源氏物語』を書いた、紫式部がその人である。フィクションを書きたければ、そうすればいいだけのことだからである。

ではその私の歴史観に立ったとき、文献的には答えの出しようのないことが、ほぼ合意に達してしまっている邪馬台国論争とは、どう見えるのか。だれも気づかないほど根本的な誤読が、現代の歴史学の側にあるのではないかと思う。ならばその限界を越えることは、歴史学の革新につながる。だから邪馬台国論争についての私見の提示から入るのである。

# 第一章　邪馬台国論争再論

# 邪馬台国論争とは何か

## 論争の前提となる不可解

まずは邪馬台国論争とは何か、その整理からはじめる。それは言うまでもなく、「魏志倭人伝」にある、つぎの、帯方郡《たいほう》から邪馬台国に至る行程記事をどう読むかを巡る論争である。その読み方によって、邪馬台国を九州にある国とみるか、畿内・大和にある国とみるかの論争である。

郡（帯方郡）より倭に至るには、海岸に循って水行《すいこう》し、韓国を歴《へ》て、乍《あるい》は南し乍は東し、その北岸狗邪韓国《くやかんこく》に到る七千余里。始めて一海を度《わた》る千余里、対馬国に至る。その大官を卑狗といい、副を卑奴母離《ひなもり》という。居る所絶島、方四百余里ばかり。土地は山険しく、深林多く、道路は禽鹿の径の如し。千余戸あり。良田なく、海物を食して自活し、船に乗りて南北に市糴《してき》す。また南一海を渡る千余里、名づけて瀚海《かんかい》という。一大国に至る。官をまた卑狗といい、副を卑奴母離という。方三百里ばかり。竹木・叢林多く、三千ばかりの家あり。やや田地あり、田を耕せどもなお食するに足らず、また南北に市糴す。

また一海を渡る千余里、末盧国に至る。四千余戸あり。山海に浜《そ》うて居る。草木茂盛し、行くに前人を見ず。好んで魚鰒《ぎょふく》を捕え、水深浅となく、皆沈没してこれを取る。東南陸行五百里にして、伊都国に到る。官を爾支といい、副を泄謨觚・柄渠觚という。千余戸あり。世々王あるも、女王国に統属す。郡使の往来常に駐《とどま》る所なり。東南奴国に至る百里。官を兕馬觚といい、副を卑奴母離という。一万余戸あり。東行不弥《ふみ》国に至る百里。官を多模といい、副を卑奴母離という。千余家あり。

南、投馬国に至る水行二十日。官を弥弥といい、副を弥弥那利という。五万余戸ばかり。南、邪馬壱国に至る、女王の都する所、水行十日陸行一月。官に伊支馬あり、次を弥馬升といい、次を弥馬獲支といい、次を奴佳鞮という。七万余戸ばかり。女王国より以北、その戸数・道里は得て略載すべきも、その余の旁国は遠絶にして得て詳かにすべからず。

次に斯馬国あり、次に己百支国あり、次に伊邪国あり、次に都［郡］支国あり、次に弥奴国あり、次に好固都国あり、次に不呼国あり、次に姐奴国あり、次に対蘇国あり、次に蘇奴国あり、次に呼邑国あり、次に華奴蘇奴国あり、次に鬼国あり、次に為吾国あり、次に鬼奴国あり、次に邪馬国あり、次に躬臣国あり、次に巴利国あり、次に支惟国あり、次に烏奴国あり、次に奴国あり。これ女王の境界の尽くる所なり。

その南に狗奴国あり、男子を王となす。その官に狗古智卑狗あり。女王に属せず。郡より女王国に至る万二千余里。（「魏志倭人伝」）

問題の箇所は傍線（実線）部である。現実を踏まえて「南」は「東」と読み替えていいとして、ふつうだれしも、北九州の不弥国から水行二〇日で行き着く投馬国は吉備（岡山県）あたり、そこから水行一〇日で再上陸するところは大阪湾のどこか、と考える。するとそこから大和まで一月は、どう考えてもかかりすぎなのである。

方位を、「南」を「東」と読み替えたぐらいでは、大和に行き着かない。邪馬台国は大和国だということにならない。それは不可解だということになり、そこで傍線部に限らず、この行程記事全体にどこか間違いがあるのではないか、暗号めいた謎があるのではないかということになってはじまったのが、その謎解きのための論争、邪馬台国論争なのである。

論争は、一九一〇年に、東京帝国大学の白鳥庫吉《しらとりくらきち》と京都帝国大学の内藤湖南《ないとうこなん》のあいだではじめられたが、たとえば白鳥庫吉は、距離に関して里数で書いたところと日数で書いたところがあることに注目し、里数で書いているところだけをみると、最後に「郡より女王国に至る万二千余里」とあるから、それから、帯方郡から不弥国までの一万七〇〇余里を引くと、不弥国から邪馬台国までの距離はわずか一三〇〇余里程度となる。非常に短い。要は日数で書かれたところは誇張がありすぎ、無視してもかまわないと考え、邪馬台国は九州のなかにあるとしたのである（小路田、二〇〇一）。

その百家争鳴のありさまは、佐伯有清《さえきありきよ》氏の『邪馬台国』（佐伯、一九七一）、『戦後の邪馬台国』（佐伯、一九七二）、『邪馬台国論争』（佐伯、二〇〇六）などにくわしい。参考にしていただければと思う。ただ最近では、もうこの「魏志倭人伝」の行程記事をどう読んでみても論争に決着はつかないということになり、論争の主役は、考古学者たちに移っている。佐賀県にある吉野ケ里遺跡を邪馬台国の跡だとする人たちと、奈良県桜井市にある纏向遺跡こそ邪馬台国の跡だとする人たちとの論争に、である。

## 経路は日本海

しかし私は、この論争に接するとき、強い違和感を覚える。それは、だれしもが、傍線部に書かれてあるとおりに行けば、「南」を「東」に読み替えたぐらいでは絶対に大和に行かないことを前提に、そのことの不可解さを前提に論争に参加しているが、そもそもその前提が成り立つのかとの疑問を抱いているからである。

傍線部は、方位の問題はしばらくおくとして、距離の問題に限っていえば決して不可解ではない。不弥国から「南」へ――じつは「東」へ――水行二〇日、さらに水行一〇日行くのを、みな瀬戸内海を行ったと考えるから不可解に思えるのである。

日本海を行ったと思えば、その不可解さは一挙に解消する。北九州から瀬戸内海を行くのも、日本海を行くのも方位は同じ「東」だから、それはあり得る。そうすれば不弥国から水行二〇日で行く投馬国は出雲国、そこからさらに水行一〇日行き再上陸するところは丹後半島の付け根付近（宮津）、もしくは若狭湾のどこか（小浜か敦賀）、そこから大和まで陸行一月かかったとしても、決しておかしくはないからである。

ひとつだけ疑問が残るとすれば、たいせつな魏の使いを招くのに、わざわざ山また山を越えさせる日本海ルートを選ぶだろうかとの疑問だが、じつは丹後半島の付け根から大和に至るのに、ほとんど山越えの心配はない。日本海に注ぐ由良川《ゆらがわ》を遡上して瀬戸内海に注ぐ加古川の上流に出るのに、越えなくてはならない分水嶺は、わずか海抜九五メートルしかない。あるいは琵琶湖を経由したと考えてもいい。

そして書かれてあるとおりに行って大和に至る道がひとつでもあれば、傍線部は決して不可解ではなくなる。だとすれば論争の前提が崩れる。繰り返される論争に接するとき、私が強い違和感を覚えるゆえんである。

## 「方位問題」によせて

### 倭は「会稽の東」

以上、結論的にいうと、ありもしない謎をあるかのように言い、やっても意味のない論争を延々と一〇〇年もやりつづけてきた無駄な論争、それが邪馬台国論争だったということになる。「魏志倭人伝」の行程記事は、ただひたすら素直に読めばいいだけなのである。ならばなんの問題もなく邪馬台国は畿内（大和）にあったということになる。邪馬台国とは大和国のことになるのである。ただ、「魏志倭人伝」はただひたすら素直に読めばいいなどというと、必ず返ってくる反論がある。では方位も素直に読んでいいのかとの反論である。たしかに南を東と読み替えない限り、畿内説は成り立たない。というよりもすべての説が成り立たない。日本列島の形状を考えるとき、「南」は「東」であり、「魏志倭人伝」の記事はたしかに間違っている。それをそのとおり読むわけにはいかない。

ただ世の中には同じ間違いでも、故なき間違いと、故ある間違いがある。故なき間違いは単に間違いとしか言いようがないが、故ある間違いは、その間違いの生じた原因を探り当てることによって、より深い正しさに行きつくことができる間違いである。では「魏志倭人伝」の方位の間違いは、どちらの間違いだったのか。当然故ある間違いの方であった。

ではその間違いの故とは。そこで注目すべきは、同じ「魏志倭人伝」に書かれたつぎの部分である。

男子は大小となく、皆黥面文身《げいめんぶんしん》す。古より以来、その使中国に詣るや、皆自ら大夫と称す。夏后小康の子、会稽《かいけい》に封ぜられ、断髪文身、以て蛟竜《こうりゅう》の害を避く。今倭の水人、好んで沈没して魚蛤を捕え、文身しまた以て大魚・水禽を厭《はら》う。後やや以て飾りとなす。諸国の文身各々異り、あるいは左にしあるいは右にし、あるいは大にあるいは小に、尊卑差あり。その道里を計るに、当に会稽の東にあるべし。その風俗淫ならず。……但耳・朱崖と同じ。

（「魏志倭人伝」）

**混一疆理歴代国都之図**　15世紀初め李氏朝鮮で制作された世界地図で、現存する世界最古の世界地図。龍谷大学図書館蔵

古代中国人は日本（倭）のことを、「会稽の東」にある国と認識していた。

稽というのは長江《ちょうこう》下流の現在の浙江《せっこう》省紹興《しょうこう》市――紹興酒の産地として知られている町――付近のことで、紀元前、秦《しん》により中国が統一される少し前までは、越《えつ》

という国が存在した――それを楚《そ》が滅ぼし、その楚を秦が滅ぼした――ところである。その越の故地の東方海上に位置する国として、古代中国人は日本のことを認識していたのである。

しかも彼らは、日本が北九州で朝鮮半島と近接していたことも知っていた。だから魏の使いは帯方郡を発し、対馬・壱岐・九州北部を経て邪馬台国にやってきているのである。

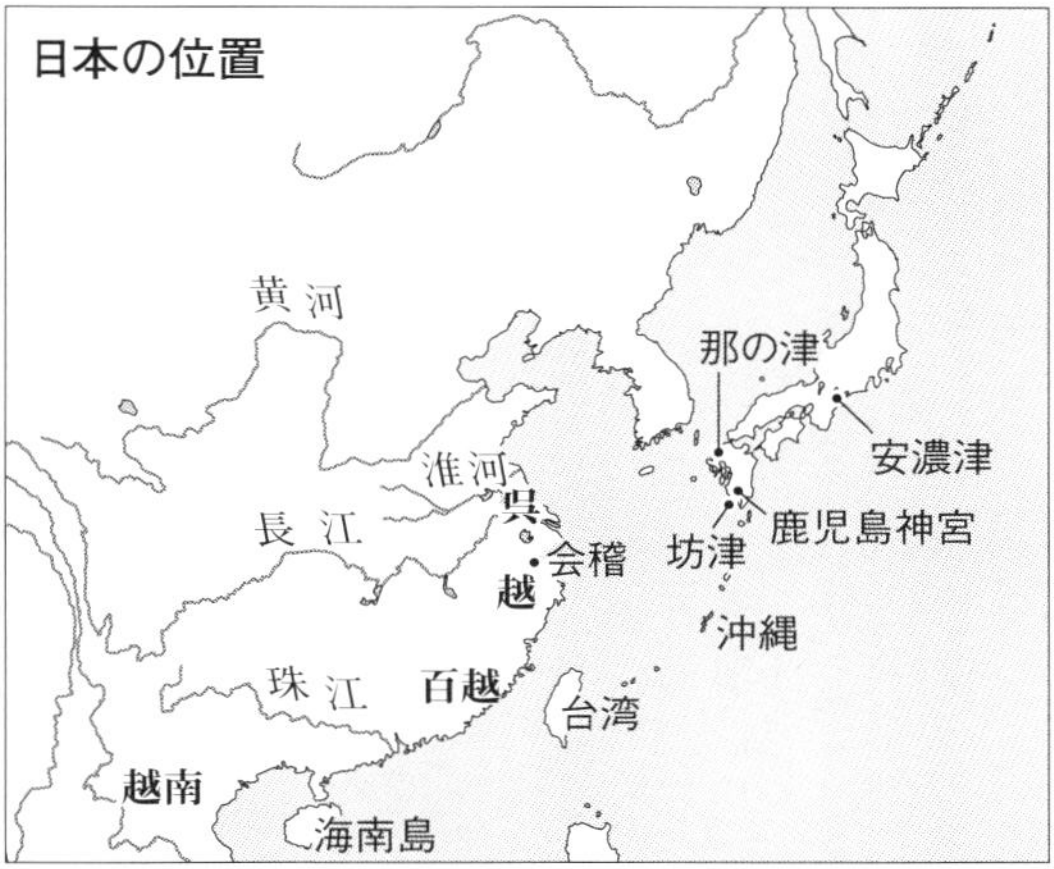


ということは、彼らは日本を、九州から遠ざかれば遠ざかるほど南へのびていく国として理解していたことになる。それが、彼らが南へ行くことを東へ行くと誤解した原因であった。

事実、日本列島を九州を北にして南北にのびる列島として描いた地図は存在する。次の、一五世紀の初め李氏朝鮮で描かれた、現存する世界最古の世界地図「混一疆理歴代国都之図」（龍谷大学所蔵）などがそれだ。

これはたしかに李氏朝鮮で描かれた地図ではあるが、もとはといえば元《げん》以前の中国人の世界認識から学んだ地図だ。だから南と東の間違いは故ある間違いだったのである。

## 倭と越と呉

しかも重要なことは、古代中国人が日本のことを「会稽の東」にある国と認識していたことには、それなりの合理的根拠があったということである。倭人と越人の風俗の近似がそれであった。「魏志倭人伝」によれば「好んで沈没して魚蛤を捕え、文身しまた以て大魚・水禽を厭」うのが「今倭の水人」の風俗。「断髪文身、以て蛟竜の害を避」けるのが「夏后小康の子」——中国最古の王朝夏《か》の六代目の王小康の子無余——の建国した越の国の人びとの風俗であった。

しかもその風俗は、「但耳・朱崖」（広東省と海南島）に住むベトナム（越南）人の風俗とも近似していたという。

風俗の近似は、倭と越の同緯度性を思わせるのに十分な根拠となる。人の風俗は暑さ寒さに決定的に左右されるからである。したがって古代中国人が日本のことを「会稽の東」にある国と認識したことには、彼らの主観に照らすとき、一定の合理的根拠があったのである。

しかも三世紀ごろの日本人に「文身」（入れ墨）の風習のあったことは、古墳時代の人形埴輪《ひとがたはにわ》に入れ墨をした埴輪があることなどから確認できるし、当時の日本人とベトナム人の風俗に強い共通性のあったことは、日越両社会の青銅器文化の近似性——日本の銅鐸に描かれた絵画や文様とベトナムの銅鼓に描かれた絵画や文様の近似——などからも想像できる。この点、くわしくは村上麻佑子氏のコラ

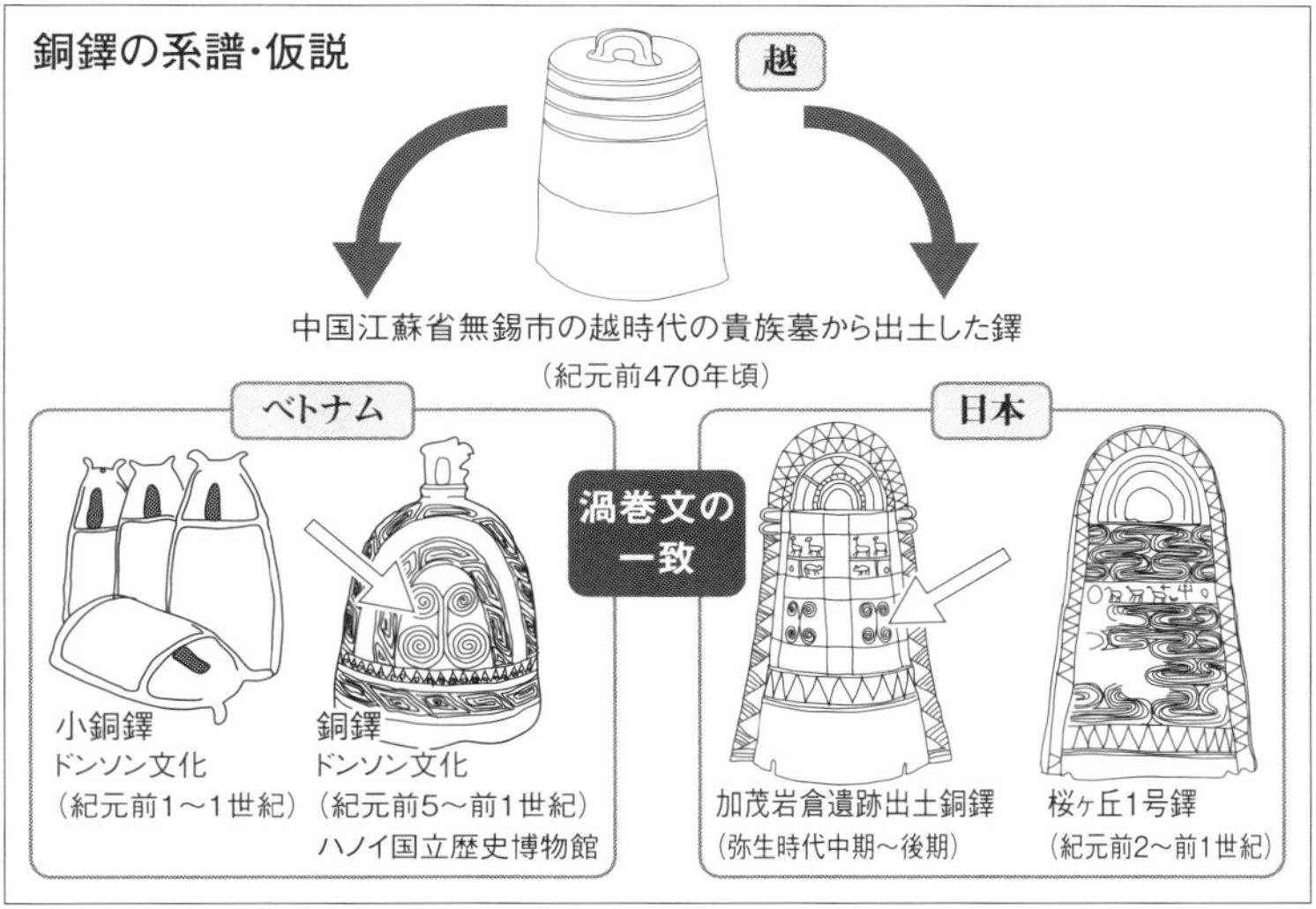


銅鐸の起源は、いまのところ中国北部の遊牧民が牛馬につけていた鈴が起源ということになっているようだが、越の国でつくられた陶鐸が起源との説もある。その説に立ったときの鐸の系譜。

ムを参考にしていただきたい。

それに加えて日本を「会稽の東」にある国と認識していたのは、どうも古代中国人の一方的な思い込みではなかったようなのである。古代日本人（倭人）もまた、自分たちの国を「会稽の東」にある国と認識していたようなのである。

「魏志倭人伝」に「古より以来、その使中国に詣るや、皆自ら大夫と称す」とあるところは、「魏志倭人伝」のもとになった『魏略』では「……皆自ら太白の後と称す」となっていた（石原、一九五一）。呉といえば、かつて越と長江下流域の覇権を争った国であり、「太白」といえばその呉の始祖である。ということは、古代日本人もまた長江下流域に住む人びとをみずからのルーツと考え

**日本の銅鐸とベトナムの銅鼓の模様の類似**

ベトナム青銅器文化を代表する銅鼓と日本の青銅器文化を代表する銅鐸に描かれた模様や絵画の近似。転じてそれは両社会の風俗の近似を示している。

ていたことになる。

そしてそう考えればつじつまが合うのが、古来日本人が中国のことを「もろこし」と呼んできたことである。「もろこし」とはいまでこそ「唐土」と書くが、発音から類推すれば、当然「諸越」、すなわち諸々の「越」、「百越」のことを指す。「百越」とは長江流域から華南、インドシナ半島にまで広がった越族の総称である。中国人からみれば日本は「会稽の東」の国、日本人からみれば中国は「諸越」、それは見事に対応していたのである。したがって古代日本人にとっても、日本は「会稽の東」の国だったのである。

だとすれば「魏志倭人伝」における南と東の間違いが、故なき間違いでなかったことは明らかである。ということは、その間違いがあるからといって、「魏志倭人伝」を素直に読むことをやめるべきではないことも、またたしかなのである。

# 黒潮の道の発見

## 黒潮文明圏の存在

ただひとつ説明を要することがある。では、古代中国人からは日本が「会稽の東」にある国に見え、古代日本人からは中国が「諸越」に見える根拠となった、「好んで沈没して魚蛤を捕え、文身しまた以て大魚・水禽を厭」う「いま」の「倭の水人」の風俗と、「断髪文身、以て蛟竜の害を避」ける「夏后小康の子」の建国したかつての越の人びとの風俗と、「但耳・朱崖」に住む人びとの風俗の近似という事態がなぜ起きたかである。

考えられる理由はひとつしかない。黒潮の流れがその三つの世界を密接に結びつけていたからである。その三つの世界がともに、黒潮文化圏とでも呼ぶべき世界に属していたからである。そしてそれは、考えてみれば当たり前のことであった。日本海・東シナ海・南シナ海はそれぞれ大陸と島嶼に囲まれた内海を形成しており、それぞれが天然の交通路であることに加えて、その三つの海が黒潮の流れによってひとつに結ばれていた。ならばそこに黒潮文化圏が誕生するのは、自然なことだったからである。

ただこれまでの日本史学はそのことに気づいてこなかった。日本と世界の接点は朝鮮半島と北九州の間ぐらいしかないと、勝手に思い込んできた。

## 津田史学の弊害

しかも、意図して気づいてこなかった。二〇世紀に入るころからこの国の歴史学は、日本と中国の間の関係さえつぎのように考える、津田左右吉《つだそうきち》的歴史学（津田史学）の強い影響下に発展してきたからである。

（私の考えは）日本の文化は、日本の民族生活の独自なる歴史的展開によって、独自に形づくられたものであり、従つてシナの文明とは全く違ったものである、といふこと、日本とシナとは、別々の歴史をもち別々の文化なり文明なりをもつてゐる、別々の世界であって、この二つを含むものとしての、一つの東洋といふ世界は成りたつてゐず、一つの東洋文化東洋文明といふものは無い、といふこと、日本は過去においては、文化財としてシナの文物を多くとり入れたけれども、決してシナの文明の世界につゝみこまれたのではない、といふこと、シナからとり入れた文物が日本の文化の発達に大なるはたらきをしたことは明かであるが、一面ではまた、それを妨げそれをゆがめる力ともなつた、といふこと、それにもかゝはらず、日本人は日本人としての独自の生活を発展させ、独自の文化を創造して来た、といふこと、日本の過去の知識人の知識としては、シナ思想が重んぜられたけれども、それは日本人の実生活とははるかにかけはなれたものであり、直接には実生活の上にはたらいてゐない、といふことである。

（津田左右吉、一九六五）

日本という国は、四方を海に囲まれているから孤立し、外からの刺激が極端に少なかったから容易に発展することができず、隣接する世界がつぎつぎと文明化していくなかでも長く未開にとどまり、時として大陸から先進的な文明が流れ込んできても、未開人の悲劇で、それを理解することができず、結果的に受け容れることなく過ごしてきた。しかしなにが幸いするか知れない。その結果、鎌倉時代ぐらいになってようやく文明の域に達したときには、世界でもまれに見るユニークな固有の文化をもつ国になっており、それが日本の国民国家形成に決定的な役割をはたした。

こう考える歴史学の影響下に、二〇世紀日本の歴史学は発展してきた。だから当然、日本が黒潮文化圏のなかにあるなどとは、考えたくもなかった。だからそれに気づこうとしなかった。せいぜいあっても、日本と世界の接点は、朝鮮半島と北九州の間ぐらいと考えてきたのである。それまで否定する勇気はさすがになかったようなのである。

しかももうひとつ大事なことは、いま我々が問題にしている邪馬台国論争というのは、この津田史学的歴史学を生みだす、じつは培養基のような役割をはたした論争であったということである。論争の引き金を引いた白鳥庫吉は、上記「魏志倭人伝」の行程記事の次の部分に注目したから、九州説を唱えたのである。

女王国より以北、その戸数・道里は得て略載すべきも、その余の旁国は遠絶にして得て詳かにすべからず。

彼はこれを、北は西だから、邪馬台国以東には三世紀の段階でいまだ中国文明の影響が及んでいなかった証拠と解釈した。だとすれば、邪馬台国が九州にあれば、三世紀の段階で、九州より東の日本列島の大半は、いまだ中国文明の影響を受けていなかったことになる。そこでは固有の日本文化の発展がみられたことになる。その後、いかにはげしい中国文明の影響があったとしても、それによって破壊されることのない、日本固有文化の形成の歴史的余地を見つけだすために、彼は九州説を唱えたのである。

そして日本文化など所詮は中国文明圏の辺境に生まれた田舎文化にすぎないと考える内藤湖南とぶつかったのである。当然論争の主導権は内藤ではなく、白鳥が握った。

だから邪馬台国論争は、上記の津田史学的歴史学を生みだす培養基の役割をはたしたのである。邪馬台国論争のはじまりが一九一〇年であり、津田左右吉が『神代史の新しい研究』を発表したのが一九一三年であったこと、さらには津田が白鳥の愛弟子であったことからして、それは言いうる。またたから、津田史学的歴史学が健在である以上、人びとの邪馬台国論争への関心も衰えないということにもなるのである、

ということは逆に、その邪馬台国論争の再検討から、この国の形成における黒潮の道の重要性が発見しえた意義は大きい。それは、二〇世紀をつうじて強い影響力をもってきた、津田史学的歴史学にピリオドを打つきっかけになり得るからである。

# 第二章　日本の形成と黒潮の道

# 黒潮の道が運びし人と物

## 琉球と越

そこで、黒潮の道に視点を定めてこの国の歴史の読み直しをはかることが、これからの私の課題であるが、その前に黒潮の道が日本社会の形成にどれほどの影響を与えたのか、わかる範囲で確認しておこう。

まずは黒潮の道が運んできた物について。弥生時代の代表的装飾品貝輪、もしくはその原材料のゴホウラ貝を運んできた。村上麻佑子氏によれば、装飾品は同時に貨幣でもあった（村上、二〇〇九）。社会の交換・分業が成り立つために必須の、貨幣を運んできたのである。それ以外に、その原産地が長江下流域であることを考えると米なども運んできたと思われるが、いまのところ確証がないので、触れないでおく。

ついで人であるが、さまざまな人が、渡来人として黒潮を伝ってやってきた。そこで興味深いのは次の、「古い地名・伝承・氏族・神社、この四つを組み合わせ」ることで、とりわけ「地名」から「文献記録だけではたどれない古代」のことを知ることは可能であるとの谷川健一氏の指摘である。

今日のように民俗現象が急速に衰退しているとき、それにかわるべきものがなくてはならない。そこで私は古い記録のなかの伝承、さては口碑として残る民間説話のたぐいを重視する。それと共にその土地に縁由のある神社や古代氏族名も欠かすことのできない対象である。古い地名、伝承、氏族、神社、この四つを組み合わせることで、文献記録だけではたどれない古代に遡行することができると考える。

（谷川健一、一九七九）

この指摘にしたがうとき、列島中に、越人や呉人の渡来の痕跡を示す地名、氏族名が結構多いことに、我々は気づく。まず越人渡来の痕跡を示す地名・氏族名のほうだが、「こし」と読むか「えつ」と読むかは別として「越」という字のつく地名は多い。福井（越前）・富山（越中）・新潟（越後）三県にまたがるかつての「越の国」などはその代表例である。またその「越」の変じた「巨勢」や「御所」といった地名も、大和には残る。また「越」を呉音（日本人の漢字の読み方）で読めば「おち」になるが、「越智」という地名や氏族名も多い。愛媛県東部（越智郡、現在の今治市）に蟠踞《ばんきょ》し、のちに支族として河野氏や村上氏等を生んだ古代豪族——そして海賊の——越智氏などがそれである。

ちなみに越智氏といえば、『新撰姓氏録《しんせんしょうじろく》』によると、孝霊《こうれい》天皇の皇子小千皇子に端を発する皇別氏《こうべつし》族《ぞく》——天皇家から分かれた氏族——ということになっているが、越智氏がその祭祀を執り行ってきた大山祇《おおやまづみ》神社（大三《おおみ》島《しま》）の社伝によれば、神武天皇東征の先駆けとして四国に侵攻し、瀬戸内海の制海権を掌握した、大山津見神の子孫「乎千命《おちのみこと》」に発する氏族ということになっている。だとすれば、越智氏は南の海からやってきた氏族ということになる。越智氏が海賊を生業としていたことからしても、「断髪文身、以て蛟竜の害を避く」風俗をもつ越人の子孫であった可能性はきわめて高いといわなければならないのである。

なお、さらに付け加えておくと、越智氏は大和にも大きな広がりをもっていた。南北朝時代、大和南部を拠点に南朝側に立ち、北朝側に立った筒井氏と大和を二分していたのは越智氏であった。また奈良盆地の南部とその周辺には、大和の産土山口《うぶすなやまぐち》神社が多数分布しているが、山口神社の祭神といえば、例外なく越智氏の祖「乎千命」の、そのまた祖大山津見神（大山祇神）であった。それも、古代以来の大和における越智氏の広がりの大きさを物語ってくれているように、私には思える。奈良県五條市一帯をさす宇智《うち》郡の「宇智」も、「越」からきたのだと思う。

## 呉と隼人

ついで呉人渡来の痕跡を示す地名・氏族名のほうだが、広島県呉市の「呉」や、富山市呉羽《くれは》町の「呉羽」、滋賀県長浜市余呉《よご》町の「余呉」などが代表格である。当然それらも、かつて越人と並んで呉人の渡来が盛んであったことの証しだったたと思われる。

しかも重要なことは、長く日本人のあいだに、先にも触れたが、みずからを「太白の後」とする考え方が広がっていたことである。大隅《おおすみ》国の一宮鹿児島神宮には、いまなお太白が祭神として祀られている。呉人の渡来が日本社会に与えた影響の大きさがうかがえる。日本人の漢字の読み方に呉音が多く残っていることなども、その影響の大きさを物語る一例ではないだろうか。

ほかにもさまざまな人びとが黒潮の流れに乗ってやってきた。たとえば秦の始皇帝の命令で、不老不死の妙薬を求めてやってきた徐福《じょふく》など、である。そのなかには隼人《はやと》と呼ばれる人たちもいた。

隼人は「阿多」という姓をもつが、隼人の拠点大隅や、「アタ」の名がつく地名や氏名が、けっこう各地に残る。京都府京田辺市の「大住」や、京都盆地北西部の「愛宕《あたご》」や「化野《あだしの》」、静岡県の「熱海」、奈良県大淀町の「大阿太《おおあだ》」などがそれだ。平安京が建設される以前、京都盆地一帯に勢力を張っていた——広隆寺を創建したことなどでも知られる——秦《はた》氏なども、いちおう秦の始皇帝の血を引く百済《くだら》系の渡来人（応神期）弓月君《ゆづきのきみ》の子孫ということになっているが、じつは「アタ氏」だったのかもしれない（小路田泰直、二〇一一）。

そして隼人は、いうまでもなく日本社会の形成に大きな影響を与えた。保立道久氏によれば、この国の物語文学の嚆矢《こうし》『竹取物語』は、まさに隼人社会に育まれた文学だった。南方の産である竹を列島社会にもたらしたのは隼人であったことと、それは関連していた（保立道久、二〇一〇）。だから、隼人の痕跡の色濃い京都盆地南西部は、いまなお日本有数の竹の産地なのである。

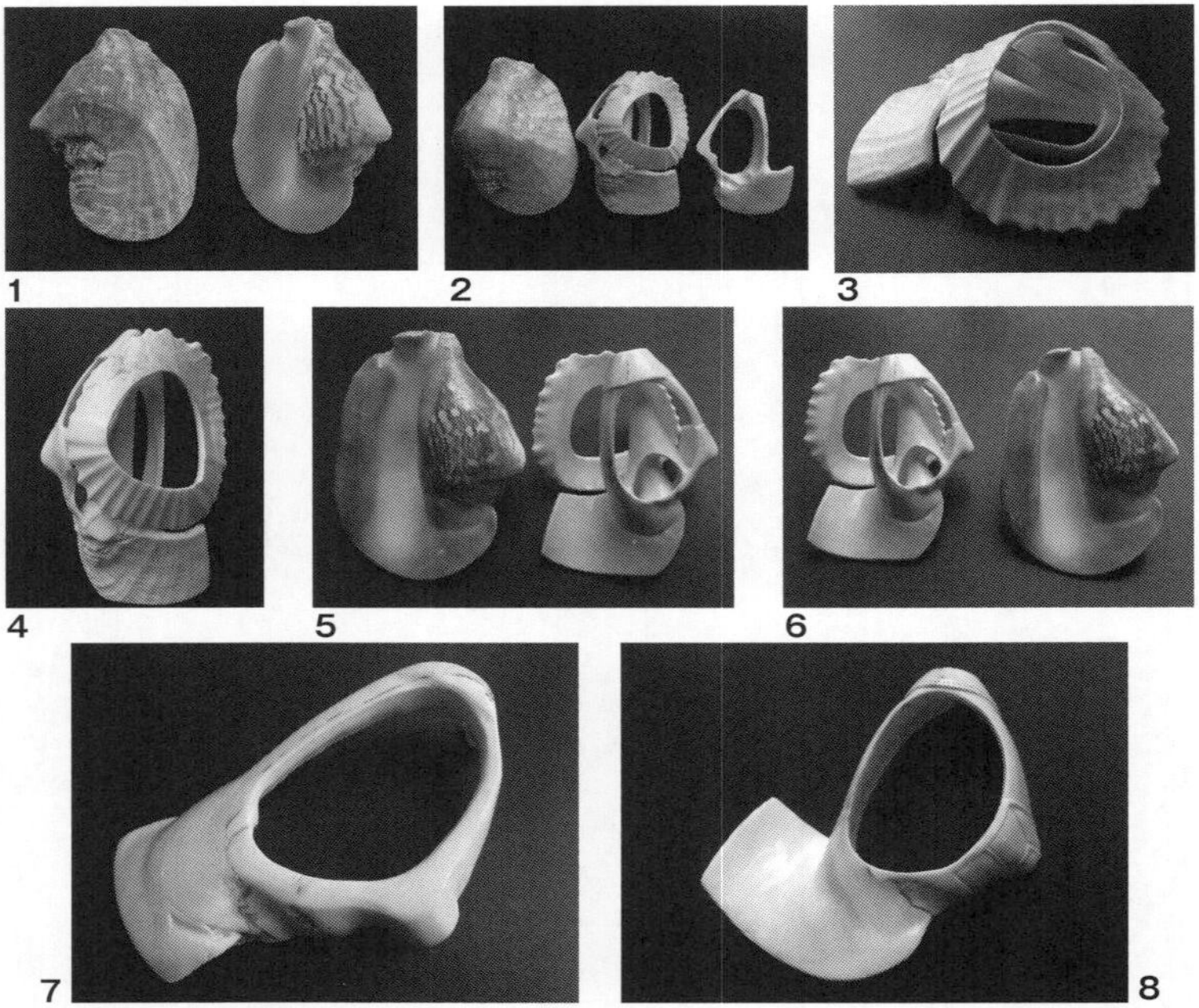


**ゴホウラガイから作出された貝輪**　写真1に示したゴホウラガイ（北緯25度以南のサンゴ礁域の海底40m付近の砂地に生息）から貝輪をつくり装身具とする習俗は、沖縄地域の縄文時代（後晩期か）に発生し、弥生時代の「貝の道」交易によって北上、北部九州の甕棺墓葬送習俗に採用されたのち、弥生終末期には後の鍬形石に近似した、外唇部を除去しないで板状に残す形状となり（写真７）、古墳時代初頭には近畿地方に達する（写真８）。

貝輪への加工は、沖縄地域ではA面側（写真1の左側で「背面」ともいう）を素材として利用しB面側を廃棄するか、B面側（写真1の右側で「腹面」ともいう）を素材として利用するがA面側を廃棄するかの二者択一であった。加工用具が石器を用いた磨り切りに限定されていたためである。

いっぽう、貝輪の北上と需要の高まりにともなって加工技術には改良が施され、なによりも鉄器が加工具に加わったことは画期的であった（写真２）。そのため１個体の貝殻からA面貝輪（写真３・4）とB面貝輪（写真５・６）の表裏からなる一対が作出されることになった。鍬形石の祖型貝輪の段階では、すでにこのような表裏一対の作出段階に到達していたために、外唇部を除去せず残し、板状部とよばれる独特な部位を備えることになったと考えられる（写真７・８）。

しかし貝殻の供給量には限界があったため、碧玉や緑色凝灰岩製の腕輪形石製品へと材質転換を遂げる。西暦４世紀の前半である。（北條芳隆）

## コラム1◉鳥人間と船

鳥人間をご存じだろうか。人力飛行機の鳥人間コンテストのことではない。ここであつかうのは、弥生時代の鳥人間だ。

この鳥人間は、土器の表面に多く描かれている。たとえば弥生時代の大環濠集落として有名な奈良県の唐古《からこ》・鍵《かぎ》遺跡（磯城郡田原本町）では、頭に羽のようなかぶりものをつけ、右手に戈《か》、左手に盾《たて》を持ったいわゆる「鳥装のシャーマン」が土器にみえる。その分村であったとされる清水風《しみずかぜ》遺跡（磯城郡田原本町）でも、大きな翼をもち、鳥の爪に似た三本指の人間が、手を挙げた姿で同じく土器に表現されていた。

また鳥人間は奈良以外にも出没する。佐賀県川寄吉原《かわよりよしはら》遺跡（神埼郡神埼町）で発掘された弥生時代中期の土器にも、頭に羽のような飾りをつけた人がみられ、古墳時代に製作されたとされる瀬ノ尾《せのお》遺跡（神埼郡吉野ヶ里町）の土器には、まさしく嘴《くちばし》と鶏冠《とさか》をつけ、これぞ鳥人間！　といえる人が描かれている。岡山県新庄尾上《しんじょうおのうえ》遺跡（岡山市北区）からも、指が四本で、嘴をもった人のいる弥生土器が発掘されている。

どうやら鳥人間というのは、弥生時代から古墳時代にかけ、奈良や瀬戸内・中国地方、九州の人びとにとって、とても重要な意味をもつ存在であったらしいのだが、さらに興味深い弥生土器が、鳥取県の稲吉角田遺跡《いなよしすみた》（米子市）からみつかっている。そこには、羽とみられる頭飾りをつけた四人の人が、ゴンドラに乗って船を漕《こ》ぐようすが、高床式《たかゆか》の家や倉庫、鹿の絵とともに描かれていた。つまり鳥人間は、船に乗るのだ。

ちなみにこの船の両端がせり上がるゴンドラ型の船は、福井県の井ノ向《いのむかい》遺跡（坂井市）から出土した弥生時代の銅鐸にもみられる。実際に、ゴンドラ型の丸木舟が縄文時代から見つかっており、遠距離航海用の船として利用されていたとする研究もある。「海を渡る船に乗った鳥人間」の物語が、人びとに共有されていたといえそうだ。

そしてここまでたどると、神話とのつながりもみえてくる。小路田論文にある「饒速日《にぎはやひ》」は「天磐船《あめのいわふね》」に乗って大和の地に飛び降りたという。ということは、「天磐船」は鳥人間が船に乗るようすを表現したものではないだろうか。ほかにも記紀神話には、天と海・地上を往来するための「天鳥船《あめのとりふね》」（『古事記』『日本書紀』）や「天鴿船《あまのはとふね》」（『日本書紀』）が記されている。

しかもこのモチーフ、じつは日本だけでなく、中国の長江以南の地域やベトナムでも確認することができる。

中国浙江《せっこう》省寧波《ニンポー》市甲村から出土した戦国時代の銅斧《どうふ》には、羽根を頭につけた「羽人」が船を漕ぐようすが描かれ、百越民族の鳥神信仰と解釈されている。紀元前二世紀の南越王墓（広東省広州市）からも、ゴンドラ型の船に乗った羽人を美しく鋳造した銅製酒器が発見され、ほかにも、雲南省晋寧石寨山《せきさいざん》出土の銅鼓《どうこ》などに、羽根を付けた人が船に乗る文様が存在する。

いっぽうベトナムでは、銅鼓と呼ばれる紀元前五世紀ごろにつくられた大きな青銅製の打楽器（ハナム省）に、鳥の羽根飾りをつけた人びとの装飾画がみられ、ゴンドラに乗った鳥人間の姿も、紀元前一世紀ごろの遺物とともに出土したヘーガーI式銅鼓（タインホア省）などに華麗に描かれている。この銅鼓は、日本の銅鐸の出土例と同様に土の中に埋めて保管する祭器とされ、両者は儀礼の場で音を鳴らして用いられる共通点をもつ。

これらをあわせると、鳥人間と船、そして青銅器という三つの要素が、日本と中国南部、ベトナムの太平洋沿岸地域で、紀元前後の数百年間、共通して現われていることがわかってくる。加えてこれらの地域に住む人びとは、いずれも水稲耕作を重視する特徴があった。

このように重要な共通性があるということは、やはり相互に関連があったことを考えねばなるまい。

そこでまず推測するのは、青銅器や鉄器を制作する高い冶金《やきん》術をもった長江南部の人びとが、戦国時代の呉《ご》や越《えつ》の衰退、滅亡を受けてベトナムや日本の方面へ、船に乗って繰り返し移住していた可能性である。『古事記』で天照大御神は、天孫降臨の前に大国主神を服従させるにあたり、刀剣の神である建御雷神《たけみかづち》に天鳥船神を副えて派遣したという。これもまた冶金

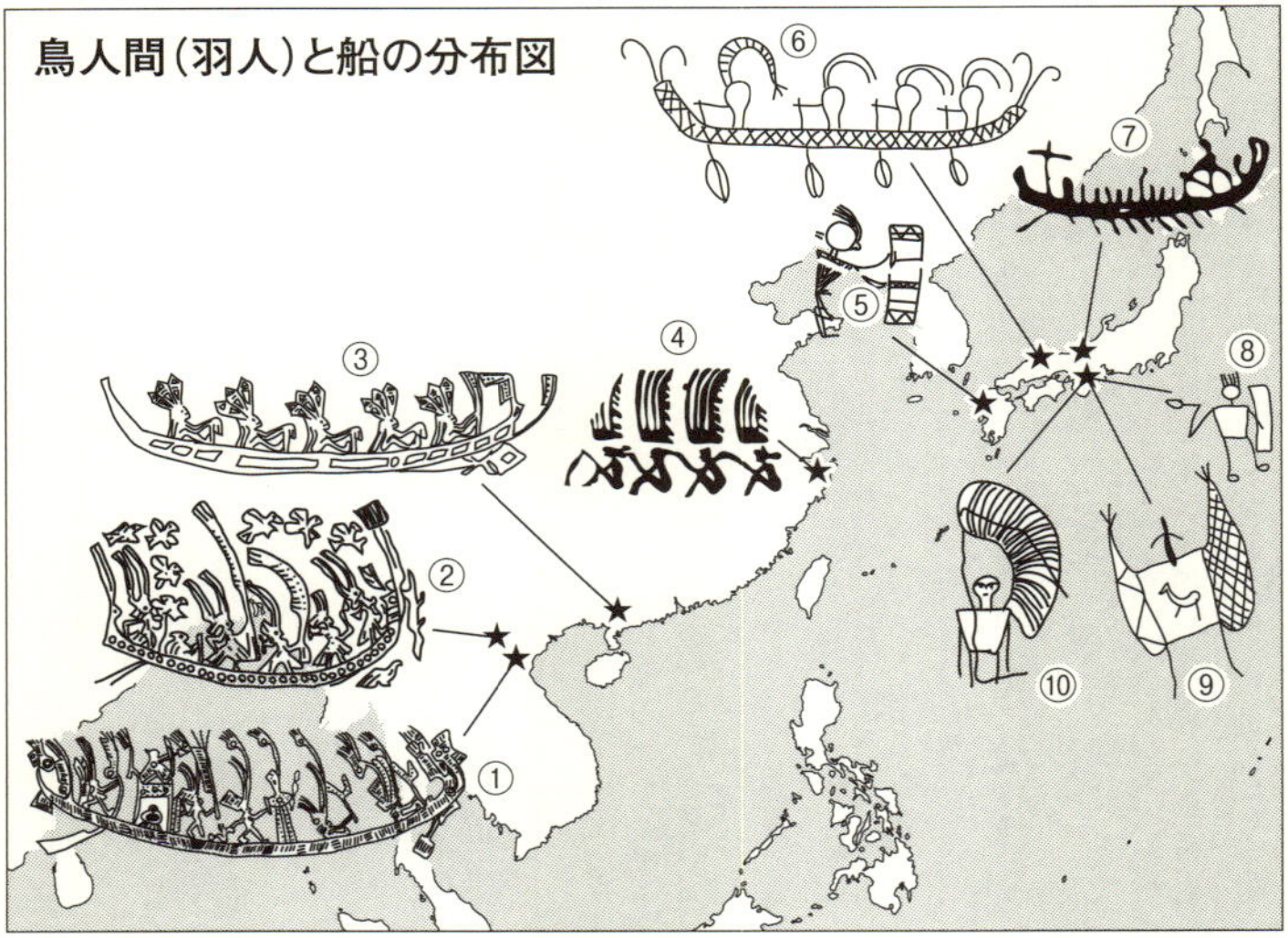


① ダオティン銅甕棺［ベトナム・イエンバイ省］

② ゴックルーI銅鼓・紀元前5世紀［ベトナム・タインホア省］

③ 翔鷺紋銅鼓・前漢時代（紀元前2～前1世紀）［中国・広西チワン族自治区貴港市］

④ 羽人境渡紋銅鉞・戦国時代（紀元前5～前3世紀）［中国・浙江省寧波市］

⑤ 絵画土器・古墳時代前期（4世紀）［日本・佐賀県神埼郡瀬ノ尾遺跡］

⑥ 弥生土器・弥生時代中期（紀元前4～1世紀）［日本・鳥取県米子市角田遺跡］

⑦ 井ノ向一号銅鐸・弥生時代中期前半（紀元前4～前3世紀）［日本・福井県坂井市井ノ向遺跡］

⑧ 絵画土器・弥生時代中期後半（紀元前1～1世紀）［日本・奈良県天理市清水風遺跡］

⑨ 絵画土器・弥生時代中期後半（紀元前1～1世紀）［日本・奈良県天理市清水風遺跡］

⑩ 弥生土器・弥生時代中期後半（紀元前1～1世紀）［日本・奈良県橿原市坪井遺跡］

羽根をつけた鳥人間と両端がせりあがった船の文様は、日本のみならずベトナム・中国でも豊富に確認できる。いずれも冶金術をもつ文化のなかにみられる特色であることが興味深い。

技術が鳥人間とともに海の彼方から日本へもたらされた記憶を遺すものかもしれない。

従来、八世紀に新羅との関係が悪化して朝鮮半島西岸ルートがとられなくなるまで、江淮《こうわい》、江南から東中国海を横断する太平洋路は難破の可能性が高く困難であったとされている。だが、夏季六～八月には季節風の影響で浙江沿岸の水は東北方面へ流れ、この海流の力を借りて江南から九州へ渡ることが可能とする説や、台湾・沖縄・奄美大島などの南島路を島伝いに北進するルートがある。

船に乗る鳥人間のモチーフは朝鮮半島や山東半島からはいまのところ発見されていないことからして、南方からのルートも改めて考察する必要があるだろう。

そして彼らは、すでにその地にいた人びとと交わりながらドンソン文化や弥生文化と称される青銅器社会を形成していった可能性がある。日本の各地で鳥人間や船の絵画表現にみられるということは、その思想文化がかなり広く浸透していたことを示すものと思われるのだ。

（村上麻佑子）

## コラム2◉南海産の貝の驚異的な流通

日本列島で縄文時代から古墳時代という非常に長い期間流通したもののひとつに、南の海で採集された貝の装身具がある。オオツタノハやイモガイ、ゴホウラなどの大型の貝に穴を刳《く》り抜《ぬ》き手首にとおして飾る貝輪や、タカラガイなど小さな貝に穴をとおしてビーズとして飾る形状のものが見つかっている。

素材となる貝は、熱帯・亜熱帯に生息する暖流系のものである。これは、人びとが食用にするために日常的に通行した集落付近の海域から入手できるものではない。明らかに特別な意識のもとに遠隔地の海域から運ばれてきていたものである。

時代ごとの分布をみてみよう。縄文時代には草創期末にあたる一万二〇〇〇年前ごろから南海産貝の装身具がみられ、北海道から九州・沖縄までほぼ日本全国に流通していた。縄文時代の特徴としては出土例が東日本に多いことが挙げられるが、これは海面上昇により東に貝塚遺跡が多く人口も西より多かったことが影響している。また東日本で流通した南海産の貝は、基本的に房総半島や伊豆諸島を供給地として多くの集落を経由しながら北上していったと考えられている。

弥生時代に入ると、流通に変化が生じる。東日本で貝塚の減少により貝の装身具が減るの

**鍬形石**　国立歴史民俗博物館『歴博』167号より。

に対し、西日本では北部九州を中心に沖縄や奄美から取り寄せた貝で装身具が製作され、それが中国・近畿・東海地方まで流通するようになる。また弥生中期から後期ごろ（紀元前四世紀～紀元後二世紀）にはゴホウラやイモガイの貝輪で材質を青銅に変えた銅釧《どうくしろ》も北部九州を中心に成立し、近畿・東海・南関東でも積極的に製作されるようになる。

しかし弥生時代も後期になると、北部九州では南海産貝装身具の使用が減りはじめ、古墳時代には主要消費地が西日本や東海・関東へと拡大していく。また興味深いことに、古墳時代前期後半（四世紀）には、畿内を中心として南海産の貝輪のほとんどは、その形を踏襲した碧玉《へきぎょく》製腕輪や銅製釧《くしろ》に変化し、前者は、鍬形石《くわがたいし》・石釧・車輪石《しゃりんいし》と呼ばれる儀器となる。

しかもそれらは重く、手首にとおすには穴が小さすぎるものもあることから、飾らない装身具であったとされている。にもかかわらず、地方の豪族にも珍重されたようで、日本各地の前方後円墳に副葬されたものが見つかる。そして古墳時代の終焉とともに南海産の貝の装身具はぱたりと使用されなくなり、貝の装身具を介した南の島々との交易も行われなくなってしまう。

このように一万年以上におよぶ日本列島での貝装身具の流通は、時代ごとに特色がみられるものの、一貫して南の海で取れたものにこだわって展開している。だがいったい、遠い南の海でとられた貝の装身具に列島の人びとが執着しつづけた理由とはなぜなのだろうか。

人はこれまで、明らかに使用価値をもたない無意味なものに対して高い価値を見いだす行為を行ってきた。貨幣がその典型であるが、装飾品も同じで、身に飾るという以外機能をもたないものに対して特別な価値をあらゆる人が見いだしている。しかも「飾る」というのも不思議な行為で、装飾品はつねに人目に触れる場にありつづけ、人はそれを他者にゆずることはあっても、みずからすすんでそれを破棄したり消費することはしない。つまり飾ることは、個人的な消費活動に結びつかない行為なのであり、その構造は絶えず人の間に存在しつづけ、消費される使用価値をもたない貨幣とじつは同じである。

また飾ることにより、人はそれが過去から連綿と繰り返し飾りとして利用されてきたことを認識し、不特定多数の他者との間でその価値を普遍的に共有することを可能にしている。たとえば、遠いところで採取された装飾品や、大昔から使われている飾りが高い価値をもつことがよくあるのは、それらがよりたくさんの他者との価値の共有を意味するからだ。このように遠い南の海でとれた装身具も、それを飾ることで日本列島各地のさまざまな人びとと価値を共有することができ、交易の媒介となる貨幣として使用していたのだろう。

そして人びとに利用されてきた貨幣であったからこそ、弥生時代の北部九州、あるいは古墳時代の畿内において南海産貝の装身具が重視され、独自に製品化して各地に流通していく現象が起こる。これらはおそらく権力と結びついた流通で、すでに社会に定着した貨幣であった貝の装身具の流通を、国家がコントロールする試みであったと考えられる。

とくに古墳時代に出現する飾らない装身具は、飾ることで共有されていた普遍的な価値認識の論理から逸脱している。これは飾る行為ではなく、国家の信用によって価値が保証されたものであり、欽定貨幣としての一歩を踏みだした装身具といえるだろう。だが結局七世紀末に律令国家によってより厳密な欽定貨幣である銭貨が発行されるようになったとき、南海産貝の装身具はその役割を完全に終えることとなった。

いずれにしても南海産貝の装身具が先史時代の日本社会のなかで担った役割は大きいものだったといえよう。またそれがあえて南海産であったのは、縄文・弥生・古墳時代にかけて黒潮を利用した人やものの流れが相当にあり、それが人びとに永遠を感じさせるほどの時間的あるいは空間的連続性をもっていたことと関連するのではないだろうか。

（村上麻佑子）

## コラム3◉越・呉にかかわる地名

本文以外にも、越《えつ》にかかわる地名は結構ある。たとえば「おち」という読みは「越智」以外に「小千」「乎千」などと書かれ（『日本国語大辞典』）、新潟県小千谷《おぢや》市や、高知県高岡郡越知《おち》町などもある。

また漢字でいえば、沖縄県沖縄市越来《こえく》や岩手県大船渡市三陸町越喜来《おきらい》、埼玉県入間郡越生《おごせ》町、群馬県利根郡昭和村生越《おごせ》なども興味深い。これらはまるで、越から来たことや、越で生まれたことを指すような地名ではないだろうか。

ほかにも越を「こし」と読む事例も、越尾（岡山県久米郡美咲町越尾）や馬越（香川県小豆島土庄町馬越・愛媛県今治市馬越町・新潟県新潟市中央区本馬越・新潟県長岡市与坂町馬越）、埼玉県越谷《こしがや》市などあり、バリエーション豊かだ。徳島県阿南市の於越《おこし》岬は、夏王少康の子無余が封ぜられた於越《よえつ》と同じ字が用いられ、大越《おおごえ》（埼玉県埼玉郡旧大越村・福島県田村郡旧大越村）や東京都八王子市大越谷《おおこしや》・兵庫県姫路市大古瀬《おおこせ》・長崎県五島市大小瀬《おおこぜ》などは、一〇五四年に立国し大越国と称したベトナムと同じ着想である。

「越」にかかわる土地や人が古代社会において重要であったことは記紀から読み取れる。スサノオが神々に追放されたのち出雲に天降って退治することになったのは「古志の八俣《やまた》の遠《お》呂智《ろち》」（『古事記』）であり、八《や》千矛神《ちほこのかみ》（大国主神の別名とされる）は「高志国の沼河比売《ぬなかわひめ》」（『古事記』）と結婚し、スサノオの娘であった正妻須世理毘売《すせりひめ》に嫉妬されている。さらに崇《す》神《じん》天皇の命で四道将軍として大彦命が平定に向かったのも越国であったし、血統が途絶えたとき迎えられた継体《けいたい》天皇ももとは越前国を治めた王であった。

　ではなぜ越は重要なのだろうか。越国に流れる姫川の流域は縄文時代から古墳時代まで盛んにヒスイ玉が生産された場所であり、越の人びとがその財を利用しかなりの遠隔地と交易をおこなった可能性は高い。

　ヒスイは八〇〇〇年前ごろの北海道で軟玉の使用が見つかったあと、五三〇〇年前ごろから硬玉製作が北陸を中心にはじまり、いまの糸魚川市近郊で産出、製品化された硬玉は沖縄県から北海道まで流通した。そして同じ時期、中国内蒙古自治区の先紅山《せんこうざん》文化（約八〇〇〇年前）や仰韶《ぎょうしょう》文化（約七〇〇〇年前）、長江流域の大渓《だいけい》文化（約七〇〇〇年前）でもヒスイ（軟玉）の使用が開始され、福井県あわら市桑野遺跡では中国の玉器・玦《けつ》と同じ形態のものがみつかっている。

　したがって大陸の北部から南部までの幅広いヒスイ文化と一体となって日本列島のヒスイ流通も生じたと考えられ、その交流を裏づけるように、富山県小竹貝塚で見つかった約六〇〇〇年前の人骨のミトコンドリアＤＮＡは現代の沿海州先住民や北海道縄文人に多くみられる北方系タイプと東南アジア起源の南方タイプ、中国南部に多いタイプなどが出ている。越に住む人びとが相当広範囲を行き来し、また列島各地に越とかかわる人や場所があったことも想像される。

春秋戦国時代や三国時代に長江以南にあった呉国にかかわる地名も多い。広島県の呉市《くれ》な

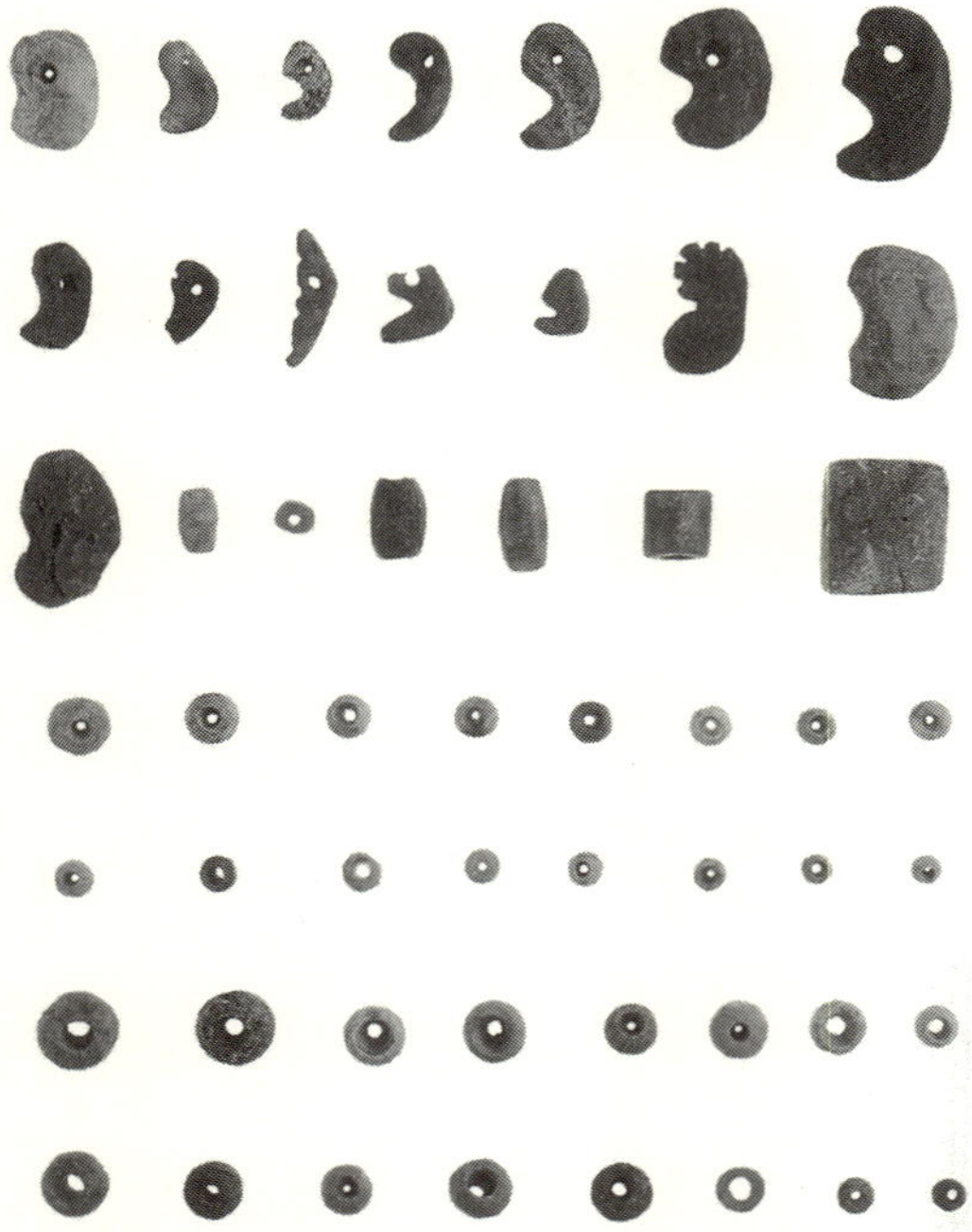

**姫川産ヒスイのビーズ**（富山県境Ａ遺跡出土）　姫川は、長野県北安曇郡と新潟県糸魚川市を流れ日本海に注ぐ一級河川である。この姫川上流にあるヒスイ原産地から直線で18キロメートル西方の富山県朝日町境A遺跡（縄文中期〜晩期の集落遺跡）で大量にヒスイ製玉類や摩製石斧が製作され、各地に流通している。

どはその典型だが、高知県にも同じく久礼《くれ》（高岡郡中土佐町）と呼ばれる海沿いの港町がある。また『倭名類聚抄《わみょうるいじゅしょう》』（一〇世紀成立）をみると、伊勢国壹志《いちし》郡には呉部《くれべ》郷（現、三重県松坂市）がみえ、この地はのちに多気《たけ》郡東黒部《くろべ》村・飯南《いいなん》郡西黒部《くろべ》村へと名前を変える。

とすれば富山県黒部市も呉部かもしれないし、富山市には呉羽《くれは》丘陵や呉羽《くれは》町もある。この呉羽については、大阪府池田市室町に呉服《くれは》神社があり、応神天皇のとき、機織・縫製技術を得るため阿知使主《あちのおみ》が呉国から連れ帰ったという四人姉妹の兄媛《えひめ》・弟媛《おとひめ》・呉服媛《くれはとりひめ》・穴織媛《あやはとりひめ》のうち（『日本書紀』）、呉服媛《くれはとりひめ》が祀られているから、呉とかかわりの深い名である。また富山市呉羽町には姉倉比売《あねくらひめ》神社があり、倉は呉を指すと考えると、「呉から来た姉姫」を意味する可能性もありそうだ（ただし『日本書紀』で兄媛は宗像大神に献上されたとされ、福岡県福津市や宗像市には縫殿《ぬいどの》神社・織幡《おはた》神社がある）。

『倭名類聚抄』にはほかにも、伊勢国朝明《あさけ》郡の訓覇《くるべ》郷（のちに大矢知村久留部へ変わった。現、三重県四日市市）、阿波国麻植《おえ》郡呉島《くれしま》郷（現、徳島県吉野川市）、備前国下道《かとう》郡呉妹《くれせ》郷（現、岡山県倉敷市）、摂津国東成郡伎人《くれ》郷（現、大阪市。呉坂もある）、大和国高市郡呉原《くれはら》（のち坂相村栗原へ変わる。現、奈良県高市郡明日香村栗原）などがみえる。とくに最後の呉原には呉津彦《くれつひこ》神社があり、『古事記』の雄略朝の記事に、呉人が渡来してきたことで名づけられたとある。

先ほど越と玉の関係性について触れたが、呉についても布帛の製造とかかわりがありそうだ。呉服だけでなく、雄略天皇が呉国から招いた漢織《あやはとり》や呉織《くれはとり》は国家事業として養蚕業を広げるために呼ばれた人びとであった。養蚕業や布帛生産は中国で紀元前から農業生産とともに重視されていたもので、銭貨が発行されない国では布帛が貨幣の役割を果たしていた。したがって呉もまた重要な財の生産と流通にかかわる地域を示した可能性がある。

ただし養蚕は、玉にくらべると生産の開始は遅く、弥生時代前期に北部九州ではじまって古墳時代以降に全国に拡大する。また呉に関する伝承も越のように神代のものは見られないから、「越」のほうが「呉」よりも古い時代からつづく南方との繋がりを示しているのかもしれない。一般的に、古代史では韓や百済・高麗・狛など朝鮮半島由来の地名が注目されることが多い。しかしながら越や呉にかかわる地名の存在は、朝鮮半島からはもちろんのこと、より広い範囲での人の流れも相当あったことを意味し、日本社会を形成する上での思想的、文化的影響力も相当大きかった可能性を示している。

（村上麻佑子）

# 黒潮の道の運びし人の心──常世国への憧憬

## 常世国信仰

黒潮の道が運んだのは、物や人だけではなかった。人の心の拠り所である信仰も運んだ。いまなお琉球と日本に、ほとんど同じ海上他界信仰が広がっているのは、その現れである。琉球ではそれをニライカナイ信仰と呼び、日本では常世国《とこよのくに》信仰と呼ぶ。海上彼方にあるニライカナイ、あるいは常世国にあらゆる富の源泉を求め、さらには不老不死の理想郷を求める信仰である。

ただ、とはいえ、現代の日本人にとって常世国信仰は、さほど馴染みの深い信仰ではない。たとえば、記紀の世界において常世国信仰と深いかかわりのある物語といえば、次の①から④の物語であるが、これらの物語を、今日、どれだけの日本人が知っているだろうか。心もとない。

①大国主《おおくにぬし》神と協力して国づくりに励んでいた少彦名《すくなひこな》神が、突然常世国に旅立ってしまい、代わりに大物主《おおものぬし》神が常世国からやってきて大国主の国づくりを完成に導いたという話。

②常世国の使者である塩土老翁《しおつちのおじ》（別名、事勝国勝長狭《ことかつくにかつながさ》）が、まずは高天原《たかまがはら》から降臨してきた天孫番《ほ》

能邇邇芸能命《のににぎのみこと》に降臨の地を譲り、ついで兄海幸彦《うみさちひこ》に借りた釣針をなくして悲嘆にくれる山幸彦《やまさちひこ》を、海幸彦に勝つ術を伝授すべく、海神の待つ竜宮（常世国）に導き、最後は、その山幸彦の孫の神武天皇に大和進軍（東征）を進言し、神武東征を実現させた話。

③死期の迫った垂仁《すいにん》天皇が、田道間守《たじまもり》を常世国に派遣し、結局彼の死には間に合わなかったが「非時《とき》香菓《じくのかくのこのみ》」を求めさせた話。なお、この話に出てくる「非時香菓」とは、一般に「橘」――最初の菓子――のこととされているが、字からみても明らかに常世国特産、不老不死の薬のことであった。ようやくそれを手に入れて戻ってきた田道間守が、すでに垂仁天皇が死んでしまっていたことを知るや、使命を全うし得なかったことを悔い、殉死を選んだことをみても、それは明らかであった。

④『日本書紀』（雄略紀《ゆうりやく》）に記された、女人に変身した大亀とともに海中にある蓬莱山《ほうらいさん》（常世国）に出向いていった丹後（当時は丹波）国与謝郡の漁師浦嶋子の物語をもとにつくられた、ご存知「浦島太郎」の話。ちなみにこの話の顚末で、竜宮から戻った浦島太郎が、乙姫からもらった玉手箱をあけてしまってたちまち老人に変身するのは、竜宮＝常世国が時の流れの止まった不老不死の国だったからであった。

ただそれは、形を変えて今日に伝わっているだけである。そのことに気づけば、日本社会における常世国信仰の根深さは一目瞭然になる。では何にそれは形を変えているのか。

## 熊野信仰

ひとつは、紀伊半島南端に中心をもつ熊野信仰にである。斉藤恵美氏によれば、熊野三山中もっとも権威が高いのは、夫《ふ》（牟《む》）須《す》美《びの》大神を祀る那智大社、二番目は速玉大神を祀る新宮速玉大社、三番目が家都美御子大神《けつみこのおおかみ》を祀る本宮大社とのことである。

三社いずれにおいても三神はともに祀られているが、神殿の前に拝所が設けられているのは、夫須美大神と速玉大神の前だけであって、家都美御子大神の前には設けられていない。本宮大社でさえそうなのである。しかも神殿の並び方は夫須美大神・速玉大神・家都美御子大神の順になっていることから、それがわかる。

熊野信仰といえば、しばしば修験道と結びついた山岳信仰のように認識されているが、さらにはその認識があればこそ、山中深く建つ本宮大社がその中心のように理解されているが、じつはそれは修験道が大きな広がりをみせた平安時代以降につくられたイメージであり、その本質は海岸線沿いに広がる海洋信仰だったのである。

しかも三山中第一の権威を誇る、夫須美大神を祀る那智大社において、熊野信仰は海上他界信仰の仏教的形態である補陀落《ふだらく》信仰と密接に結びついていた。西国三三か所観音霊場巡りの一番札所青岸渡《せいがんと》寺《じ》が那智大社と隣接して建ち、那智大社と一体化していることはその証である。観世音（観音）菩薩といえば、海上彼方にある浄土、補陀落浄土の支配者、その観音の浄土を目ざして人びとが海上彼方に向けて漕ぎだすのが補陀落渡海であった。

熊野信仰は、明らかに常世国信仰の変形したものであった。またたから、熊野信仰は常世国信仰と同じニライカナイ信仰をもつ琉球にも広がったのである。那覇市にある波上宮《なみのうえぐう》をはじめ、沖縄には「琉球八社」とよばれる琉球王国時代以来の名社が八つあるが、そのうち七社までがじつは熊野系の神社であった。波上宮などは、まさにニライカナイ信仰の聖地の上に建つ熊野神社であった。しかもそこには、日本の常世国信仰のシンボルである少彦名神までが祀られているのである。

## 伊勢信仰

ついで二つ目は、伊勢（天照）信仰にである。天照信仰は周知のとおり、元来太陽信仰であったが、垂仁天皇二五年に天照大神が伊勢に降臨してからは、一種の常世国信仰に変じた。「アマ」には「天」と併せて「海」の意味が込められるようになったのである。次の『日本書紀』の記述にもあるように、天照大神がみずからの降臨先として伊勢を選んだ理由が「是《こ》の神風の伊勢国は、常世の浪の重浪《しきなみ》帰する国なり。是の国に居らむと欲ふ」だったことからそう言える。

三月の丁亥《ひのとゐ》の朔《ついたち》丙申《ひのえさるのひ》に、天照大神を豊耜入姫命《とよすきいりびめ》より離ちまつりて、倭姫命《やまとひめのみこと》に託《つ》けたまふ。爰《ここ》に倭姫命、大神を鎮め坐《ま》させむ処を求めて、菟田《うだ》の篠幡《ささはた》に詣《いた》る。更に還りて近江国に入りて、東美濃を廻りて、伊勢国に到る。時に天照大神、倭姫命に誨《をし》へて曰《のたま》はく、「是の神風の伊勢国は、常世の浪の重浪《しきなみ》帰《よ》する国なり。傍国《かたくに》の可怜《うま》し国なり。是の国に居らむと欲ふ」とのたまふ。故、大神の教の随に、其の祠《やしろ》を伊勢国に立てたまふ。因りて斎宮《いはひのみや》を五十鈴川《いすずがわ》の川上に興《た》つ。是を磯宮と謂ふ。則ち天照大神の始めて天より降ります処なり。

（『日本書紀』）

そして、後述するように、伊勢は黒潮本流と黒潮迂回路の交わる地であることを考えれば、それは当然であった。

## 出雲信仰

そして三つ目は出雲信仰に、である。そこで注目しておきたいのは、出雲信仰の根幹には、記紀には記されていないが、『出雲国風土記』には記された国引き神話にあったということである。それは、もとは貧しく長細い小さな国であった出雲国が、大きく豊かな国になったのは、八束水臣津野命《やつかみずおみつぬのみこと》という力持ちの神が現れ、海の彼方から、新羅《しらぎ》と隠岐《おき》（島前と島後）と越《こし》（高志）の一部を引き寄せ、島根半島を形作ったからだとする神話である。

引き寄せられた陸地は、もとを正せば、いずれも海上彼方にあった陸地である。まさに常世国として表象されるべき陸地であった。その陸地を引き寄せ、人の生活空間（此岸）の一部に組み入れたというのが、じつは出雲信仰の根幹をなしていたのである。ということは、常世国が海上彼方（彼岸）から人が歩いて行けるところ（此岸）に置き直された信仰、それが出雲信仰だったということになる。出雲信仰もまた常世国信仰の変形したものであったと言える。

また、だからこそ出雲神話の二人の主人公、速須佐之男命《はやすさのをのみこと》と大国主神（大穴牟遅神《おおなむち》）は、常世国の住人にふさわしく、ともに不老不死の存在として描かれたのである。速須佐之男命は、黄泉国＝死者の国の支配者として、もう死ぬことのない存在として描かれ、大国主神は、兄八十神《やそがみ》たちに何度騙され、殺されても、殺されるたびに蘇りつづける存在として、次のごとく描かれたのである。

ここに八上比売《やかみひめ》、八十神に答へて言ひしく、「吾は汝等《いましたち》の言は聞かじ。大穴牟遅神に嫁《あ》はむ」といひき。故ここに八十神怒りて、大穴牟遅神を殺さむと共に議《はか》りて、伯耆国の手間の山本に至りて言ひしく、「赤き猪この山にあり。故、われ共に追ひ下しなば、汝《なれ》待ち取れ。もし待ち取らずは、必ず汝を殺さむ」と云ひて、火をもちて猪に似たる大石を焼きて、転《まろ》ばし落しき。ここに追ひ下すを取る時、すなはちその石に焼き著《つ》かえて死にき。ここにその御祖《みおや》の命《みこと》、哭《な》き患《うれ》ひて、天《あめ》に参《まい》上《のぼ》りて、神産巣日之《かみむすひの》命に請《まを》しし時、すなはち蚶貝比売《あさがひひめ》と蛤貝比売《うむぎひめ》とを遣はして、作り活かさしめたまひき。ここに蚶貝比売、刮《ささ》げ集めて、蛤貝比売、待ち承けて、母《おも》の乳汁《ちしる》を塗りしかば、麗しき壮夫《をとこ》に成りて、出で遊行《あそ》びき。

ここに八十神見て、また欺きて山に率《ゐ》て入りて、大樹《おほき》を切り伏せ、茹矢《ひめや》をその木に打ち立て、その中に入らしむる。即ち、その氷目矢《ひめや》を打ち離ちて、拷《う》ち殺しき。ここにまた、その御祖の命、哭きつつ求《ま》げば、見得《みえ》て、すなはちその木を折りて取り出で活かして、その子に告げて言ひしく、「汝此間《ここ》にあらば、遂に八十神のために滅ぼさえなむ」といひて、すなはち木国《きのくに》の大屋毘古《おおやびこ》神の御《み》所《もと》に違《たが》へ遣《や》りき。ここに八十神覓《ま》ぎ追ひ臻《いた》りて、矢刺し乞ふ時に、木の俣より漏《く》き逃がして云《の》りたまひしく、「須佐能男命の坐《ま》します根の堅国《かたす》に参向《まいむか》ふべし。必ずその大神、議《はか》りたまひなむ」とのりたまひき。……

（『古事記』）

もうそれ以上死ぬことのない状態に身を置くのも不老不死ならば、死んでも死んでも蘇生しつづけるのもまた不老不死であった。加えて海上彼方の補陀落浄土の支配者観世音菩薩を拝む観音信仰も、常世国信仰の変形したものであった。

以上、琉球社会同様、日本社会においても常世国信仰の広がり・根深さは、推して知るべしといっていいだろう。黒潮の道はたしかに、物や人を運んだだけでなく、人の心のあり方、信仰をも運んだのである。

ほかに、クジラに対する信仰や、福建省や台湾付近に端を発する媽祖《まそ》信仰なども、黒潮の道を伝って運ばれた。日本の国生み神話に登場する伊耶那岐《いざなぎ》神・伊耶那美《いざなみ》神という一組の男女神の名には、いずれも「イサナ」という名が刻まれている。「イサナ」とは「勇魚」、すなわちクジラのことであった。また媽祖信仰とは、宋《そう》代に実在した女性をモデルにつくりあげられた、航海と漁業の守り神に対する信仰であるが、日本武尊《やまとたけるのみこと》の東国遠征の際に入水して日本武尊の窮地を救った弟橘媛《おとたちばなひめ》に対する信仰とも重なって、日本中に広がった。

## コラム4◉クジラ文化

クジラ文化として有名なものといえば、鯨塚《くじらづか》や鯨神社だろう。鯨塚というのは、浜に漂着したクジラの遺体をまつった塚のことで、捕鯨による鯨墓や供養碑も含むと、ざっと挙げるだけでもご覧のとおりである。

まず、太平洋側では宮城県（牡鹿町・牡鹿郡牡川町・本吉郡志津川町・気仙沼市唐桑町）、千葉県（安房郡鋸南町・南房総市白浜町・南房総市千倉町・銚子市）、東京都（品川区）、神奈川県（三浦市）、三重県（北牟婁郡海山町・熊野市二木町）、和歌山県（東牟婁郡太地町・串本町）、高知県（室戸市・土佐清水市）、鹿児島県（さつま市）などがある。

瀬戸内海沿岸でいえば、愛媛県（伊予市湊町・西予市明浜町・愛南町・伊方町）、広島県（呉市）、山口県（長門市仙崎）にあり、また九州でも佐賀県（伊万里市・呼子町・鎮西町）、長崎県（壱岐郡芦辺町・平戸市・北松浦郡大島村・南松浦郡上五島町・佐世保市など）、大分県（上浦町・臼杵市）、福岡県（福岡市博多区・行橋市）、宮崎県（日南市）で確認できる。日本海側の場合、新潟県（長岡市寺泊町・両津市・佐渡島・新潟市）、福井県（あわら市浜坂・大飯郡高浜町）、京都府（与謝郡伊根町）、島根県（大社町）にもある。

これ以外にすでに失われた塚もあるから、日本の津々浦々で、クジラとのかかわりがあったとわかる。クジラは「鯨一匹捕れば七浦潤う」といわれるように富そのものであり、座礁したクジラを食糧や油にし、また換金して饑饉《ききん》から救われた話も多い。

鯨神社というのもある。長崎県の諏訪《すわ》神社（長崎市）や高知県の八王子《はちおうじ》宮（高知県香美市）、東京都の鯨神社（三宅村）などがそれだが、なかでもおもしろいのが、和歌山県太地町にある恵比寿神社の鳥居だ。なんとクジラの大きな骨を、地面に突き立てて鳥居にしている。

**恵比寿神社の鯨鳥居**　井原西鶴の『日本永代蔵』にも記述のある鳥居。下顎骨でできているという。

このようなクジラの供養や神聖視は、思想史的には故人の墓や神社の建立が一般的となる近世以降のことだが、もちろんそれ以前からクジラへの信仰があってもおかしくない。実際、縄文時代から青森県の三内丸山遺跡や二ツ森貝塚、北海道のコタン温泉遺跡でもクジラの骨《こつ》刀《とう》がみつかっており、長崎県原ノ辻《はるのつじ》遺跡からは捕鯨のようすが描かれた弥生時代の甕棺《かめかん》や骨の剣が発掘されている。

いまの鹿児島県にあたる大隅国の風土記逸文には、「大隅の郡。串卜《くしら》の郷。昔者、国造りまし し神、使者におほせて、此の村に遣りて消息を見しめたまひき。使者、髪梳《くしら》の神ありと報道しければ、『髪梳《くしら》の村と謂ふべし』と云りたまひき」とあり、クジラの神がいたことを物語っている。

あるいは蛭子《ひるこ》や恵比寿信仰は海からの漂着物を指し、その代表的な対象もクジラであった。蛭子は、本文でクジラの男女と推論された伊耶那岐《いざなぎ》・伊耶那美《いざなみ》が最初に産んだ子であるから、ますますクジラとのかかわりが濃厚と言えそうだ。しかも記紀神話によると、不具であるがゆえにオノゴロ島に流されていいいいる。

またアイヌの場合、シャチをレブンカムイ（沖の神）と尊び、シャチに襲われて岸にあがったフンベ（クジラ）をシャチの贈物とみなしたという。岩手県釜石市の尾崎神社では、船が難破の危機にあったとき、尾崎大名神に祈ったところ、二頭の白クジラが船の両脇に付き添い、背中で支えながら釜石湾に導いていてくれた伝説が残されている。クジラは大いなる富であり、賢い神の使いでもあり、その影響力の大きさは、鯨唄や鯨踊り・鯨祭り・鯨山車《だし》・鯨絵馬など、さまざまな信仰のバリエーションからも理解される。

そしてこれらを眺めると、縄文から現代まで長くクジラとかかわりながら、人びとの生活が営まれてきたことが読み取れる。しかもこのようなクジラとの深い付き合い方は、太平洋沿岸地域の特徴ではないだろうか。

たとえばベトナムの中部と南部には、クジラを「魚の王」とみなして、浜に漂着したクジラの死骸を供養し、その巨大な頭蓋骨を鯨廟《げいびょう》という祠《ほこら》に祀る信仰がある。漁民たちは、海での遭難から守り助けてくれる存在として、クジラを篤く信仰しているそうだ。また旧暦八月一五日には、ギンオン祭りという、クジラの恩をしのび、豊漁を祈願する漁民の儀式も行われており、日本のものと非常に似ている。

台湾の西南沿海地方にも、クジラを意味する「鯤鯓《こんしん》」の地名が残されており、二〇世紀の日本統治時代には最南端の鵝鑾鼻《がらんび》神社に鯨鳥居が建立されていた。また韓国では、慶尚南道盤亀台《ばんきだい》遺跡で湖底から見つかった岩面陰刻画に、なんと約八〇〇〇年前のクジラやジュゴンなどを捕える漁のようすが描かれていた。たくさんのクジラなどの海洋動物、陸上動物とともに、六、七人程度の人が乗るゴンドラ型カヌーや、クジラを追いやるために使うとみられる網、銛《もり》までがびっしりと描かれ、当時からクジラと人のかかわりが深かったことが見て取れる。

さらに南へ下ったインドネシアでは、いまでも手銛を使った捕鯨が行われており、黒潮や対馬海流といった潮流のなかでクジラ文化が共有されていたと考えられる。
いっぽう北はどうか。カムチャツカ地方に住むチュクチ人は、カヌーと手投げ銛《もり》によって一世紀ごろから捕鯨を確認でき、またアラスカのイヌイットも、アザラシやオットセイととにクジラを食糧とした。さらに南へ流れるカリフォルニア海流の沿岸地域にあたるカナダ北西海岸一帯でも、ヌートカ、トリンギットなどの先住民が、クジラを銛で捕まえて食糧とし、アイヌと同様に、クジラを岸に追い込んでくれるシャチを神とみなす信仰や、クジラを祖先とする信仰をもつそうだ。

このようにクジラ文化の分布を追うと、太平洋の沿岸の広い範囲に絶えることなくつづくようすを確認することができる。しかしながらこれは、単にクジラが棲息していた地域で、偶然同じ習俗が形成された結果にすぎないのだろうか。おそらくそうではない。そのことは、たとえば高床式建築の分布から推測できる。

日本の典型的な高床式建築として神社や正倉院があるが、古くは縄文時代中期から北陸地方などで掘立柱《ほったてばしら》がみつかり、高床式建物と想像されている。弥生時代には土器などに高床式建物が描かれ、『日本書紀』にも神武天皇の言葉として「巣に棲み穴に住みて、習俗惟常となりたり」と当時の人びとのようすが残されている。これは、夏に高床式建物、冬に竪穴住居を使い分けるもので、この習俗はアイヌや樺太のニヴフ族、カムチャツカ地方のイテリン族やコリヤーク族などにも確認できる。また高床式建築には、西部アラスカのエスキモーも住んでいる。

だが、高床式建築は本来、雨期の出水から家や倉庫を守り、風通しを良く保つための南方の建築様式であり、古くは紀元前五〇〇〇年期の中国浙江省河姆渡《かぼと》遺跡からも発掘されている。紀元前一〇〇〇年期の中葉以降には華南を中心に一般的となる。また東南アジアに目を移せば、いまでも高床式建築が住居として利用されている。とすれば、やはりこれもクジラ文化と同じく、太平洋の海流に乗って非常に早い段階から人びとが移動し、それぞれの地域に根づき、また互いに交流しつづけた証といえるのではないだろうか。

人の習俗には、無意識のままに祖先の来歴が刻み込まれ、いまも息づくものがある。クジラ文化や高床式建築は、人の流れの通奏低音としてありつづけたといえよう。目をこらせば、太平洋沿岸を流れる黒潮・対馬海流・親潮・アラスカ海流・カリフォルニア海流などの雄大な海流に乗って、人もクジラもダイナミックな移動を繰り返した痕跡がみえてくるのだ。

（村上麻佑子）

# 第三章　日本の建国

# 大和が建国の地になった理由

日本社会の形成において、黒潮の道がいかに重要な役割をはたしてきたか、もう疑いを容れないだろう。

ではそのことに気づいたとき、我々の歴史の見方には、どのような変化が起きるのだろうか。いちばん大きな変化は、これまで「荒唐無稽」のひと言で片づけられてきた『日本書紀』の描く、次の神武東征の目的が、一転してもっともらしく見えてくることである。

「六合の中心」

……故《かれ》、蒙《くら》くして正《ただしきみち》を養ひて、此の西の偏《ほとり》を治《しら》す。皇祖皇考《みおや》、乃神乃聖《かみひじり》にして、慶《よろこび》を積み暉《ひかり》を重ねて、多《さは》に年所《とし》を歴たり。天祖《あまつみおや》の降跡《あまくだ》りましてより以逮《このかた》、今に一百七十九万二千四百七十余歳。而るに、遼邈《とおくはるか》なる地《くに》、猶未だ王沢《みうつくしび》に霑《うるほ》はず。遂に邑《むら》に君有り、村《ふれ》に長《ひとごのかみ》有りて、各自《おのおの》彊《さかひ》を分ちて、用《も》て相凌《あいしの》ぎ躒《きしろ》はしむ。抑又《はたまた》、塩土老翁《しおつちのをじ》に聞きき。曰ひしく『東《ひがしのかた》に美《よ》き地有り。青山四周《あおやまよもにめぐ》れり。其の中に亦、天磐船《あまのいはふね》に乗りて飛び降《くだ》る者有り』といひき。余《われ》謂《おも》ふに、彼《そ》の地は、必ず以て大業《あまのひつぎ》を恢《ひら》弘《きの》べて、天下に光宅《みちを》るに足りぬべし。蓋し六合《くに》の中心《もなか》か。厥《そ》の飛び降るといふ者は、是饒速日《にぎはやひ》と謂ふか。何ぞ就《ゆ》きて都つくらざらむ。

（『日本書紀』）

神武天皇が建国の地として大和を選択した理由は、これによれば、

①そこが「青山四周れ」る森林資源に恵まれた地であったから。

②そこが「饒速日」が「天磐船に乗りて飛び降る」地であったから。

③そこが「六合の中心」であったから。

の三つであったが、それが必ずしも「荒唐無稽」には見えなくなるのである。順番にその理由をみていくが、まずたしかに大和は「六合の中心」——東・西・南・北・天・地の中心——であった。

黒潮の道は、交通路として考えるとき、三本の幹線ルートとなって日本列島を東西に貫いていた。一本は太平洋沿岸に沿って走る黒潮本流ルート。九州南岸から土佐沖・紀伊半島沖を越えて、伊豆半島沖・房総半島沖・金華山沖にまでつながるルートである。

ついで二本目は、日本海沿岸に沿って走る黒潮の支流、対馬海流ルート。九州南端から九州西岸を経由して北九州に至り、そこから本州の日本海側を走り、最後は津軽海峡に抜けるルートである。青

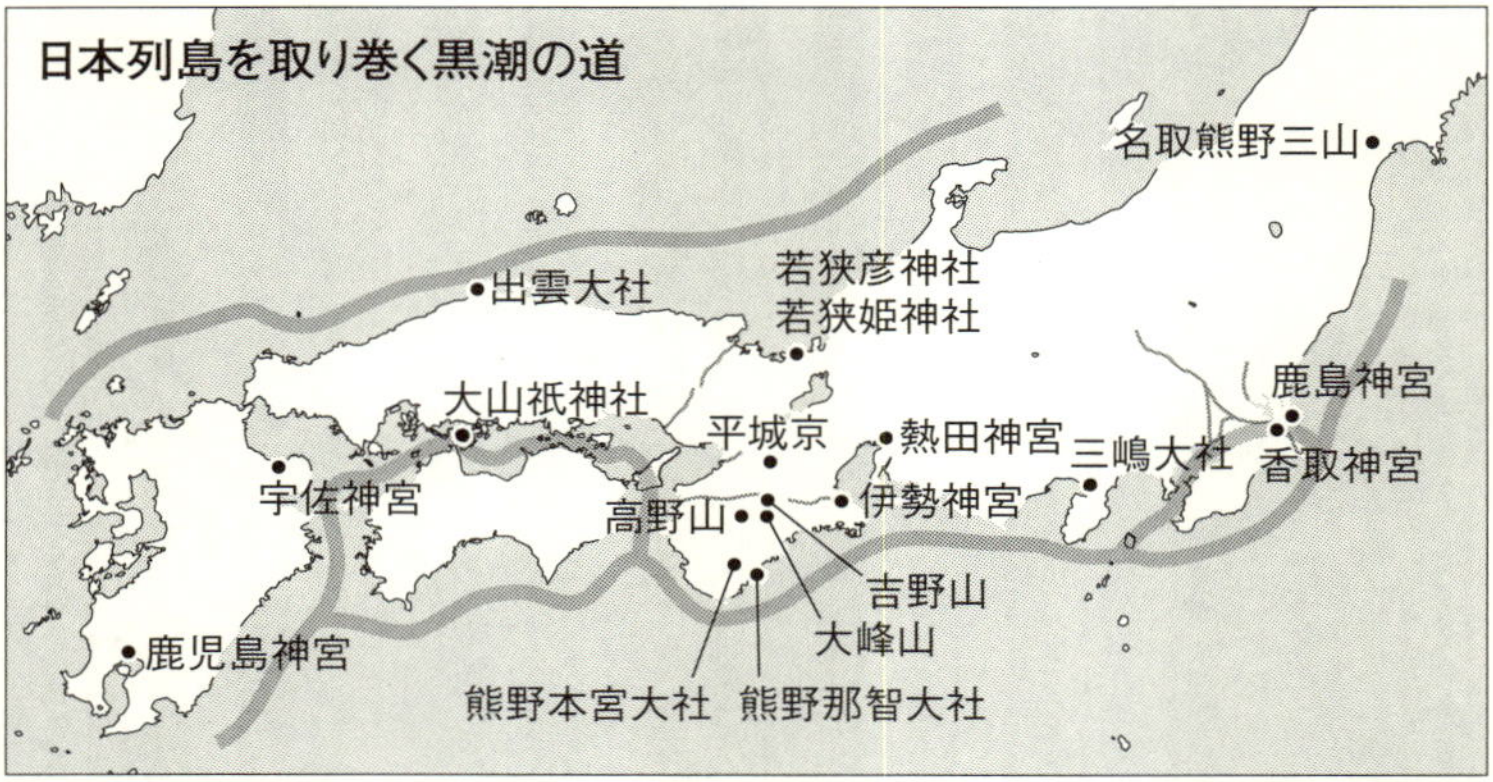


日本列島を取り巻く3本の黒潮の道と、その要所要所に建つ神社の数々。これに南北の連絡路を加えると大和が「六合の中心」になるのは歴然。

森県の十三湊《とさみなと》などは、さしずめこのルートの北の要港であった。

そして三本目は、危険の多い黒潮本流を可能な限り避けて内陸部を通過する内陸ルート。豊後《ぶんご》水道から瀬戸内海に入り、紀伊半島を紀ノ川・吉野川・櫛田川と——中央構造線に沿って——越えて伊勢に抜け、伊勢湾口で黒潮本流と合流するルートである。内海と大河によって内陸を越えていくルートである。

なおこのルートには、江戸湾口でふたたび黒潮本流と分かれ、荒川を経て霞ヶ浦・銚子に抜ける、房総半島横断ルートが付け加わる。

ならば列島の交通上の中心＝「六合の中心」は、論理必然的に内陸ルートのほぼ中間点で、黒潮本流ルート・対馬海流ルートとの連絡のもっとも容易な地点ということになる。それは大和の吉野川沿いをおいてほかにない。

しかもさほど高くない峠をひとつ越えればその北には「都」の建設するに適した大和盆地も広がっていた。

ちなみに大和の吉野川沿いと対馬海流ルートをつなごうとすれば、琵琶湖を経由するか、××ページでも触れた由良川・加古川ラインを経由すれば簡単につなぐことができたし、そこと黒潮本流ルートをつなごうとすれば、紀淡《きたん》海峡、もしくは伊勢湾に出てつなぐという方法もあったが、下市《しもいち》の所から天川・十津川・熊野川を下り新宮《しんぐう》に出るという方法もあった。

## 「青山四周れり」——海幸彦と山幸彦

ついで第二の理由、「青山四周れ」る地というのは、事実として大和がそうであったのはわかるが、それがはたして大和が建国の地に選ばれる合理的な理由だったといえるのだろうか。

そこで重要なことは、森林資源に恵まれていたというのは、なにも建築用材に恵まれていたということだけを意味しないということである。むしろ燃料用材に恵まれていたということを意味する。だとすれば、たしかにそれは建国の地選択の重要な理由になる。そこで注目すべきは、周知の海幸彦と山幸彦の物語である。

日向に降臨した天孫番能邇邇芸能命《ほのににぎの》は、大山津見神の娘木花《このはな》の佐久夜毘売《さくやびめ》命と婚姻を結び、火照《ほでり》命

(海幸彦)・火須勢理命《ほすせり》・日子穂穂手見命《ひこほほでみ》(山幸彦)の三人の子供をもうけるが、そのもうけ方が異常であった。

一夜の情交で木花の佐久夜毘売命が子らをみごもったために、番能邇邇芸能命は、それが本当に我が子かどうかを疑う。疑われ、怒った木花の佐久夜毘売命は、身の潔白を証明すべく、次のごとく異常な環境をしつらえて、つぎつぎと三人の子を産む。

すなはち戸無き八尋殿を作りて、その殿の内に入り、土もちて塗り塞ぎて、産む時に方りて、火をその殿に著けて産みき。故、その火の盛りに焼る時に生める子の名は、火照命。(こは隼人阿多君の祖)次に生める子の名は火須勢理命。次に生める子の御名は、火遠理命。亦の名は天津日高日子穂穂手見命。

(『古事記』)

一書に曰はく、初め火焔明《ほのほあか》る時に生める児《みこ》、火明命。次に火炎盛なる時に生める児、火進命《ほのすすみのみこと》。又曰はく、火酢芹命。次に火炎避《さ》る時に生める児、火折《ほのをり》彦火火出見尊。凡て此の三《みはしら》の子は、火も害《そこな》ふこと能はず。母《いろ》亦少しも損ふ所無し。時に竹刀《あをひえ》を以て、其の児の臍《へそのを》を截る。其の棄てし竹刀、終に竹林《たかはら》と成る。

(『日本書紀』)

わざわざ戸のない建物をつくり、その中に入って、入ると入り口を土で塗り塞いで、中から火を放って産んだのである。その産み方は、明らかに銅や鉄、さらには陶磁器や炭の作り方（産み方）であった。八尋殿とは、製鉄・製銅・製陶・製炭用の竈《かまど》や炉のことであった。そして火がまさに燃え盛るときに産まれた子が火照命（海幸彦）であり、火がすでに落ちたのちに産まれた子が彦火火出見尊（山幸彦）であった。

ということは、海幸彦は鉄もしくは青銅のような金属を象徴し、山幸彦は炭を象徴していた。海幸彦がすぐれた釣針の所持者として描かれているのも、そのこととかかわっている。燃え盛る炉の中から取りだされるのが金属であり、火が落ちたあと、竈から取りだされるのが炭だからである。

そしてやがてその兄弟の間に争いが起きる。まず金属のシンボル海幸彦から炭のシンボル山幸彦が釣針を借り、それを紛失する。当然山幸彦は別の釣針をつくって弁償しようとするが、海幸彦はそれを受けつけない。困惑した山幸彦は常世国の使い塩土老翁に助けを求め、海神（綿津見《わたつみ》神）のもと（常世国）を訪れる。そしてそこで失った釣針を見つけてもらうとともに、海幸彦の所持する釣針などじつはさほどすぐれた釣針ではないこと、それどころかむしろ粗悪品にすぎないこと、さらには「水を掌《つかさど》れる」者こそこの世の覇者になれることを教えられ、三年を過ごしたのち、帰郷する。

そして帰郷するや海神の教えどおりに振る舞い、やがて海幸彦を圧倒、葦原中国の王となる。「海を掌」ることによって、戦わずして金属の支配者である兄に勝ったのである。

## 炭を制するものは国を制す

ではこの物語は何を示唆していたのか。

そこで大事なことは、炭は金属器時代を支えうる唯一のエネルギー源であり、したがっていつの時代も最重要な交易品であったということである。時代は下がるが、鎌倉時代から室町時代にかけて、京都と鎌倉に「七座」とよばれる大きな商人組合が出現するが、それは絹座・炭座・米座・檜物座・千朶積座《せんだづみ》・相物座・馬商座の「七座」のことであった。いつの時代も炭が、絹や米と並ぶ代表的な交易品であったことがわかる。

古来海上交易の神といえば、大阪住之江の住吉《すみよし》大社と伊予大三島の大山祇《おおやまづみ》神社があげられるが、興味深いのは、どちらも名前にも「スミ」の語が入っていることである。住之江というのは墨之江とも書き、もともと炭の積み出し港という意味であった。住吉大社の祭神も筒之男《つつのお》神であり、多分その名は「煤男」から来ていた。

また大山祇神社の祭神は、いうまでもなく大山津見（大山祇）神であり、山の神、転じて炭の神であった。神々のあり方もまた、炭の交易品としての重要性を示してくれていた。

ということは、この物語は、炭＝エネルギーを支配する者は、それを海の彼方（常世国）にもたらし、代えてさまざまなもの、とりわけ良質の鉄を手に入れ、鉄（金属）の生産者さえ圧倒しうる能力をもつ。その能力をもった者こそ王にはふさわしいというメッセージを我々に送ってくれていたことになる。合理的なメッセージだと思う。

したがって「青山四周れ」る地というのも、大和が建国の地として選択された理由としては、十分に合理的だったのである。

なお付け加えておけば、大和はそこに祀られている神々からも、古来、「木の国」「炭の国」であることに最大の特徴のある国であったことがわかる。

大和盆地およびその周辺の産土といえば、大和の語源「山門」と同じ意味の名を負う山口神社であるが、その祭神はすべて山の神——そして炭の神——大山津見神であった。まさに「木の神」であり、「炭の神」であった。

そして吉野の産土といえば、丹生川上《にうかわかみ》神社上社・中社・下社の三社であるが、祭神はそれぞれ、上社が罔象女《みずはめ》神、中社が高龗《たかおかみ》神、下社が闇龗《くらおかみ》神であった。それらはいずれも、産みの母伊邪那美神を焼き殺した火の神迦具土《かぐつち》神を、逆に父伊邪那岐神が斬り殺したときの、血の滴りなどから生まれた神々であった。征服しがたい火の征服に人が成功したことを象徴する神々であった。

大和はたしかに古くから「木の国」「炭の国」と認識されてきたことがわかる。

## 「天磐船に乗りて飛び降る者有り」

では最後の理由、「饒速日《にぎはやひ》」が「天磐船《あまのいわふね》」に乗って飛び降りるからというのは、建国の地としての大和選択の理由として合理的な理由だったのか。そこでまず「饒速日」が「天磐船」に乗って飛び降りる地の意味を確定しておかなくてはならないが、それは鉄や銅（金属）を製造し、操る人がいる地という意味であった。

「饒速日」というのは物部《もののべ》氏の始祖であり、物部氏といえば「物」に仕える人びと、すなわち物中の物である「鉄」（金属）に仕える人びとの謂《い》いだからというのが、その第一の理由。ついで人は、鉄――や金属――の硬さ・鋭利さを表すのに、しばしば石をも切ることができる、石をも貫くことができるといった比喩を使うが、「天磐船に乗りて飛び降る者」というのもその種の比喩だからというのが、第二の理由であった。

大和の豪族長髄彦《ながすねひこ》が、「饒速日」と組んで、神武天皇の大和侵攻を一度は撃退した古戦場、生駒西麓の草加（日下）の地に建つ石切劔箭《いしきりつるぎや》神社が、物部氏の祖「饒速日」を祀る神社であり、同時に石を切り、貫く剣と鏃《ぞく》の鋭利さからきた名を負っていることは、その意味で象徴的である。

そして、鉄や銅を製造し、操る人が多数いるということは、当然そこが建国の地として選ばれる合理的な理由であった。

なお，金属と石の関係についてもうひとつ述べておくと、いまでも毎年旧暦の一一月八日になると、全国いたるところで、鍛冶師や鋳物師や石工が集まって鞴祭《ふいごまつ》りが催されるが、その鞴祭りがもっとも多く催されるのが、稲荷神社においてである。

では、稲荷神社とはどのような神社か。京都伏見の稲荷大社を総本山とするが、宇迦御霊《うかのみたま》大神を祭神として祀る神社である。では宇迦御霊大神とはどのような神か。美称を取り去り、当て字を意味のある字に転換すると「天火神」となる。まさに火の神である。

ならば稲荷神社が鞴祭りの舞台となるのも納得がいく。火は、あらゆる金属生産の源だからである。そしてその稲荷神社の総本山伏見稲荷大社のご神体は、「劔石」という名の巨大な石なのである。

ここでも、銅や鉄・金属と石は結びついていた。たしかに古来人びとは金属の硬さ、鋭利さをあらわすのに、石を貫く、石を切れるといった言葉を使ったのである。

なお私は、さまざまな信仰で磐座《いわくら》というものが神の宿りの場として認識されていることも、このことと深くかかわっているのではないかと思う。磐座は山に多い。神の正体は稲魂ではなくて、金属だったのではないだろうか。

## 神武東征の真偽

### 荒唐無稽説の破綻

さて、このようにして『日本書紀』に描かれた神武東征の理由が、すべてそれなりに合理的な理由だとすれば、結局問わなくてはならないのは、紀元前七世紀ごろの出来事とされる神武東征は本当にあったのか、なかったのかということになる。

従来は荒唐無稽のひと言で、なかったに決まっているとされてきたことだが、以上のようなことを考えるにつけても、私は最近、やはりあったのではないかと思いはじめている。

当然記紀に書かれているとおりのことがあったかと問われると、わからないとしか言いようがないが、書かれてあることのモデルになった出来事はあったのではないかと、思いはじめている。理由は二つある。

ひとつは、これまで神武東征を荒唐無稽のひと言で片づけてきた歴史学の常識が、そもそも成り立たなくなってきているからである。

これまでの歴史学は、紀元前七世紀の出来事といえば縄文時代の出来事だと解釈してきた。そしてさすがに縄文時代に国家の形成はないだろうと考えてきた。マルクス主義歴史学の影響を強く受けて、あくまでも国家の形成は、農耕（稲作）がはじまり、剰余生産物が生まれ、階級が発生して以降の出来事だと思い込んできたからである。

しかしいまや、紀元前七世紀は、縄文時代ではなく、弥生時代に組み入れられるようになってきている。C14炭素同位体原素による年代測定の結果である（広瀬和雄、二〇〇三）。となると、紀元前七世紀ごろは、畿内において稲作もはじまり、金属器生産もはじまっていたことになる。国家形成ということが起きていても決しておかしくない時代ということになるのである。

それに加えて、神武東征を荒唐無稽と人が感じてきたことの背景には、かつて九州南部に住んだ熊《くま》襲《そ》と呼ばれる人たちに対する、歴史家の側の蔑視・野蛮視があった。熊襲という言葉から連想されるイメージで彼らを見すぎていた。

だから、その人たちが日向《ひゅうが》を発って、大和にやってきて国を形づくるなどといったことはありえないと思い込んできたのである。

だから、神武天皇が北九州出身者ならまだしもと思った人は結構いたようで、邪馬台国東遷説などといった議論は昔からある（若井敏明、二〇一〇）。

しかし見てきたように、いったん日本社会の形成における黒潮の道の重要性に気づいてみると、その常識はまったくナンセンスだということになる。南九州は蛮族の住む未開の地どころか、むしろ列島社会のなかでもっとも早く世界と接し、異文化を吸収する文化的最先進地域ということになる。ならばそこから建国のヒーローが現れても、さほどおかしくはないのである。

## 唐古・鍵からのメッセージ

すでに神武東征＝荒唐無稽論の底は割れたといってよい。それがひとつの理由。そしてもうひとつは、考古学者北條芳隆氏によれば、大和盆地を代表する弥生都市遺跡、唐古《からこ》・鍵《かぎ》遺跡の存在が、弥生時代の初めから大和盆地には強大な国家の中心が存在しつづけてきたことを物語ってくれているからであった（北條芳隆、二〇一七）。

北條氏によれば、唐古・鍵遺跡は、三つの点において希有な特徴を有する弥生都市遺跡であった。ひとつは、弥生時代の初め（紀元前七世紀ごろ）から終わり（三世紀ごろ）まで、約一〇〇〇年にわたって、一度も途絶えることなく存続した都市の遺跡であったこと。

二つ目は、通常なら絶対に都市（集落）などつくらない、盆地中央部の低湿地脇に営まれた都市の遺跡であったこと。幾重にも巡らされた環濠は、その低湿地脇ならではの、水抜きのための施設であった。

そして三つ目は、その中心建物から眺めたとき、冬至の日には太陽が三輪山の頂上から昇り、春分と秋分の日には竜王山第二峰の頂上から昇り、夏至の日には石上《いそのかみ》神宮の裏山、高橋山の頂上から昇る、まさに大和盆地全体を時計盤に見立てた日時計の中心に位置する都市の遺跡であること。明らかに暦の管理（天文観測）と太陽信仰のための中心施設としてつくられた都市の遺跡であったことであった。

そういえば、唐古・鍵遺跡の近くには、邇邇芸《ににぎ》能命《のみこと》が地上に下る際に天照大神が持たせたとされる神鏡を、崇神《すじん》天皇が天照大神を宮中から追放する三世紀初頭ごろまで祀っていたとされる鏡作《かがみつくり》神社が建っている。唐古・鍵遺跡と太陽信仰のかかわりの深さを示している。

ではそれらをまとめるとどうなるのか。

唐古・鍵遺跡とは、何者かによって、まさに天体の運行を観測するための中心施設、転じて太陽信仰の中心施設として建設され、その後一〇〇〇年にわたって、繰り返される水害と戦いながら、無理に無理を重ね、しかし一度も途絶えることなく維持されつづけた、他に類をみない人為的都市の跡ということになる。

ならば問題は、その何者かは何者かである。それは、その都市建設の目的といい、一〇〇〇年にわたってもっとも都市建設に不向きな所（低湿地）に巨大都市を維持しつづける能力の高さといい、国家とよべるほどの強力な権力主体と考えるしかないのである。だから唐古・鍵遺跡の存在は、それが建設された段階において、すでに大和盆地に中心を置く強大な国家権力が存在していたことを、物語

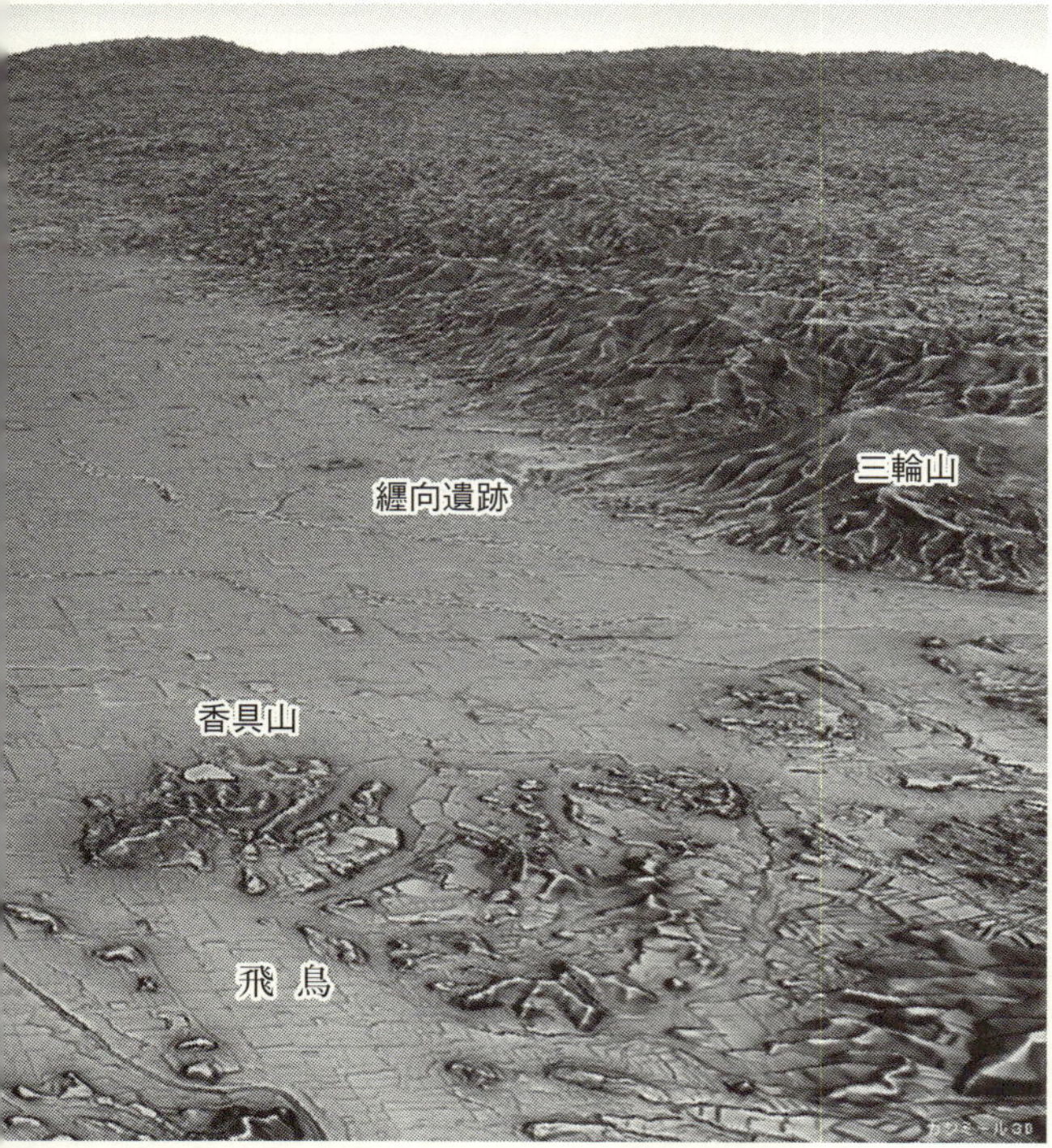
三輪山
纒向遺跡
香具山
飛鳥
カシミール3D

高橋山
夏至の日の出
龍王山(北城)
春分・秋分の日の出
三輪山
冬至の日の出

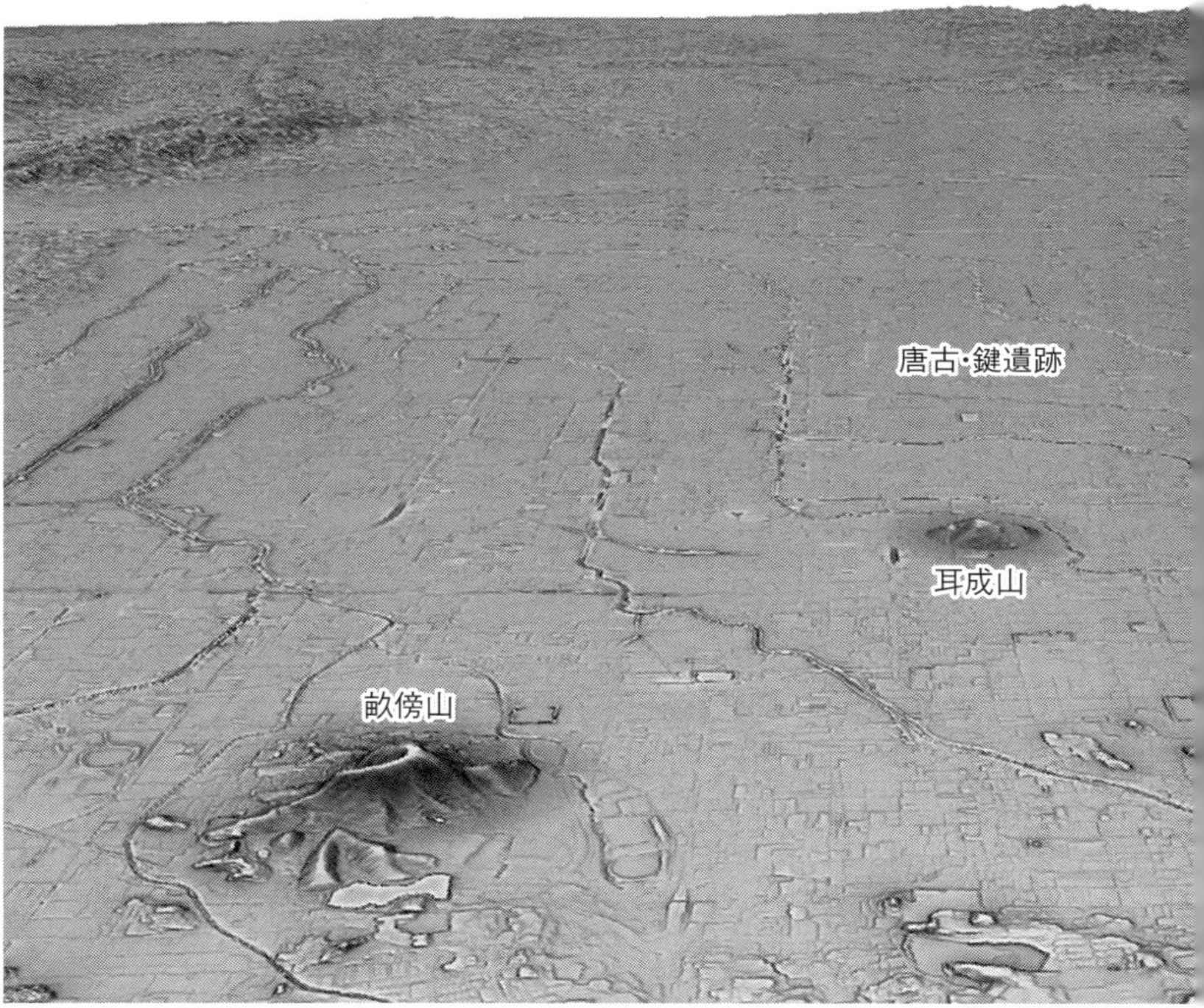


**大和盆地と唐古・鍵遺跡の位置**　唐古・鍵遺跡が河川の集中する盆地中央部にあり、つねに洪水の被害を受けやすい状態にあったことがわかる。

**唐古・鍵遺跡の大型建物跡からみた大和盆地東の山並と日の出の関係**
これをみれば、唐古・鍵が四季の運行を観察するためにつくられた都市であることは一目瞭然。

ってくれているのである。

となると問題は、その唐古・鍵の起点となった弥生時代の初めとはいったいいつだったかであるが、ひと昔前なら、それは紀元前四世紀か三世紀ごろということですんでいた。しかしいまは、先に述べたように、C14炭素同位体原素を使った年代測定技術が進歩した結果、紀元前一〇ないし九世紀説が登場し、新しく見積もっても紀元前七世紀ごろにははじまった、ということになってしまっている。だとすれば唐古・鍵を建設した国家の誕生と神武東征が、時期的にほぼ一致することになる。

しかも記紀に記された神武天皇は、太陽信仰の中心施設、唐古・鍵の建設者にふさわしい人物であった。生駒山の戦いで負けたとき、西から太陽に向かって攻め上ったから負けたのだと敗因を総括し、熊野・宇陀野《うだの》を経て東から、太陽を背に大和に攻め入るという戦術を採用した。さらには太陽黒点を象徴する鳥、八咫烏《やたがらす》の案内を得て、熊野路を越えている。まさに太陽王とでもよぶべき存在だったのである。かくて、神武東征はあったかなかったかと問われれば、私は、あったと答えるしかないと思うのである。

# 第四章　天皇制国家の誕生へ

## 「卑弥呼共立」の意義

### 「鬼道」に仕える卑弥呼

しかし神武東征の有無についての議論はやはり慎重にしなくてはならない。なぜならば、もしそれが大方の常識に反して実在したとなると、日本史の見方が根本的に変わるからである。いちばん大きな変化は、当然国家の成立期が変わる。これまでは早く見積もっても「魏志倭人伝」に書かれた卑弥呼共立、邪馬台国誕生の時期――遅く見積もれば倭王武《ぶ》の時代――とされてきたが、それが一〇〇〇年近くも早まる。これほど大きな歴史の見方の変化に、多分、歴史教育が耐えられないからである。

だからとりあえずは、前章で述べたことは仮説の域にとどめておく。

それはさておき、ひとつだけたしかなことがある。それは神武東征のあるなしにかかわらず、卑弥呼共立、邪馬台国成立の時期が、決してこの国における国家の最初の誕生の時期ではないということである。唐古・鍵遺跡の存在が、それを物語っているということはいちおう措いたとしても、卑弥呼共立、邪馬台国誕生の事実を我々に伝えてくれる「魏志倭人伝」に、つぎのようにあるからである。

その国、本また男子を以て王となし、住《とど》まること七、八十年。倭国乱れ、相攻伐すること歴年、乃《すなわ》ち共に一女子を立てて王となす。

（「魏志倭人伝」）

卑弥呼共立以前に倭国大乱の時代があり、その前に「男王」の統治した時代が、少なくとも七、八〇年はつづいたとある。これによれば少なくとも卑弥呼共立の時点より一〇〇年近く前以前に、この国は存在していたことになるからだ。

これだけでも従来の歴史学の常識は大きく変わる。ただそうなると逆に、新たな問いが生まれる。それは、では三世紀における卑弥呼共立、邪馬台国の誕生が、最初の統一国家の形成でなかったとすれば、その意義はいったいなんだったのかとの問いである。

それはいったいなんだったのか。なんの意味もない出来事であったはずはない。そこで私が注目したいのは「魏志倭人伝」の――その一部は先に引用したが――次の一節である。

その国、本また男子を以て王となし、住まること七、八十年。倭国乱れ、相攻伐すること歴年、乃ち共に一女子を立てて王となす。名づけて卑弥呼という。鬼道に事《つか》え、能く衆を惑わす。年已に長大なるも、夫婿なく、男弟あり、佐《たす》けて国を治む。王となりしより以来、見るある者少なく、婢千人を以て自ら侍せしむ。ただ男子一人あり、飲食を給し、辞を伝え居処に出入す。宮室・楼観・城柵、厳かに設け、常に人あり、兵を持して守衛する。

（「魏志倭人伝」）

卑弥呼は「鬼道に事え、能く衆を惑わす」ことを得意とする王であったとある。超越的なものを言い表すのに、我々は「鬼神」という言葉を用いるが、そのうちの「鬼」を卑弥呼は崇拝していたとあるのである。

では「鬼」とはなにか。死者の魂、霊魂のことである。ということは「鬼道」とは霊魂崇拝、祖先崇拝のことになる。祖先崇拝をよくする王として卑弥呼は「魏志倭人伝」の筆者から注目されていたのである。

そしてその卑弥呼イメージは、彼女と記紀上の同一人物とされる、倭迹迹日百襲姫《やまとととびももそひめ》のイメージとも重なる。『日本書紀』によれば、崇神天皇五年に起きた疫病の大流行に対処するために崇神天皇は、それまで宮中で祀っていた天照大神と倭大国魂（たぶん大山津見神）を宮中から追放し、代えて大物主神を呼び入れた。その宮中祭祀の転換を主導したのが倭迹迹日百襲姫であった。天照大神と倭大国魂はいずれも典型的な自然神であった。それに対して大物主神は、人の女性に子（神武天皇の皇后になった媛踏鞴五十鈴媛命《ひめたたらいすずひめのみこと》）を産ませ、祭祀を受けるにあたってはみずからの子（大田田根子《おおたたねこ》）に祀られることを希望する神であった。人の祖先神としての性格を色濃く持つ神であった。

倭迹迹日百襲姫もまた「鬼道」に仕えよく衆を惑わす女性であったことがわかる。卑弥呼のイメージと倭迹迹日百襲姫のイメージとはみごとに重なるのである。

## 世襲王制の確立へ

では「鬼道」に仕えることで卑弥呼は何をしたのか。次にある彼女の死後のことを考えればわかる。

その八年……倭の女王卑弥呼、狗奴国《くなこく》の男王卑弥弓呼と素《もと》より和せず。倭載斯烏越《さいしうおつ》を遣わして郡に詣り、相攻撃する状を説く。塞曹掾史《さいそうえんし》張政《ちょうせい》等を遣わし、因って詔書・黄幢《こうどう》を齎《もたら》し、難升米に拝仮せしめ、檄を為りてこれを告諭す。卑弥呼以て死す。大いに冢《ちょう》を作る。……更に男王を立てしも、国中服せず。更々《こもごも》相誅殺し、当時千余人を殺す。また卑弥呼の宗女壱与年十三なるを立てて王となし、国中遂に定まる。

（「魏志倭人伝」）

彼女自身は「共立」されて王になったが、彼女はみずからの跡を、決して諸王の「共立」に委ねようとはしなかった。一族の男性（男王）に譲ろうとしたのである。そしてそれがうまくいかないとなると、結果的には——その譲りに彼女自身は関与していないが——一族の女性（宗女）に譲ったのである。

卑弥呼が「鬼道」に仕えることで行ったのは、世襲王制を確立することであった。世襲王制を確立するためには、王の血統をほかの人びとの血統から区別しなくてはならなかった。そのためには、王家の始祖を偉大な神に近い存在、もしくは神にまで昇華させなくてはならなかった。だから祖先崇拝＝「鬼道」が必要だったのである。

ただ卑弥呼にとって「鬼道」の確立は、それほど容易なことではなかった。彼女以前に、王統の起点になり得る偉大な祖先は存在しなかったからである。彼女以前の王たちはことごとく倭国大乱の「戦犯」とみなされて仕方のない存在であった。だれしもがそうだから、卑弥呼は共立されて王になったのである。

ならば本当に「鬼道」を確立し、世襲王制を確立しようと思えば、卑弥呼自身が死に、次の世代以降の王たちにとっての偉大な祖先になるしかなかった。それは悲劇であり、苦難の道であった。

しかし彼女はその道を歩んだのである。「魏志倭人伝」によれば、先に見たごとく、たぶん彼女はみずから戦場に立ち、戦死を遂げている。勇猛果敢すぎる振る舞いの結果ではなかったのだろうか。『日本書紀』によれば、倭迹迹日百襲姫の死は、大物主神を裏切ったことを悔いて、箸で自らの陰部を突いての自死という、壮絶な死であった。

いずれにしても、卑弥呼は死に、みずから崇拝される始祖になることによって、「鬼道」を完成させ、世襲王制の礎を築いたのである。またださから彼女は、死後も祖霊としてこの世に君臨する必要があり、死に際してみずからの偶像を築かせたのである。それが、

卑弥呼以て死す。大いに冢《ちょう》を作る。（「魏志倭人伝」）

ということであり、巨大前方後円墳箸墓《はしはか》の築造であった。

したがって、前方後円墳という箸墓の形は、彼女の生前の姿を映した彼女の偶像（人形《ひとがた》）とみるのが自然であろう（小路田泰直、二〇一一）。

## 王権の課題の転換

しかしそれにしても「鬼道」の確立をテコにした王権の世襲化はなぜ必要だったのか。『日本書紀』に書かれた神武天皇の課題と、一〇〇〇年後の卑弥呼＝倭迹迹日百襲姫の課題とでは、王権の課題が変わっていたからであった。

先にも触れたように、神武天皇が東征・建国を決意したとき、その課題は「邑《むら》に君有り、村《ふれ》に長《ひとごのかみ》有りて、各自《おのおの》彊《さかひ》を分ちて、用《も》て相凌《あいしの》ぎ躒《きしろ》はしむ」状態の克服であった。ともすれば分裂、解体しよう

とする国家を、なんとかひとつにまとめあげていくことであった。だから「公平性」の確保こそ、統治に求められる最大の要諦であった。あえて「六合の中心」に「都」をつくろうとし、東征を行ったのはそのためであった。「六合の中心」こそ、全国至る所との等距離性を象徴し得る場所だったからである。

しかし卑弥呼の時代、国家の分裂の防止は、すでに王権の課題ではなくなっていた。たしかに卑弥呼が即位する直前、「邑」「村」が分裂して争う「倭国大乱」と呼ばれる状況が生まれていた。しかしその状況は、結局「邑」の「君」や「村」の「長」たちが進んで卑弥呼を「共立」することによって、神武東征のような「外圧」を招くことなく収束されたのである。もはや列島の「邑」の「君」や「村」の「長」に、国家を分裂に追いやるエネルギーは残っていなかったのである。ということは、そのときすでに、日本という国家は分かちがたい単一の共同体となっていたということである。国家の分裂の阻止は、王権の主要な課題ではなくなっていたのである。

ならば卑弥呼の時代の王権の課題はなんだったのか。卑弥呼と同一人物とされる倭迹迹日百襲姫の台頭の理由が、疫病の流行と、それにともなう飢餓の蔓延や内乱の勃発に対処することであったことからもわかるように、社会を、疫病の流行や飢餓の蔓延といった突然の災害から守り、さらには内乱のごとき、社会的不公平への不満の爆発から守ることになっていた。

治安・衛生の管理を強化し、非常時に備えて常日頃から食糧を備蓄・確保する体制を整え、租税の賦課をつうじて富める者から貧しき者への富の再分配を行うことが、王権の課題となっていた。労働と富の分配と再配分に、意思と強制力を持ちこむことが課題となっていたのである。

そしてとりわけ重要なのは、食糧の確保であった。それなしには、あらゆる政策が水泡に帰するからであった。

## 農本主義と身分制の確立

しかし、いざという時に備えて食糧を備蓄し、確保するというのは、言うは易くして行うは難いことであった。なぜならば、人は放置すれば、いつの時代においても、食糧生産――農業であれ、採集であれ、狩猟であれ――に携わることを忌避し、商業や工業につきたがるものだからであった。それはいまにはじまった話ではない。考えてみれば、だから食糧はつねに不足しがちになるのである。そして何かあったとき、その不足が表面化し、飢饉に発展するのである。

ではその食糧の備蓄・確保を、国家の強制力を用いて行おうとするにはどうすればよかったのか。結局多くの人を、本人の意に反して農民にするしかなかった。人の職業を身分的に固定し、多くの人を農民身分にするしかなかった。

なおついでに述べておくと、身分制というのは、決して本来人を差別するために設けられる制度ではなかった。次の荻生徂徠《おぎゅうそらい》の指摘にもあるように、「日本国中ニ生ズル物ヲ日本国中ノ人ガ用ヒテ事足ル」、物の需給バランスを整えるための制度であった。

上下ノ差別ヲ立ル事ハ、上タル人ノ身ヲ高ブリテ下ヲ賤ムル意ヨリ制度ヲ立ルニハ非ズ。総ジテ天地ノ間ニ万物ノ生ズルコト各《おのおの》其限リアリ。日本国中ニハ米ガ如何程《いかほど》生ズル、雑穀如何程生ズル、材木何程生ジテ何十年ヲ経テ是程ノ材木ニ成ト言ヨリ、一切ノ物各其限リ有事也。其中ニ善キモノハ少ク、悪モノハ多シ。依之衣服・食物・家居ニ至ル迄、貴人ニハ良物ヲ用ヒサセ、賤人ニハ悪モノヲ用ヒサスル様ニ制度ヲ立ルトキハ、元来貴人ハ少ク賤人ハ多キ故、少キモノヲバ少キ人用ヒ、多キモノヲバオ、キ人ガ用レバ、道理相応シ無行支、日本国中ニ生ズル物ヲ日本国中ノ人ガ用ヒテ事足ル事也。

（『政談』）

ちなみに倭迹迹日百襲姫＝卑弥呼の活躍した、記紀上は崇神天皇の時代、王権は次の三つのことを行っていた。

ひとつは、四道将軍を全国に派遣して人民教化（道徳強制）に当たらせることであった。二つ目は、租税制度を整え──「人民《おほみたから》を校《かむが》へて、更《また》調役《みつきえだち》を科《おほ》し」（『日本書紀』）──富の再分配をはかることであった。そして三つ目は、次のように語り、農本主義的イデオロギーを確立することであった。

農《なりはひ》は天下《あめのした》の大《おお》きなる本《もと》なり。民《おほみたから》の恃《たの》みて生《い》くる所《ところ》なり。
（『日本書紀』）

いずれも農民の身分化をはかるための施策であった。「農」を「国の本」と持ちあげ、己の欲求を抑えること（禁欲）を美徳にまで高めることを抜きに、農民の身分化など到底できることではなかったからであった。

しかし身分制（氏姓制）を構築するということは、人に血統による差別を持ちこむということを意味した。だとすればそれをよくなし得る者もまた、血統によって他から隔絶した存在でなくてはならなかった。

だから卑弥呼の時代、世襲王制の確立が急がれたのである。

# 女王から男王へ――神功皇后から応神天皇へ

## 世襲制確立の困難

ただ、王権の世襲化というのは、思いのほか困難であった。ひとつには、それと密接にかかわる、社会における身分制の確立に、困難があったからであった。

> 上古《いにしへ》治《くにをさ》むること、人民所を得て、姓名《かばねな》錯《たが》ふこと勿し。今朕、践祚《あまつひつぎし》りて、茲《ここ》に四年。上下相争ひて、百姓安からず。或いは誤りて己が姓を失ふ。或いは故《ことさ》に氏を認《と》む。其れ治むるに至らざることは、蓋し是に由りてなり。朕不賢《さかな》しと雖も、豈《あに》其の錯へるを正さざらむや。（『日本書紀』）

これは、身分（氏姓）の混乱に困惑した允恭《いんぎょう》天皇が、ついに「盟神探湯《くがたち》」――熱湯を用いた神判――を行うことによって、その混乱に終止符を打とうとした出来事を記した『日本書紀』の記事であるが、放置すれば人が不平等を嫌悪し、身分制を破壊しようとするのは自然であった。それがなかなか止められなかったからであった。

しかし、そうしたことはさておき、王の地位の世襲化が容易に実現しない背景には、より直接的な障害が二つあった。

ひとつは、能力は容易に遺伝しないという周知の事実であった。親に似ぬ愚か者も、鳶が鷹を生んだのではないかと思われるほどの賢者も、世の中にはたくさんいる。その事実をだれもがよく知っているからであった。世襲制は王の「賢」をけっして保障しえない。しかし王は「賢」でなくてはならない。だからその事実は、世襲王制の定着を、きびしく阻んだのである。

そしてもうひとつは、子の母は明瞭だが、子の父は不明瞭だということからくる、男系継承に注がれる疑惑の視線であった。世襲王制を確立するうえで、たしかに王位の男系継承は女系継承に比してはるかに優位であった。男には幾人でも子がつくれるが、女にはそれができないからである。しかしその男系継承には、つねに、本当に王は先の王の子なのかとの疑惑がつきまとった。そしてそれは、世襲王制を原理的に成り立たせなくしてしまう可能性を秘めた疑惑であった。

それがあるから、先に引用した「魏志倭人伝」の記事に「更に男王を立てしも、国中服せず。更々《こもごも》相誅殺し、当時千余人を殺す。また卑弥呼の宗女壱与年十三なるを立てて王となし、国中遂に定まる」とあったように、卑弥呼がみずからの跡を「男王」に継がせようとしても、その「男王」が男であるという理由だけで人びとがその継承に反対し、あわや「倭国大乱」の再現といった事態さえ引きおこされたのである。

## 前方後円墳の築造

ではこれらの障害を克服し、男系による王位継承を確立するためには、どうすればよかったのか。

そこで注目したいのが、雄略天皇より二代あとの天皇顕宗《けんぞう》天皇（弘計《をけ》王）が即位するや、父市辺忍歯別王《いちのべのおしはのみこ》の仇を討とうとして雄略天皇陵の破壊を企てるが、そのときそれを諫めた兄億計《おけ》王（のちの仁賢《にんけん》天皇）の、次の論理である。

> 不可。大泊瀬天皇（雄略天皇）、万機を正《ただ》し統《ふさ》ねて、天下に臨み照したまふ。華夷《みやこひな》、欣び仰ぎしは、天皇の身《みみ》なり、吾が父《かぞ》の先王《うしのきみ》は、是天皇の子《みこ》たりと雖も、迍邅《なやましき》に遭遇《あ》ひて、天位《あまつひつぎ》に登りたまはず。此を以て観れば、尊卑惟別《たかきいやしきこれこと》なり。而るを忍びて陵墓を壊《こぼ》たば、誰を人主《きみ》としてか天《あめ》の霊《みたま》に奉《つか》へまつらむ。（『日本書紀』）

ここで億計王は、二つのことを言っている。ひとつは、天皇は偉大な人物だから天皇になるのではなくて、天皇になったから偉大なのだ。だから父市辺忍歯別王を殺害した非道な人物であっても、天皇になった以上、雄略天皇は偉大なのだということを。天皇位の抽象化を図り、だれがだれの父で、だれがだれの子であるといった、個人レベルのことが、天皇の地位に影響を及ぼすことを極力回避しようとしている。

加えていまひとつ、これは示唆しているだけだが、天皇陵（前方後円墳）は、単に亡き王の墓なのではなく、いまなお「人主」として人びとの上に君臨する霊的存在――したがってその偶像――なのだということを、である。

ならば上記の障害を克服するひとつの方法は、卑弥呼が死んだとき、卑弥呼を始祖霊として死後もこの世に君臨させるために箸墓をつくった故知にならい、王が死ぬたびに、亡き王の魂の拠り所としての墓（巨大前方後円墳）をつくりつづけ、それを適切に配置することによって、亡き王たちの抽象化された「父子関係」（王統譜）をつくりあげ、それを可視化させることであった。そうすることによって、皇位継承から個人レベルの事柄の詮索を排除することであった。

## 神功皇后の役割

そしていまひとつの方法は、実力を行使することであった。そしてそれを実際に行使したのが、神功皇后《じんぐうこうごう》であった。

彼女は、夫仲哀《ちゅうあい》天皇の死後、仲哀との間にもうけた一粒種の誉田別《ほむたわけ》を、遠隔の地九州で産むが、そのもっとも出生の秘密を問われかねない我が子を、応神《おうじん》天皇として即位させるまで、じつに七〇年にわたって、摂政として庇護しつづけたのである。もしその、立太子・即位に反対する者が現れれば、実力でもって討ち滅ぼす覚悟を示しながらである。当然その背景には、仲哀の死後行った新羅《しらぎ》遠征における、彼女の赫々《かくかく》たる戦功があった。軍事カリスマとしての彼女の権威があった。

しかもその覚悟が、決してこけ脅しではないことを示すために、彼女は、実際その初政において、誉田別の排除を企てた押熊王《おしくまおう》ら誉田別の異母兄たちを討ち滅ぼしている。そのやり方は、新羅遠征のときには彼女を助けた天照大神ほかの神々までが、援軍拒否を申しでるほど、正当性に欠けたやり方であった。しかし威令は行れた。

そしてこの神功皇后の実力による庇護の甲斐があって、ようやく彼女の死後、誉田別が即位し応神天皇となったとき、男系による王位継承の伝統（世襲王制）は確立したのである。王位は原則として男系で継がれ、だれが王になるかは先帝の意思によって決まるという慣例が成立したのである。

また、だから『神皇正統記《じんのうしょうとうき》』において北畠親房が次のように述べたごとく、即位した応神天皇にとっての最大の課題は、こんどは生きているうちにみずからの後継者を指名し、死後もそれを守らせることになったのである。

昔仲哀天皇熊襲ヲセメサセ給シ行宮ニテ神サリマシ〳〵キ。サレド神功皇后程ナク三韓ヲタイラゲ、諸皇子ノ乱ヲシヅメラレテ、胎中天皇ノ御代ニサダマリキ。コノ君聖運マシ〳〵シカバ、百七十余年中タエニシ一統ノ天下ヲシラセ給テ、御目ノ前ニテ日嗣ヲサダメサセ給ヌ。

（『神皇正統記』）

ただしそれは、指名された末子菟道稚郎子《うじのわきいらつこ》が、父の命に反せないばかりに、自分よりすぐれた兄大鷦鷯尊《おおさざき》（仁徳天皇）に位を譲ろうとして、結局自死を選ぶという不幸な出来事を招いてしまったのではあるが。

かくて、神功皇后と応神天皇の二代の努力によって、世襲王制は確立した。そして考えてみれば、それこそが、神功皇后と応神天皇を並び祀る宇佐八幡宮、およびその勧請《かんじょう》を受けた石清水《いわしみず》八幡宮が、後世、伊勢神宮と並ぶ「二所の宗廟」として、王権から特別の崇敬を受けることになったゆえんでもあったと思われる。

## コラム5◉南の文化や海とかかわる天皇家の歴史

これまでの話から、南方との海をとおしたつながりが、意識的にも潜在的にも日本列島の人びとの間に長くみられたことがわかってくる。そしてそれは天皇家の来歴を記した『古事記』や『日本書紀』にも色濃く反映されている。

たとえば、保食神《うけもちのかみ》や稚産霊《わくむすび》（『日本書紀』一書）、大宜都比売《おおげつひめ》（『古事記』）が殺害され死体から栽培植物が生じる話が、ハイヌウェレ型神話と呼ばれる東南アジアやオセアニア、南北アメリカ大陸に広く分布する死体代生神話と同根のものであることはあまりにも有名である。しかもこの神話は、縄文時代の土偶が、身体がバラバラの状態で意図的に埋納される事例と似ていることから、早く縄文時代には日本列島に伝承された神話とみなす説もある。だがもちろんこれだけではない。

記紀にあるヤマタノオロチ神話は『捜神記《そうじんき》』に載せられている竜蛇退治説話と酷似していることが指摘されている。興味深いのは、それが長江流域の越の説話であることで、同様の説話は中国南部に広がっているという。コラム1（43ページ）であつかった鳥人間と船の説話もその一例であり、山幸彦と海幸彦や因幡の白兎の説話も中国南部や東南アジアに類似するものがみられる。

　また神武天皇の父鵜茅不合葺命《うがやふきあえずのみこと》は、海神の娘であった豊玉姫《とよたまひめ》（本来の姿は「八《や》尋和邇《ひろわに》」や「龍」）から生まれ、神武自身も豊玉姫の妹であった玉依姫《たまよりひめ》を母とし、海とのつながりが濃厚である。また神武の兄である御《み》毛《け》沼命《ぬのみこと》は神武東征に従軍して熊野に至り暴風に見舞われた際、「自分は海神の娘の子であるのになぜ海が荒れるのか」と憤りながら波《なみ》の秀《ほ》を踏み常世郷へいったとされるから（『日本書紀』）、海神のいた海とは「常世」ともつながった黒潮の流れる太平洋ではなかったかと思われる。

　神武の皇后であり製鉄と深くかかわる名を持つ媛蹈鞴五十鈴媛命《ひめたたらいすずひめのみこと》も『日本書紀』一書では事代主《ことしろぬし》神（大国主の子）が八《や》尋鰐《ひろわに》と化し玉櫛姫《たまくしひめ》のもとにかよって生まれたとされ、国つ神の側にも製鉄技術とともに海とのつながりが読みとれる。

　ほかにも南の海とかかわる説話は記紀のなかで随所に確認できるが、ここで気になるのは、なぜこれほどまでに南の海からの来歴が残されたのか、という問題である。古くから伝わる伝承の集積であるから当然とみる向きもあるだろうが、しかし天皇家の歴史であれば三世紀以降の畿内での展開のみを描いてもよいし、神武と同じ御肇國天皇《はつくにしらすすめらみこと》の称号を持つ崇神天皇からはじめても構わないのではないだろうか。

　そうではなくて神話や神武東征から叙述し、時に天皇の血統とは直接かかわらない説話も挿入された記紀のあり方を鑑みると、むしろ積極的にみずからの正当性を語る歴史のなかに

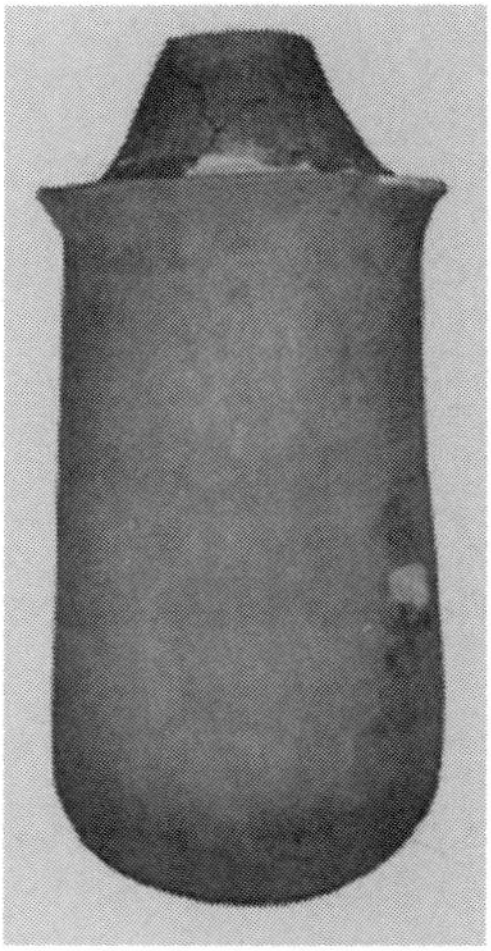

**ベトナムの甕棺墓**　柱形の甕棺がもっとも多く、上部から下部には縄度文という縄目文様が施されている。菊地誠一・安倍百合子編『海の道と考古学』（高志書院、2010）より。

南方の痕跡を残したのではないかとすら思えてくる。

　この観点からして興味深いのが、紀元前後にみられる日本とベトナムの甕棺墓《かめかんぼ》の奇妙な一致である。甕棺は日本では縄文後・晩期から各地で乳幼児の埋納がみられ、弥生時代前期〜中期（紀元前八世紀〜後一世紀）には、北部九州で成人を埋納し玉や青銅器を副葬する形式で最盛期を迎える。同じくベトナムでも後期新石器時代から幼児用甕棺が出土しはじめ、紀元前三世紀から後一世紀のサーフィン文化（中部）で成人用の大型甕棺墓が流行する。また近年、中国河北省の郛堤城《ふていじょう》遺跡付近でも戦国時代から漢代までの甕棺墓が一一三基も見つかり、うち大人の甕棺墓が六基確認されている。

　そしてこれらの起源、とくに成人用の大型甕棺墓の起源は中国長江中流域の石家河《せっかが》遺跡（紀元前二〇〇〇年ごろ）にあるとされ、実際、副葬品にも銅製品が含まれ習俗が似かよっている。ただ注意したいのは、中国石家河遺跡の甕棺墓と、北部九州やサーフィン文化、中国河北省のそれの間には一〇〇〇年以上のタイムラグがあることだ。長江流域からの人の移住の可能性はあるものの、なぜ一〇〇〇年近くも過去の習俗が再度流行したのかについては別の論理が必要であろう。

そこで考えられるのは、国家ないし共同体を存立させるうえで、遠い過去の人も含めた不特定多数の人間と連続してつながっていることへの人びとの実感が不可欠であった可能性である。コラム2（48ページ）であつかった南海産貝の装身具は、飾ることによって黒潮の流れとともに連続してみられる人びとの価値認識を実感でき、それを前提としてあらゆる人びとがその価値を共有し、交易を成り立たせることが可能となっていた。

同様に日本列島が絶えず南からの人や文化の流れを意識する環境であったために、南から（とくに長江流域が多い）の来歴を権力が取り込みアピールしないと、さまざまな人が集住して生活する巨大な社会において、一体感を得られない状況にあったのではないだろうか。

日本の場合、それは黒潮の流れの影響で南方の文化としてであったが、ベトナムでは長江流域を発祥とした北や西からの影響であったのかもしれない。同様の現象はほかにもあり、越で生じた銅鐸が日本やベトナムで紀元前後に流行している。このことから、ベトナムでも同じ時期、日本と似た国づくりが模索されていたことも想像される。

またもっとわれわれに身近な例としては、日本で神社が高床式建築として成立し、その形式が守られつづけたことなども関連するのではないか。要するに多様な神々が住む空間も、南方からもたらされた高床式の建物であれば、万人が共有できる習俗であるから神にも人にも納得がいき丸く収まる。

このような事例から考えると、日本社会の深層にある黒潮の影響は、国家を成り立たせるための基盤としても大きいものであったと意識させられるのである。

（村上麻佑子）

# 第五章　王権の大和離脱とその帰結

## 北へ移動する都

### 王権の移動の原理

卑弥呼共立以降、この国の王は、諸王によって「共立」される存在から、血統によって世襲される存在となった。人びとの「共立」ではなく、血統による差別が、王の超越性を支える原理となった。ということは、王の居場所も、「六合《くに》の中心」を離れるときがきた。「六合の中心」は、王の公平性、平等性を示す場所としてはすぐれていても、王の異種性、さらにはそれにともなう隔絶性を示す場所としては、必ずしも適当ではなかったからである。

そしてそれを示すために求められたのが、結局王の居場所は王自身が決めるという原理の採用と、王の居場所（都）の北への移動であった。前者は卑弥呼による纏向《まきむく》の選択以来つづけられた「歴代遷《せん》宮《ぐう》」ということにつながり、後者は、七世紀後半以降顕著になった都の北上につながった。

そこでみておきたいのは、唐の長安城にならってつくられた平安京の都市計画図である。都市の北辺に天皇の居場所、内裏《だいり》がある。ではなぜ天皇の居場所は都の北辺にかたよって置かれたのか。そこが天の中心北極星にもっとも近い所であり、その意味で地上でもっとも高い所だったからである（妹尾、二〇〇一）。

当然天皇を天子と捉える、中国の天の思想の影響を受けてのことであった。なおこの天の思想の影響を受けたからこそ、都城を建設するたびにつくられたのが大極殿である。「太極」とは北極星の謂《い》いだったからである。

そして首都は社会の縮図であった。だから天皇は、時の経過とともに、隔絶した超越者にふさわしい居場所を求め、北へと移動したのである。ただし「六合の中心」から離れすぎない範囲で。離れすぎると経済的に自滅してしまうからである。

六六七年には近江京に遷都（天智《てんじ》天皇）し、いったん飛鳥に戻る（天武《てんむ》天皇）が、七一〇年にはふたたび平城に遷都（元明《げんめい》天皇）、七八四年には長岡京に、七九四年には平安京に遷都（桓武《かんむ》天皇）したのである（千田稔、一九九〇）。

**平安京の都市計画**

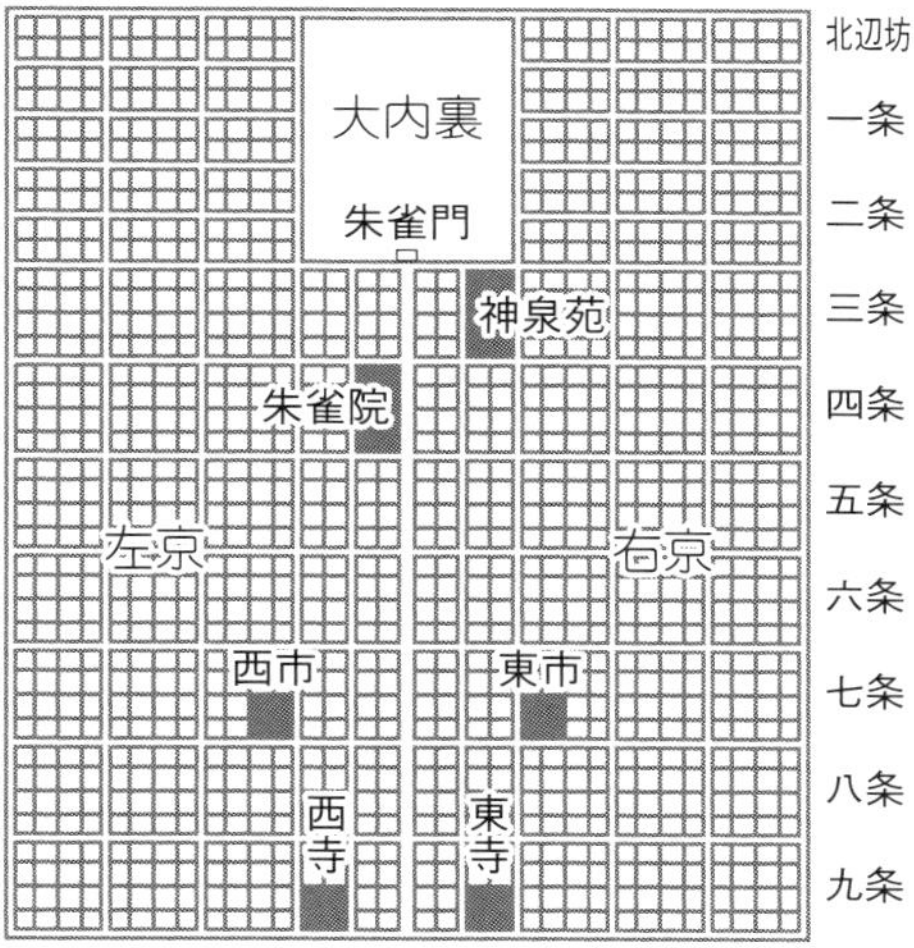


唐の長安城を模した平安京は都城の完成型といって良いほどの整然とした都市計画に基づいてつくられたが、内裏はその北辺に置かれた。

## 移動の困難

当然都を北に移すのにはそれなりの困難もともなった。そのひとつが、世襲王権なるがゆえにその拘束を強く受ける、墳墓の地の拘束であった。

しかしそれは、中国渡来の宗廟制をまねた一〇陵四墓制を導入することで克服することができた。一〇陵四墓制というのは、すべての陵墓を一〇の陵（王墓）と四つの墓（王に準ずる人の墓）に代表させ、象徴化させるという方法であった。しかもその中心には、箸墓《はしはか》ではなく、京都市山科区にある天智天皇陵を据えるという方法であった（田中聡、一九九五）。それによって陵墓は、被葬者との一対一の対応関係を失い――あるいはそれを希薄化させ――いたって抽象的な存在、「陵墓なるもの」に変化する。天智天皇陵を祀れば、箸墓も、応神天皇陵も、すべての陵墓を祀ったことになるのである。ならば墳墓の地としての大和の拘束は解除されるからであった。

そしてもうひとつが、「六合の中心」すなわち交通至便の地・大和を離れることによる、全国均一の統治の困難の増大であった。だから父桓武天皇の設置した勘解由使《かげゆし》――地方行政を監察するための役所――を発展的に解消し、六道観察使を設置し、全国均一の統治をあくまでも貫徹しようとした平城天皇は、平城復帰を目指したのであり、薬子の変（八一〇年）でそのもくろみが打ち砕かれたとき、嵯峨天皇以降、中央権力の直接統治の範囲は、急速に平安京とその周辺に限定されるようになっていったのである（西村さとみ、二〇一七）。

そして九世紀末、宇多天皇の時代になると、五位以上の貴族や孫王が畿内を出ることや、平安京に戸籍をもつ人が畿外に居住することが禁止されるにいたったのである。

## 自治の生まれる原理

ただ、都が大和を離れ北に移動したことは、結果的に、この国の政治に大きな激動の種を蒔《ま》くことになった。

そこで改めて確認しておかなくてはならないことは、吉野川に隣接した大和盆地南部が建国の地として選ばれたのは、そこが地政学上「六合の中心」だったからであって、たまたま建国の地に選ばれたから、そこが「六合の中心」になったわけではなかったということである。我々が日本社会の形成における黒潮の道の重要性に気づいた結果、到達した結論はそうであった。

ということは、王権が大和を去っても、大和が「六合の中心」であることには、なんらの変化もなかったということになる。相変わらず、大和盆地も含め吉野川沿いの地域は、この国の交通と経済の中心でありつづけたことになる。

都の北への移動は、その一方でこの国に、それまでにはなかった、経済的には最先進地域でありながら、政治的にはそれに見合うだけの中心性をもたない、もっといえば、政治権力の希薄な空間を生みだすことになった。そしてそれがこの国の政治に大きな激動の種を蒔くことになったのである。

そこでみておきたいのが、マックス・ヴェーバーの次の都市論の一節である。

都市アイヌングの一般的な前提条件は、支配権力が――西洋に特殊な仕方で――あるいは封建的あるいはプレベンデ的に専有されているということであった。……（しかし）全体的にみれば、都市メッカの独特の無政府状態にかなり似たものであったと考えることができる。……支配権に対する厖大な数に上る要求権が、相互に交錯し合いならが並存していた。

（M・ヴェーバー、一九七〇）

これはヴェーバーが、なぜ中世イタリアに自治都市が生まれたのかについて述べた部分であるが、「封建的あるいはプレベンデ的に専有されている」「支配権力」の脆弱性《ぜいじやく》と、「都市メッカの独特の無政府状態にかなり似た」「支配権に対する厖大な数に上る要求権が、相互に交錯し合いならが並存して」いる状態が重なりあったとき、すなわち厖大な支配権に対する需要が存在していながら、その需要を満たすだけの政治権力が存在していないとき、自治が生まれたと述べているのである。

王権が去ってもなお大和は「六合の中心」でありつづけたのである。「六合の中心」であったということは、そこは「都市メッカの独特の無政府状態にかなり似た」「支配権に対する厖大な数に上る要求権が、相互に交錯し合いながら並存して」いた地域であったということである。にもかかわらず王権はそこを去ったのである。残された大和は、ほぼこのヴェーバーの観察した中世イタリアと同じ状況にあったことになる。経済が発展していながら、権力が脆弱《ぜいじゃく》な状態に、である。

ならばそこで起こることは、明らかであった。自治の形成、発展であった。

大和の南部には、江戸時代、住民全員が「士」であって「農・工・商」に属する人がだれもいなかった村がある。当然「士」しかいないのだから、年貢も免除されていた。十津川村である。といって十津川村の住民が農業や工業や商業に従事していなかったわけではない。当然従事していた。でなければ彼らは食べていけなかった。ただ農業や工業や商業に従事しながらも、すべての住民が「士」としての仕事にも従事していたのである。ほかの地域であれば「士」の行うはずの仕事（公務）を、住民がその余暇を利用して担っていたのである。だから彼らは、外見上は「農・工・商」であっても、身分的には「士」だったのである。

まさにそれが自治であった。しかもそれは、江戸時代に一般的であった町や村の自治とは次元を異にする自治であった。住民は公務の一部——たとえば年貢徴収業務——を請け負うのではなく、原則として公務の全部を担ったのである。武装して地域を守ることも担ったのである。イタリア中世都市の自治にもつうじる自治であった。だから十津川では剣術（自衛のための武力）が発展したのである。

## 契機としての壬申の乱

ではその十津川村の自治は、江戸時代になって突如生まれた自治だったのか。そんなことはない。壬申の乱（六七二年）のときに十津川村の住民が天武天皇側について活躍したことの代償として与えられた自治だとの伝承があるように、相当古くからの自治であった。

そこで想起すべきは、壬申の乱のときに、乱を起こした大海人《おおあま》皇子（天武天皇）を支えた人びとの存在である。飛鳥から近江京に都を遷し、まさに王権の中心を一挙に北に移動させた天智天皇とその子大友皇子に対して叛乱を企てた大海人皇子は、いったん吉野に逃げ込み、そこで決起するが、そのとき彼に吉野まで付き従った舎人たちに、次のように述べていた。

我今入道修行《おこなひ》せむとす。故、随ひて修道《おこなひ》せむと欲ふ者は留れ。若し仕へて名を成さむと欲ふ者は、還りて司《おほやけ》に仕へよ

（『日本書紀』）

「司に」「仕へて名を成さむと欲ふ者」は近江に帰れと。彼には前皇太子としてのみずからの地位を利用したり、国家の官僚制を二つに割ることによって叛乱を勝利に導こうとする意図が、最初からなかったことがわかる。

もしその意図があれば「司に」「仕へて名を成さむと欲ふ者」を近江に追い返したりはしない。その場合には、わざわざ吉野までついてきてくれた人びとである、彼らこそが最良の味方になるはずだったからである。

しかし大海人皇子は舎人たちを追い返し、わずかの人数で東へ向かい、集まってきた地方豪族たちを率いて、近江朝廷軍を粉砕した。

ということは、大海人皇子には、吉野に行けば、そこには国家の武力とは質を異にする、地方の豪族たちを担い手とする別の武力があり、それを動員すれば国家の武力を圧倒することも可能だということが、あらかじめわかっていたことになる。大海人皇子は、近江京を出るその瞬間から乱を起こすことを考えていたとは大方の意見だが、だとすればそうなる（前園実知雄、二〇一六）。

ではその別の武力とは。国家の武力でなければ、自治の武力でしかありえない。しかもそれは、しばしばそう考えられているような「原始共同体」の残滓《ざんし》としての自治の武力ではない。王権に見放された「六合の中心」なればこそ発達した、上記のごとき自治の武力であった。十津川の武力はその一例であった。

かくて、隔絶の地を求めての王の居場所（都）の北への移動は、もともと「六合の中心」であった大和・吉野の、自治空間としての生まれ変わりのきっかけにもなったのである。

## 革命の可能性――「吉野問題」の成立

### 吉野に拠る人びと

では一国のなかに、構造的な自治空間が生まれるということはどのようなことか。一歩間違えば「革命」の可能性が生まれるということであった。国家に叛意を抱く人たちの拠りどころが生まれるからであった。

かくて「吉野問題」が生まれた。自治空間としての吉野には、国家の力が直接は及ばない。及んだとしても、その及び方は小さい。加えて「六合の中心」でありながら王権に見捨てられた人たちのルサンチマンが、そこには溜まっている。だからこの国で、国家に対して叛意を抱く者は、必ずといっていいほど、吉野に依るようになったのである。それが「吉野問題」であった。国家が不断に革命の脅威にさらされつづけなくてはならない事態の発生であった。

王を隔絶化させるために進められた、王権の北への移動は、その裏返しにこの「吉野問題」を産み落としたのである。

事実、多くの人が、革命を志し吉野に依った。

松田度氏によれば、大化改新（六四五年）で後ろ楯であった蘇我蝦夷《えみし》・入鹿《いるか》父子を失い、吉野に退いた古人大兄王《ふるひとのおおえのおう》がその最初の人であった（松田度、二〇一六）。そのときは、都は北へではなく、西（難波宮）に移った。

ついで、大海人皇子が吉野に依り、壬申の乱を成功させた。「吉野問題」の存在を明確に証明した。平城上皇は吉野まで南下しなかったが、大和に依り、「奈良時代」の復活を試みた。いわゆる薬子《くすこ》の変（八一〇年）である。

また「吉野問題」としては未発に終わったが、支配層に吉野への警戒心を掻き立てさせたという意味では、七四〇年に起きた藤原広嗣《ひろつぐ》の乱と、一〇世紀半ばに起きた承平《しょうへい》・天慶《てんぎょう》の乱が重要であった。のちにも述べるが、広嗣の乱が起きたとき、聖武《しょうむ》天皇はたちまち吉野へ、東国へ向かっている。天武天皇のあとを追うかのごとき行動をとっている。時の支配層にとって、九州で起きた広嗣の乱が吉野に飛び火することを恐れた痕跡である。承平・天慶の乱も、それが起きるしばらく前に、宇多上皇が吉野と熊野を訪れている。承平・天慶の乱のような乱が起きる気配を感じ取り、それが全国化することにあらかじめくさびを打とうとしていたのかも知れない。

逆に藤原広嗣も、平将門《まさかど》も、藤原純友《すみとも》も、吉野になんらかの叛乱の手がかりを得ようとしていたことが想像される。あくまで想像される、だが。

そしてしばらく時をあけて、源頼朝に逐《お》われた源義経が吉野に依ろうとして失敗し、その一〇〇年後、後醍醐《ごだいご》天皇が吉野に拠り、南朝を開いた。

しかも後醍醐天皇の吉野行きは、「吉野問題」を単なる地理上の問題から、思想上の問題に高めるきっかけになった。その臣北畠親房《きたばたけちかふさ》の書いた『神皇正統記《じんのうしょうとうき》』が、新たな天皇観につながる思想を社会に供給したからであった。

## 『神皇正統記』の論理

ではその思想とは。それはまず、悪名高き武烈《ぶれつ》天皇について「性サガナクマシテ、悪トシテナサズト云《いう》コトナシ」と述べ、称徳《しょうとく》天皇について「尼ナガラ位ニヰ給ケルニコソ。非常ノ極ナリケリカシ」と述べ、陽成《ようぜい》天皇について「性悪ニシテ人主ノ器ニタラズ」（『神皇正統記』）と述べ、そのような天皇が現れたときには、「我国ハ王種ノカハルコトハナケレドモ」との留保はつけながらも、次のように、王家の交代の起こることを積極的に肯定する思想であった。

政ミダレヌレバ、暦数ヒサシカラズ。継体《けいたい》モタガフタメシ、所々ニシルシ侍リヌ。（『神皇正統記』）

易姓《えきせい》革命——人望に堪えない悪王が出れば天命が変わり、王朝は絶えて新たな王朝が興るとの思想

——を、精神において肯定する思想であった。

しかし同時に、その易姓革命が起きそうになると、必ずといっていいほど次のような「メヅラシキタメシ」（不思議なこと）が起きることに、「神国」日本の特色を見いだす思想でもあった。

神武ヨリ景行マデ十二代ハ御子孫ソノマヽ、ツガセ給ヘリ。ウタガハシカラズ。日本武ノ尊世ヲハヤクシマシシニヨリテ、御弟成務ヘダタリ給シカド、日本武ノ御子ニテ仲哀伝マシ〳〵ヌ。仲哀・応神ノ御後ニ仁徳ツタヘ給ヘリシ、武烈悪王ニテ日嗣タエマシシ時、応神五世ノ御孫ニテ、継体天皇エラバレ立給。コレナムメヅラシキタメシニ侍ル。サレド二ヲナラベテアラソフ時ニコソ傍正ノ疑モアレ、群臣皇胤ナキコトヲウレヘテ求出《もとめいだし》奉リシウヘニ、ソノ御身賢ニシテ天ノ命ヲウケ、人ノ望ニカナヒマシ〳〵ケレバ、トカクノ疑アルベカラズ。其後相続テ天智・天武御兄弟立給シニ、大友ノ皇子ノ乱《みだれ》ニヨリテ、天武ノ御ナガレ久敷《ひさしく》伝ラレシニ、称徳女帝ニテ御嗣モナシ。又政モミダリガハシクキコエシカバ、タシカナル御譲ナクテ絶ニキ。光仁又カタハラヨリエラバレテ立給。コレナン又継体天皇ノ御コトニ似玉ヘル。シカレドモ天智ハ正統ニマシ〳〵キ。第一ノ御子大友コソアヤマリテ天下ヲエ給ハザリシカド、第二ノ皇子ニテ施基《しき》ノミコ御トガナシ。其御子ナレバ、此天皇ノ立給ヘルコト、正理ニカヘルトゾ申侍ベキ。今ノ光孝又昭宣公《しょうせんこう》（藤原基経）ノエラビニテ立給トイヘドモ、仁明《にんみょう》ノ太子文徳《もんとく》ノ御ナガレナリシカド、陽成悪王ニテシリゾケラレ給シニ、仁明第二ノ御子ニテ、シカモ賢才諸親王ニスグレマシ〳〵ケレバ、ウタガヒナキ天命トコソミエ侍シ。

（『神皇正統記』）

悪事の限りを尽くした武烈天皇が、その報いを受けて家系断絶の憂き目にあうと、易姓革命同様のことがおこり「ソノ御身賢ニシテ天ノ命ヲウケ、人ノ望ニカナヒマシ〳〵ケ」る新たな天皇（継体天皇）が、大伴金村《おおとものかねむら》ら群臣の推挙によって生まれるが、それがたまたま応神天皇五世の孫であったために、結果的に皇統の断絶だけは避けられた。同様のことは、称徳天皇の後が絶えたときにも、陽成天皇の後が絶えたときにも起きた。

易姓革命が起きそうになると、こうした「メヅラシキタメシ」が繰り返し起きる。そこに「神国」日本の「神国」なるがゆえの特色を見いだす思想であった。要は、易姓革命を肯定しながら、革命を起こす側も皇統から生まれるということによって、それと矛盾することなく、万世一系皇統の連続の必然性を説く思想であった。

しかもそれにとどまらなかった。以上に加えてそれは、革命を繰り返しながら【図1】のように、悪王Eが現れるとBの子孫のFがそれを倒し、つぎの悪王Lが現れると、Iの子孫のMがそれを倒すといった形で継続してきた皇統を、【図2】のように、A（応神）からO（後村上）まで父子関係でつづく、皇統中の「正統」の、悪王が出現するたびに起きた蘇り（復古）の結果として捉え直す思想でもあった。

**北畠親房の考えた「易姓革命」のパターン**

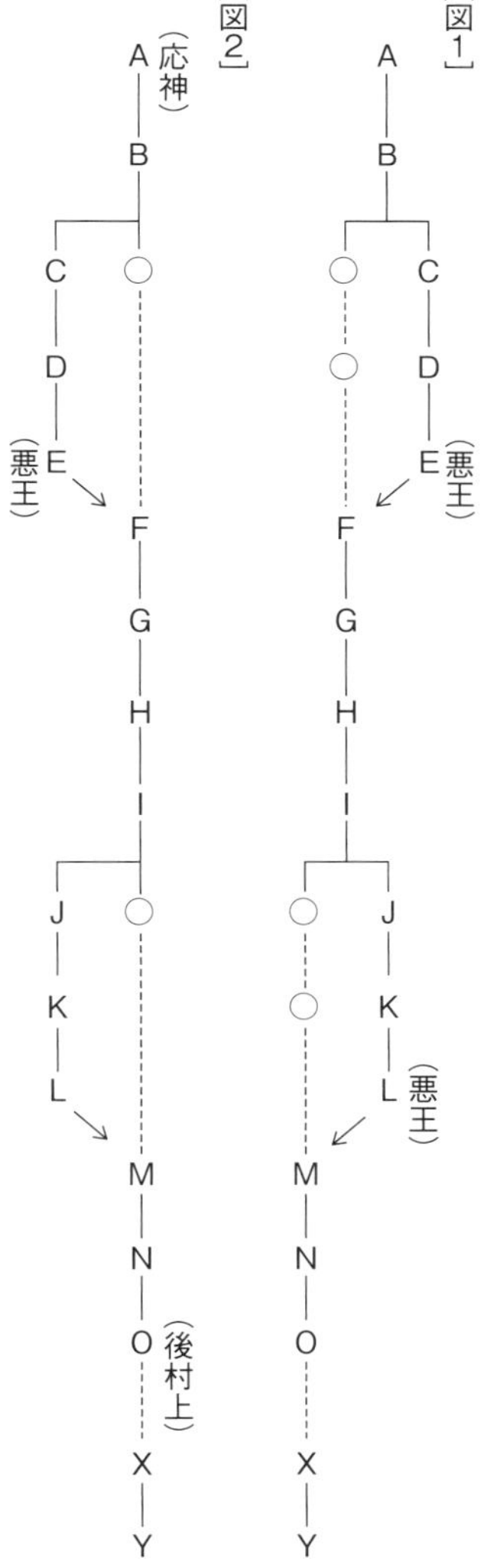


要は、皇統中に特別な革命の血統を見いだし、あらゆる革命をその血統の蘇生（「復古」）として読み直す思想だったのである。

南朝を開いた後醍醐天皇や北畠親房は、かかる思想、天皇観を産み落としたのである。そして産み落としておいて、恨みをのんで歴史の闇に消えていった。「建武の中興」は未完の革命に終わった。

では未完の革命に終わればその思想も消えたのか。いや、消えなかった。むしろ、なにか一朝事があると必ずその後醍醐につながる「正統」が蘇り、世の中を一新してくれるのではないかとの革命願望となって、この世を漂うことになった。「南朝正統論」が生まれ、徳川光圀が編纂を命じた『大日本史』などが、それを支持した。

そして吉野はその考え方のシンボルの地となったのである。本居宣長《もとおりのりなが》がみずからを吉野水分《みくまり》神社の申し子と思い込んだのも、一八六三年に攘夷決行を目論んだ吉村寅太郎ら天誅組《てんちゅうぐみ》が、決起の場として吉野を選んだのも、そのためであった。

南北朝正閏《せいじゅん》論争が起こり、明治国家が正式に南朝を正統と認めたその年（一九一一年）に、つぎのような歌詞の軍歌「歩兵の本領」がつくられたのも、それと無関係ではなかった。

万朶《ばんだ》の桜か襟《えり》の色
花は吉野に嵐吹く
大和男子と生まれては
散兵綫《さんぺいせん》の花と散れ

# 第六章　聖地大和の誕生

## 「吉野問題」への王権の対応

### 対応の方法

「吉野問題」の発生は、国家にとっての危機であった。当然国家の側もそれへの対応を強めた。壬申の乱の結果権力の座についた天武《てんむ》天皇や持統《じとう》天皇は、「吉野問題」の脅威を身を以て体験した人たちであった。ゆえに彼らは、まずはいったん都を飛鳥の地——飛鳥浄御原宮《きよみはらのみや》・藤原京——に戻し、さらには繰り返し吉野宮を訪れ、吉野監視を強めた（西村さとみ、二〇一六）。藤原京を建設したとき、内裏を都城の北辺に置くことさえ回避した。

また先にも述べたが、藤原広嗣《ひろつぐ》の乱（七四〇年）が起きたとき、聖武天皇は、壬申の乱のときの大海人《おおあま》皇子の足跡を追うかのごとく吉野宮を訪れ、さらには東国巡幸を行った。吉野が反乱に呼応することを極度に恐れたからであった。

宇多上皇以降、数多くの上皇たち——花山《かざん》上皇・白河上皇・後白河上皇・後鳥羽上皇ら——、さらには藤原道長のような人たちが、入れ替わり立ち替わり、大和や吉野や熊野を訪れるようになるが、これもじつは、推測するに「吉野問題」に対応するためであった。

宇多上皇の活躍した直後の一〇世紀半ば、承平《しょうへい》・天慶《てんぎょう》の乱が起きるが、もし吉野が乱に加担するといったことが起きていれば、平将門《まさかど》と藤原純友《すみとも》の連携は現実のものとなったはずである。そうしたことが起こりうる可能性を、支配者特有の嗅覚をもって敏感に察知したからこそ、宇多らが吉野へ、そして熊野へ出向いたのではないかというのが、私の推量である。これも先程述べたとおりである。

ただ「吉野問題」への対応が、大和や吉野や熊野への警戒監視を強めるだけでできるかというと、それはできなかった。問題の根底には、王の血統化、隔絶化の裏返しとしての都――王権の所在地――の北上にともなって必ず起こる「六合《くに》の中心」の自治空間化という問題があった。それは構造的な問題であり、場当たり的な対応を許さなかったからである。

ではその構造的な「吉野問題」に対応しようとすれば、国家は何をしなくてはならなかったのか。要は易姓《えきせい》革命を目ざす人たちへの対応である。ひとつは易姓革命の脅威に対抗しうる新たな王権の正当化の方法を確立しなくてはならなかった。血統の正当性を振りかざすだけでは、易姓革命論には、当然のこととして勝てないからであった。

そしていまひとつは、自治を王権の敵にまわすのではなくて、王権の味方につける方法を確立しなくてはならなかった。

ではどうすればそれができたのか。ひとつずつ見ていこう。

ただその前にひとつだけ述べ添えておきたいのは、代々の天皇や上皇が訪れた吉野宮の位置につい

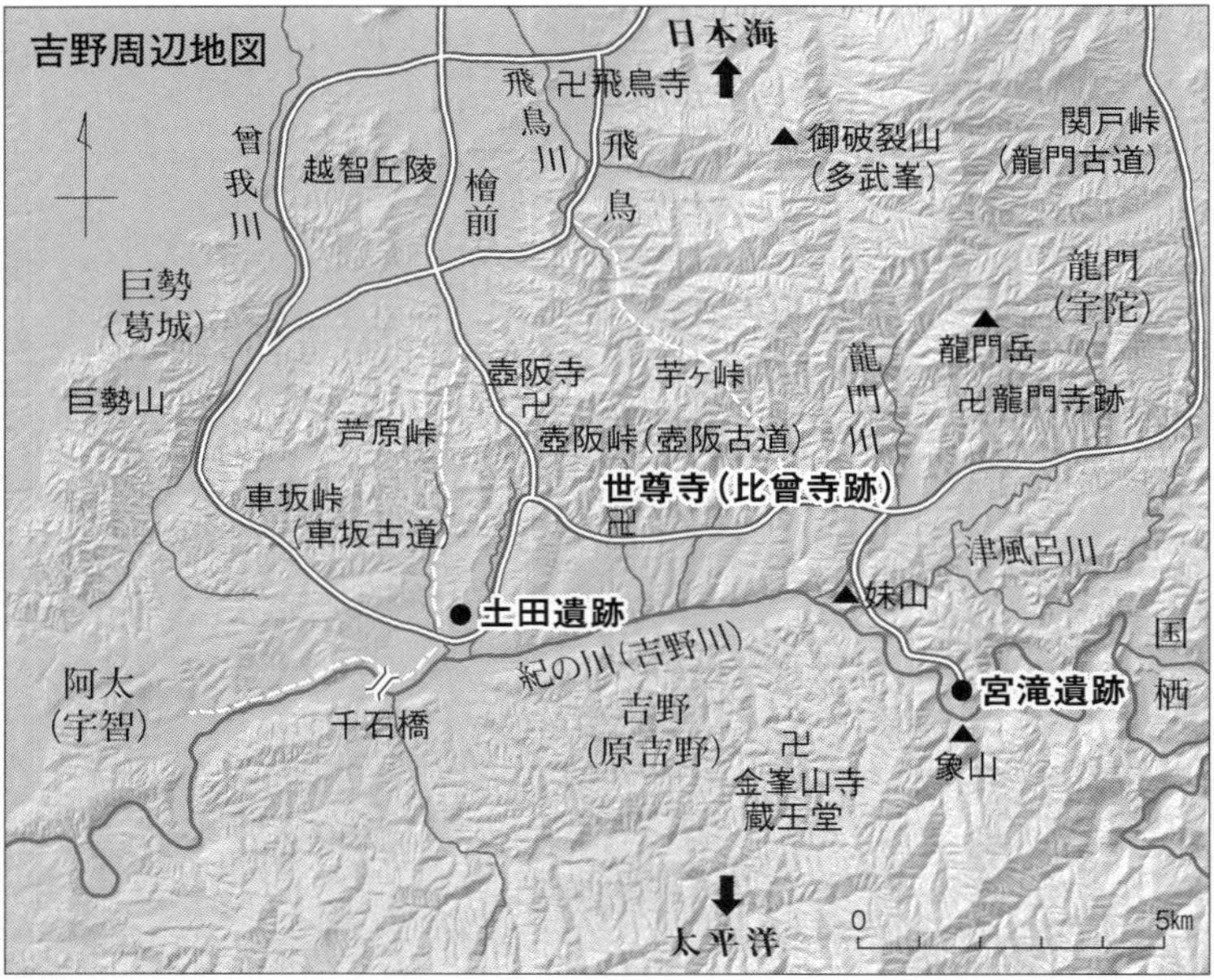


吉野宮の推定地は、いまのところ宮滝遺跡がもっとも有力だが、聖徳太子の建立によるといわれる世尊寺（比曾寺）に近いことや、東西交通と南北交通の交差する現在の千石橋付近にあるといった点で、土田遺跡なども有力な候補と思われる。

てである。今日それは宮滝遺跡ということで、ほぼ定説化している。

しかし私は、これまでの吉野論には、吉野を神仙境とみなす考え方はあっても、「六合の中心」なるがゆえの「自治空間」とみなす考え方はなかったと考える。したがって吉野宮は宮滝遺跡だと言われて、多くの人が納得してきた。

しかし「六合の中心』なるがゆえの「自治空間」だとすれば、その吉野を抑える役割をになう吉野宮が、吉野の交通の中心からあまりに離れているのはおかしいということになる。そして吉野の交通の中心といえば、やはり吉野川と、北へ行けば大和盆地を経て日本海まで至り、南へ行けば熊野川水系を経て太平洋にまで至る道とがクロスするところ、すなわち現在の地名でいえば、大淀町と下市町付近ということになる。

ならばそもそも吉野宮がひとつの施設でしかなかったと考えることに無理があるのではないだろうか。たしかに宮滝も吉野宮の一部を構成していただろう。しかし、松田度氏がいうように、同時に土田遺跡や比曽寺跡も吉野宮の一部を構成していたと思われるのである。

吉野宮とは、そもそも吉野全域に広がったいくつかの施設の複合体だったのではないだろうか、というのが、いまのところ私の意見である。

## 悟る王――億計王の決断

さて、まず易姓革命論に対抗可能な、王の正当化方法の構築であるが、なぜ易姓革命論が生まれるのか。血統は王の「賢」や「徳」を保障し得ないからである。ならばその王の「賢」や「徳」を保障しうる別の方法を確立しなくてはならなかった。

ではその方法とは。王を「悟りし人」「覚者」として説明する方法であった。人が人でありながら、なんらかの方法で神同様の存在になることを悟りというが、一人ひとりの王をその悟りし人、覚者として説明してみせるというのが、その方法であった。

「吉野問題」など起こるはるか以前のことだが、億計王《おけ》（仁賢天皇《にんけん》）が顕宗天皇《けんぞう》の即位に際してはじめてその方法を取り入れた。そのありさまを『日本書紀』は次のように伝えている。

顕宗天皇は、もとは弘計王《をけ》といい、兄億計王とともに、父市辺押磐皇子《いちのべのおしはのみこ》（履中天皇《りちゅう》の子）の死後、父を殺害した雄略天皇《ゆうりやく》の追求を逃れるために潜伏生活をつづけていた。しかし雄略が死に、その子清寧《せいねい》も病弱で後継者のいないことを知ると、早晩王を失うことになる人民の歎きを考え、死を覚悟してあえて名乗りでることにした。ただ結果は、案ずるよりも生むが易しで、後継問題に悩んでいた清寧天皇によって、むしろ喜んで迎え入れられた。兄億計王は皇太子に、みずからは皇子に任じられた。

そして清寧が死んだ。当然だれしも、億計王がその跡を継ぐものと思った。しかし億計王は次のような理由を掲げて、弘計王こそ後継者にふさわしいとして、弘計王をむりやり皇位につけてしまったのである。


此の天子の位は、有功者《いさをしひと》、以て処《を》るへし、貴《たふと》きことを著して迎へられたまひしは、皆弟《いろと》の謀《はかりごと》なり。……功、「造物《おのづからなる》に隣《ちか》くして、清猷《きよきみち》、世に映《て》れり。超《とほ》きかな、邈《はるか》なるかな。粤《ここ》に得て称《なづ》くること無し。是、兄と曰《い》ふと雖も、豈《あに》先に処《を》らむや。

（『日本書紀』）

皇位は本来「有功者」が継ぐべきものである。なぜならば「有功者」こそ「造物」に「隣」い存在だからとの理由を揚げてであった。

では「造物」に「隣」いとはどういうことか。この世の万物をつくった、記紀では高御産巣日神《たかみむすびのかみ》と名づけられた造物主に「隣」いということであった。万物創造の神と一体化していたということであった。すなわち悟りを開いていたということであった。

億計王は、みずからは覚者ではない、それに対して弟弘計王は覚者であるとの理由で、先帝清寧の意思を無視して、弟に即位を促したのである。

では億計王はなぜ弘計王を覚者と考え、みずからを覚者と考えなかったのか。清寧天皇の病弱を知り、王を失う人民の嘆きを考えたとき、それでも自分は引きつづき潜伏生活をつづけようと言った。命を惜しんだのである。それに対して弘計王は、命の危険をも顧みず、みずからが皇位継承資格をもつ貴人であることを世に明らかにしようと言いだした。その貴人なればこそ持つ勇気の有無が、「有功者」であるか否か、覚者であるか否かの基準だと考えたからであった。

かくて億計王は、「造物」への接近をもって悟りと考え、悟りの有無をもって王の条件とした。その種の決断をした最初の人となった。

## 雄略天皇による神の内面化

ただ億計王の決断は、当然億計王ひとりでなし得た決断ではなかった。それ以前に行われていた、雄略天皇による神々の創造があってこそ、はじめてなし得た決断であった（小路田泰直、二〇一二）。

ではその雄略天皇による神々の創造とは。彼による一言主神《ひとことぬしのかみ》・別雷神《わけいかづちのかみ》・高御産巣日神の発明であった。雄略天皇四年、雄略天皇が葛城山《かつらぎやま》で狩をしていたとき、天皇と瓜二つの神が現れ、一言主神と名乗った。雄略天皇と二人は一日じゅう狩を楽しんだが、その二人が轡《くつわ》を並べて歩んでいる姿を見て、人びとは雄略のことを有徳な天皇だと賞賛した。ではその一言主神とは。明らかに雄略の内面に宿る神の比喩であった。だから雄略と瓜二つだったのである。さらにはその神とともに居るとき、雄略が有徳に見えたのである。

ついで雄略天皇七年、雄略が希代の力持ち小子部連蜾蠃《ちいさこべのむらじすがる》に命じて三諸山《みもろやま》の神大物主神《おおものぬし》を捕まえさせ、以後「雷」と改名させるという事件が起きた。大物主神が別雷神（上賀茂《かみがも》神社の祭神）に変じた瞬間であった。

ではこの変じたことによって神の性格にいかなる変化が生じたのか。先にも述べたように大物主神は、人の女性と交わって人の子を生ませることのできる神であった。神武天皇の皇后媛踏鞴五十鈴媛《ひめたたらいすずひめ》命も、大物主神の生ませた子であった。しかし別雷神は、何者かに感じた人の女性、玉依姫《たまよりひめ》から生まれた神であった。だから別雷神を祀る上賀茂神社には、玉依姫とその父賀茂建角身命《たけつぬみ》を祀る下賀茂御《しもかもみ》祖《おや》神社の補佐が必要だったのである。人に子を生ませる能力をもった神から、人から生まれた神に変わったのである。

ということは、大物主神が変じて生まれた別雷神もまた、人の内面に宿る神であったということになる。なにせ人から生まれた神だったのだから。

そして最後に顕宗天皇三年、阿《あ》閉臣事代《へのおみことしろ》が紛争地任那《みまな》に派遣されるとき、「人に著《かか》りて」「月神」が現れ、「天地《あめつち》を鎔《あ》ひ造《いた》せる功」ある我が祖高皇産霊《たかひむすひのみこと》像を祭れ、されば「福慶」あらんと託宣をしてくる事件が起きた（『日本書紀』）。その「高皇産霊像」の誕生もまた雄略天皇のときであった。

欽明《きんめい》天皇一六年、大臣蘇我稲目《そがのいなめ》が欽明天皇に、朝鮮経営の失敗から起きた国家累卵《るいらん》の危機から脱したければ、雄略天皇（大泊瀬《おおはつせ》）にならって「邦を建てし神」「天地割《ひら》け判《わか》れし代《よ》、草木言語《ものがたり》せし時に、自天降来《あまくだ》りまして、国家を造り立てし神」（『日本書紀』）を祀れと諫言するが、その「天地割け判れし代、草木言語せし時に、自天降来りまして、国家を造り立てし神」とは高御産巣日神（高皇産霊神）のことであった。

ちなみに高御産巣日神は、『日本書紀』では、「多《さわ》に蛍火の光《かがや》く神、及び蝿声《さばへな》す邪《あ》しき神有り。復草木咸《ことごとく》に能《よ》く言語《ものいふこと》有り」との地上のようすを危惧し、天孫降臨を指示した神として記されていた。

では「天地鎔造」の神とは。まさに造物主であり、万物に、したがって人の内面にも神の宿ることを説明するために発明された神であった。

以上三神を雄略天皇は発明した。そして神の居場所を、空間の彼方や時間の彼方から人の内面に移したのである。だから人は、自分の外にいる神と、わざわざ祭祀の場を設けて対話しなくても、みずからの内面を深く見つめることによって神に近づくことができるようになった。だから弘計王のようなタイプの「造物」に「隣く」ことによる悟りが可能になり、億計王の決断が生まれたのである。

## 記紀における神々の序列

そして億計王の決断は、その後も引き継がれた。それは八世紀に編纂された、記紀――ここでは『古事記』――に記された神々の生まれ順が、次のようになっていることからもわかる。


天地《あめつち》初めて発《ひら》けし時、高天の原に成れる神の名は、天之御中主神《あめのみなかぬしのかみ》。次高御産巣日神《たかみむすひのかみ》。次に、神産巣日神《かむむすひのかみ》。この三柱の神は、みな独神《ひとりがみ》と成りまして、身を隠したまひき。

次に、国稚く浮きし脂の如くして、海月《くらげ》なす漂へる時、葦牙《あしかび》の如く萌え騰る物によりて成れる神の名は、宇摩志阿斯訶備比古遅神《うましあしかびひこじのかみ》。次に天之常立神《あめのとこたちのかみ》。この二柱の神もまた、独神と成りまして、身を隠したまひき。

上の件の五柱の神は、別天《ことあま》つ神。

次に成れる神の名は、国之常立神《くにのとこたちのかみ》。次に、豊雲野神《とよくもののかみ》。この二柱の神もまた、独神と成りまして、身を隠したまひき。

次に、成れる神の名は、宇比地迩神《うひじこのかみ》、次に妹須比智迩神《いもすひじこのかみ》。次に角杙神《つのくひのかみ》、次に妹活杙神《いもいくくひのかみ》。次に意富《おほ》斗能地神《とのぢのかみ》、次に妹大斗乃弁神《いもおほとのべのかみ》。次に於母陀流神《おもだるのかみ》、次に妹阿夜訶志古泥神《いもあやかしこねのかみ》。次に伊耶那岐神。次に妹伊耶那美神。

上の件の国之常立神以下、伊耶那美神以前を、併せて神世七代と称ふ。

これは実際の神々の生まれ順とは逆になっている。すでにみてきたように、実際にはまず自然神代表の天照大神が生まれ、つぎに祖先神代表の伊耶那岐・伊耶那美の神が生まれ、最後に造物神高御産巣日神が生まれた。しかしここでは逆になっているのである。

造物神こそが神の根源だとの観念が八世紀になってなお存続していたことの現れであった。天孫降臨が、じつは次のように、天照大神ではなく、高御産巣日神の差配で行われたことになっていることも、そのことを証している。億計王の決断は引き継がれたとみるべきなのである。

故、高皇産霊尊、更に諸神《もろかみたち》を会《つど》へて、当に遣すべき者を問はせたまふ。……　（『日本書紀』）

## 仏教の導入へ

### 仏教とは――『法華経』より

しかし内なる神との対話をつうじた悟りは、いかにも主観的なものであった。その悟りを客観的に検証する方法がなかった。

だから、悟りを盾に、武烈《ぶれつ》天皇（億計王の子）のような暴君が現れても、それを抑えることができなかった。その暴君ぶりを『日本書紀』は次のように記している。

> 頻に諸悪《もろもろのあしきこと》を造《し》たまふ。一も善《よきこと》を修めたまはず。凡そ諸の酷刑《からきのり》、親《みづか》ら覧《みそな》はさずといふこと無し。
> 国の内の居人《おほみたから》、咸《ことごと》に皆震ひ怖《お》づ
> （『日本書紀』）

武烈天皇亡きあとの皇統の混乱を経て、なんとか悟りを客観化する方法がないか、当然模索がつづいた。そしてたどり着いたのが、欽明天皇が口火を切り、推古天皇が実現した仏教の導入であった。

では仏教とはいかなる教えだったのか。それは、ひとことで言えば、悟りを修行の時間に還元する思想であった。とてつもなく長い時間をかけて修行を積めば、人も全知にいたり、神に近づき得るとする、ものの考え方であった。そしてその人が全知にいたった状態を悟りとよんだ。ただし限られた人の人生を前提にしたとき、その時間は長すぎた。だから輪廻《りんね》——繰り返しの生——ということを想定し、無限に近い回数の輪廻を行って悟りに到達した人物として、釈迦《しゃか》を見いだしたのである。

しかも、その釈迦に次のように語らせた。

世間は「今、世に尊きシャーキヤ＝ムニ（釈迦牟尼）如来はシャーキヤ族の王家から出家され、ガヤーという大都城において、『さとり』の勝れた壇の頂に坐って、いま、この上なく完全な『さとり』をさとられた」と、このように思っている。しかし、そのように見るべきではない。そうではなくて、良家の息子たちよ、余がこの上なく完全な「さとり」をさとって以来、既に幾千万億劫という多くの時間が経過しているのである。

（『法華経』）

私は一般的には釈迦族の王子として生まれ、出家して数十年、修行を重ねようやく「悟り」を開いたと思われているが、それは違う。私はすでに「悟り」を開いて「幾千万億劫」年もの時間、この世に生きているのである。そしてさらに今後も「幾千万億劫という多くの時間」を生きつづけるであろうと。

悟りを開いた釈迦を、その結果涅槃《ねはん》の境地にいたり永遠の死を迎えた存在ではなく、半永久的な生（無量寿）を獲得した存在に見立てたのである。

そしてその無量寿を得た釈迦に、さらに次のように語らせたのである。

良家の息子たちよ、余は汝《なんじ》らに告げ知らせよう。どのように多くの世界があろうとも、かの男が微粒子を捨てた世界にせよ、捨てなかった世界にせよ、それら幾千万億という世界のすべてに、どれほど多くの微粒子があったとしても、その数は余がこの上なく完全な「さとり」をさとって以来の幾千万億劫の数に及ばないのだ。そのとき以来、このサハー世界において、またその他の幾千万億の世界において、余は人々に教えを説いてきた。しかも、その間には、余はディーハン＝カラ如来をはじめとしてもろもろの如来を賞讃した。そして、これらの如来たちの完全な「さとり」のために、余は巧妙な手段を用いて教え説く現実の手段をつくりだしたのだ。（『法華経』）

輪廻を繰り返し、悟りを得た自分は、その結果ありあまるほどの時間を手に入れたので、その時間を使って、本来であれば悟ることのできないはずの「菩薩」以下の人びとにも、悟りのなんたるかを教えるためにはどうしたらいいか、考えつづけてきた。そしてようやくそのための「巧妙な手段を用いて教え説く現実の手段」（悟りの簡易マニュアル）をつくることに成功したと。加えてその「巧妙な手段を用いて教え説く現実の手段」を、聞き手のレベルに合わせて悟りの技法を説くので、「方便」と名づけさせた。

かくて、人は困難であるが、時間さえかければ、輪廻さえ繰り返せば、悟り得るということを宣言し、さらには悟りを、釈迦がいまだ悟り得ぬ人のためにつくった悟りの簡易マニュアル＝方便の学修に還元したのが仏教であった。

## 仏教による王の悟り

だから欽明天皇にその導入を勧めた百済《くだら》の聖明王《せいめいおう》は、仏教のことを「周公」や「孔子」でさえ理解できないほど難しい教えでありながら、「普天の下の一切衆生《しゅじょう》、皆解脱《げだつ》を蒙」（『日本書紀』）ることのできる、簡易な教えでもあるといったのである。彼は仏教の本質をよく理解していたというべきか。

そして方便の学修は、その到達の程度を客観的に評価することができる。だから悟りの客観化への欲求は、仏教の導入に結びついたのである。

しかも方便は人に応じて教えを説く法である。その学修に出家の必要はない。君主に悟りをもたらすのにそれは適していた。したがって方便（仏教）の学修によって悟りを開く者の理想型は、在家の君主に求められた。それを体現したのが、推古天皇のもとで摂政を務めた聖徳太子であった。彼は

「上宮厩戸豊聡耳太子《かみつみやのうまやとのとよとみみのひつぎのみこ》」と呼ばれ、次のエピソードによってその天才ぶりが賞賛された人物であるが、この「分課の制」——専門に分課した官僚制の謂《い》い——の頂点に立つ者にふさわしい、司司に分かれた官僚機構を統括する能力こそ悟りの証とされたのである。

壮《をとこさかり》に及びて、一《ひとたび》に十人《とたり》の訴を聞きたまひて、失《あやま》ちたまはずして能く弁《わきま》へたまふ。(『日本書紀』)

そして聖徳太子を先行モデルにしながら、七世紀以降、王たちはほぼ例外なく仏教に帰依していったのである。仏教に帰依することによってみずからの悟りを証明したのである。一〇世紀になると、引退後——上皇になった後——出家する天皇(法王)まで現れ、さらに一一世紀になると、天皇が即位の段階でみずからの悟りを内外に明かす、即位灌頂《かんじよう》(密教儀式)などもはじめられた。そしてその即位灌頂の儀式は江戸時代の終わりまでつづけられたのである。

## 僧形の皇子・大海人皇子

そしてここで重要なことは、この王たちの、内なる神との邂逅《かいこう》をつうじてであれ、方便の学修をつうじてであれ、悟ることによって王の証を立てようとする試みは、王権の第二の課題、構造的自治空間——その象徴が吉野——を、王権の敵にまわすのではなくて、王権の味方につけるための方法でもあったということである。
そこでいまいちど見ておきたいのは、壬申の乱に際して、大和・吉野を中心に発展した自治——その担い手としての地方豪族——を動員するべく大海人皇子の発した「諸々の舎人」に対する、次の呼びかけである。

我今入道修行《おこなひ》せむとす。故、随ひて修道《おこなひ》せむと欲ふ者は留れ。若し仕へて名を成さむと欲ふ者は、還りて司《おほやけ》に仕へよ
（『日本書紀』）

「司に」「仕へて名を成さむと欲ふ者」は近江京に戻り官途を目ざせと言ういっぽう、自分とともに「修道せむと欲ふ者」は残れと言っているのである。これは、王権が地方の自治の担い手（豪族）を味方につけ、それをみずからの権力基盤に組み入れようと思えば、王が彼らとともに「修行」「修道」することが大切だということを示唆していた。
ではそれはなぜか。そこで改めて十津川の住民たちの自治のことを想い出して欲しい。自治とは、現実には「農・工・商」に属する人たちが、「農・工・商」の民でありながら、同時に「士」の仕事も担うところに成り立つ社会システムのことである。したがってそれは本質的な矛盾を抱えていた。いっ

たん国家が成立した社会においては、国家が公を独占する代わりに、その国家の直接的な構成員である「士」以外の「農・工・商」の民には、純粋に私利私欲に生きることが許される。その代償として租税（年貢）の支払いは求められるが、それさえ支払ってしまえば、あとは完全に私益第一に生きることを許されるのである。だからかの有名な「慶安の御触書」（一六四九年）は、農民に対して次のように語りかけたのである。

年貢さへすまし候得《そうらえ》ハ百姓程心易きものハ無之《これなし》。よくよく此趣を心かけ子々孫々迄申伝へ能々身持をかせき可申《もうすべき》もの也。

（「慶安の御触書」）

しかし自治は、その「農・工・商」の民に、真逆の生き方をしなくてはならない「士」の役割をも担わせるのである。原則として公のために生き、私利私欲のために生きてはならない「士」の生き方を求めるのである。それは明らかに矛盾であった。

だから自治は、人びとにみずからの私利私欲を適度に抑制するための精神的な鍛錬を求める。王に対するほどではないにしても、悟りを求め、悟りの技法の修得を求める。したがって「修行」「修道」ということは、王の正当性を高めるためにも求められるが、自治の担い手の成長のためにも求められたのである。それが、奈良時代の前後の時期、大量の私度僧《しどそう》の簇生《そうせい》した理由だったと思われる。

ゆえに人びととともに「修行」「修道」をよくなし得る王こそが、人びととの自治を味方につけ、それを体制の基盤に組み込む力をもったのである。そしてその種の王の嚆矢《こうし》が、大海人皇子（天武天皇）だったのである。

だから七世紀以降、その拠点を北に移すことによって「吉野問題」を引き起こした王権は、自治空間化した大和・吉野・熊野の地を「修行」「修道」の場、すなわち霊場に変えることによって、逆に自治の統合をはかろうとした。王を「修行」「修道」する民の「先達」に変えようとしたのである。

とはいえ、現実の統治を行わなくてはならない王自身が、極端に「修行」「修道」にのめり込むわけにもいかなかった。そこで王権は、王の身体の二重化をはかり、退位した上皇に、王に代わってその修行者の「先達」になることを求めたのである（E・H・カントーロヴィチ、一九九二）。

そしてそれを求められた上皇たちは、つぎつぎと大和・吉野、そして熊野まで入り込み、そこを「修行」「修道」の場に変えていったのである。宇多上皇が九〇〇年に吉野に御幸し、九〇七年に熊野にまで足をのばしたのが、その嚆矢であった。そしてそれに花山上皇や白河上皇、後白河上皇ら歴代の上皇がつづいたのである。

## 修行の易行化――空海の時代

### 易行化の必然

ただ、王がみずからの悟りを自治の民の統合の手段に使おうとしたことは、深刻な副作用もともなった。王に求められる悟りと、「農・工・商」の民の自治民化に求められる悟りとでは、同じ悟りではあっても、悟りのレベルがまったく違うからであった。

王に求められる悟りは、内なる「造物」に「隣く」ことによって得られる完全な悟りであった。しかし「農・工・商」の民に求められる悟りは、ある程度までみずからの欲望を抑制する術を獲得できればそれで事足りる、不完全な悟りであった。自治の民の基本はやはり「農・工・商」に従事し、営利に生きることである。営利の精神まで圧しさってしまっては、本末転倒だからであった。

だから、自治の民が「修行」「修道」の世界に入ってくれば、そのぶんだけ、「修行」「修道」の易行《いぎょう》化は避けられなかった。その易行化の流れの王権への逆流、それが副作用であった。

## 空海の試み

そして易行化を進めたのは役行者《えんのぎょうじゃ》（小角《おづぬ》）であり、最澄《さいちょう》であり、空海《くうかい》であった。順不同になるが、たとえば空海は、淳和《じゅんな》天皇に提出した『秘蔵法鑰《ひぞうほうやく》』――ふつうは主著『十住心論《じゅうじゅうしんろん》』の要約といわれている――と題する意見書において、「憂国公子」と「玄関法師」という儒家と仏家を代表する二人の架空の人物を登場させ、次のような対話をさせた。

○憂国公子

今、在らゆる僧尼、頭を剃って欲を剃らず、衣を染めて心を染めず、戒・定・智慧は麟角よりも乏しく、非法濫行は龍鱗よりも鬱《さかん》なり。日夜に経営して頭を臣妾の履《はきもの》に叩き、朝夕に苞苴《ほうしょ》して膝を僕婕《ぼくしょう》に屈す。釈風、茲《ここ》に因って陵替し、仏道、これに因って毀廃す。

○玄関法師

麟鳳、一たび見ゆればすなわち天下泰平なり。摩剛、一たび目《み》ゆればすなわち万物声に応ず。聖君、世に出づれば四海無為なり。賢臣、機を輔くれば一人垂拱《すいきょう》す。然りといえども、聖君に遇うこと希なり。千載に一たび御す。賢佐は得難し、五百に一たび執る。……時に増減あり、法に正像あり、増劫の日はみな十善を思い、減劫の年は家ごとに十悪を好む。正法千年の内には持戒得道の者多く、像法千載の外には護禁修徳の者少なし。今に当って時はこれ濁悪、人は根劣鈍なり。

憂国公子に仏教界の腐敗を突かせ、玄関法師に、それを末法だからやむをえないことと、強弁、合理化させた。

ただ、とはいえ、腐敗は正さなくてはならない。そこで彼は、その末法でも人が悟れる方法を模索し、玄関法師をして次のように語らせたのである。

法をば諸仏の師と名づく。仏はすなわち伝法の人なり。

大にこれを論ずるに二種あり。一には顕教の法、二には密教の法なり……密教とは自性法身大毘《だいび》盧《る》遮那《しやな》如来《にょらい》、自《じ》眷属と自受法楽《じゅほうらく》のために説きたもうところの経、これなり。いわゆる真言乗とはこれなり。

釈迦とはいえ人間、どんなに偉大な人でも「伝法の人」にすぎない。したがってその教えは時間の経過とともに劣化し、正法はやがて像法に、像法はやがて末法になる。それは止むを得ない。ならば釈迦に「伝法」を命じた法＝法身それ自身の教えを、「伝法の人」を交えず、直接聞けばいい。それができれば、たとえ末法の世ではあっても、人の「悟り」は可能になるはずである。その法＝法身の教えを直接聞く方法が、「法身」――その別名が「大毘盧遮那如来」（盧遮那仏）であり大日如来――がみずからの一族とみずからの楽しみのために「説きたもうところの経」即ち独り言――それが人の言葉ではない言葉、真言――を聞く方法、すなわち密教なのであると。

玄関法師にかく語らせた空海は、じつは「悟り」の技法を、釈迦が残した厖大《ぼうだい》な数の方便＝教典を読み、理解することから、真言という名の呪文を唱えることに切り替えたのである。法＝法身の独り言を直接聞くなどといえば、一見「伝法の人」釈迦の教えを厖大な教典をつうじて学ぶよりもはるかに難しそうにみえる。しかし実際は、これは「学び」の、真言という名の「呪文の唱和」への切り替えを意味したのである。まさに易行化というべき切り替えであった。

## 山岳ツーリズムの発展

役行者は、修行というものを、修験という名の山岳ツーリズムにつくりかえた。山中に入り、一定の期間、一定のコースを、一定の作法で踏破すれば、だれしも悟りを開くことができるというのは、一見苦行にみえて、たしかに易行であった。しかもわかりやすい行なので、多くの宗教の基底に浸透し、それらと習合した。真言宗とも天台宗とも、熊野信仰とも習合した。

最澄は、鑑真《がんじん》が日本に伝えた具足戒《ぐそくかい》などよりも、はるかに容易に人を悟りに導くことのできる菩薩戒を確立しようとして、南都仏教と対立、この国の仏教の易行化の先駆けとなった。

そして大和・吉野、およびその周辺（紀伊半島）がこれらの易行化の舞台となった。山岳ツーリズムを発展させるのに向いていたからである。

役行者は大峰《おおみね》山系を修験の道場として選び、空海は、八一〇年代、高野山《こうやさん》（金剛峯寺《こんごうぶじ》）に活動拠点を移した。また修験の影響を強く受けた人たちは、熊野信仰の中心を海に面した那智大社から山深い本宮《ほんぐう》大社に移した。

## 悟り不能言説の誕生——法然の登場

しかし修行の易行《いぎょう》化は、やがて、それを進めた人たちにとっては、思いもよらない結果を招くことになった。苦行をしなくても易行によっても人は悟れるというはずのところが、いかな修行を積んでも人は悟れない、ならば苦行は無駄で、易行で事足りるということに、いつの間にかすり替わってしまったからである。

そしてそのすり替えを積極的に押し進める人たちが現れた。平安時代末から鎌倉時代初めにかけて活躍した、法然《ほうねん》や親鸞《しんらん》といった人たちがそれであった。たとえば法然は次のように述べていた。

「一切衆生は皆仏性」などといわれて「輪廻」を繰り返し、ひたすら「多仏」（多くの仏）と出会い、その教えを乞うて、修行を積んではみても、結局人はだれも悟りには到達しない。

理は深く解は微なるによる。（『撰択本願念仏集』）

この世の真理の大きさに比して、人の理解力が小さすぎるからだ。小さすぎるものはいくら積み重ねてみても、大きなものにはならない。したがって人は、悟り・真理に到達すること自体を諦め、「極楽往生」して――死後極楽に行って――、極楽浄土の支配者「阿弥陀如来」にひたすらすがり、その力によって成仏させられることを願うしかないのである（『選択本願念仏集』）と。

その願いの技法が、専修念仏（南無阿弥陀仏）だったのである。

もうここに、人が悟りを開くこと（成仏）へのいっさいの期待はない。人は、どんなことがあっても悟り得ぬ者として認識されていた。

## 法然登場以前

かかる認識が、鎌倉時代の初めには成立した。しかもそれは一朝一夕に成立したのではなくて、長い時間をかけて成立したものであった。

法然が出現する約二〇〇年前、比叡山延暦寺の僧恵心《えしん》僧都源信《げんしん》が『往生要集《おうじょうようしゅう》』を著し、浄土教拡大のきっかけをつくったが、その『往生要集』には次のように書かれていた。

それ往生極楽の教行は、濁世末代の目足《もくそく》なり。道俗貴賤、誰か帰せざる者あらん。ただし顕密の教法は、その文、一にあらず。事理の業因、その行これ多し。利智精進の人は、いまだ難しと為さざらんも、予が如き頑魯《がんろ》の者、あに敢てせんや。この故に、念仏の一門に依りて、いささかの経論の要文を集む。これを披《ひら》いてこれを修むるに、覚り易く行ひ易からん。(『往生要集』)

ひたすら念仏を唱え、死後の極楽往生を願うのは、「濁世末代」の世にふさわしい「頑魯の者」のための教えであるが、「利智精進の人」でさえ「顕密の教法」を修めて悟りにいたることが困難になったいま、その教えにしたがうのが「道俗貴賤」を問わず「覚り易く行ひ易」い方法になったと。

この源信の教えは藤原道長にも大きな影響を与えた。道長全盛の摂関期にはもう、自力修行による悟りよりも、極楽に往生して阿弥陀如来の助けを借りた悟りの方を望む人が、多数生まれていたのである。

それから約二〇〇年後に、法然は生まれたのである。法然による悟りの放棄が、決して一朝一夕に起きた出来事でなかったことは明らかであった。それには、しっかりとした歴史的背景があったのである。

## 末法の正体

だから、藤原摂関家に生まれ天台座主《ざす》まで務めた、立場上は法然とは対極の立場にいた慈円《じえん》なども、鎌倉時代の初め、次のように語るにいたっていたのである。

人ト申ハ、世ノマツリコトニモノゾマズ、スベテ一切ノ諸人ノ家ノ内マデヲヲダシクアハレム方ノマツリコトヲ、又人トハ申ナリ。其人ノ中ニ国王ヨリハジメテアヤシノ民マデ侍ゾカシ。

（『愚管抄』）

公のことに関心を示さず私利私欲にかまけるのは、「アヤシノ民」だけではない。「国王」とて同じであると。

人は例外なく悟り得ぬものとの認識をもつにいたっていたのである。法然の人間観は、彼の生まれ、活躍した時代において、すでに普遍的な人間観になっていたといっていい。しかも時代の現実が、その人間観を押し広げていた。保元・平治の乱にはじまり治承《じしよう》・寿永《じゆえい》の内乱に終わる、まさに内乱の拡大がそれであった。

しかしその人間観の広がりは、王権にとってはまさに危機の到来であった。易行化の副作用といってても差し支えない危機の到来であった。王の正当性を王の悟りによって補うことができなくなってしまうからであった。ふたたび王の正当性は、血の正当性によってしか保障されない時代が訪れたのである。

# 第七章　悟りから公議輿論へ

# 『愚管抄』の歴史認識と伊勢神道の成立

## 慈円の歴史観——末法史観

では悟り得ぬ存在となった王の正当性は、血統以外に、何によって担保されるのか。そこで私が注目したいのは、法然《ほうねん》の出現や、治承《じしょう》・寿永《じゅえい》の内乱に立ち会った慈円《じえん》の歴史観である。

彼は、天皇家と摂関家の内紛から起きた保元《ほうげん》の乱を、「鳥羽院ウセサセ給テ後、日本国ノ乱逆ト云コトハヲコリテ後ムサ《武者》ノ世ニナリニケルナリ」と、武士の世のはじまりと捉えたことでよく知られる人物であるが、彼はまず、

> 日本国ノ世ノハジメヨリ次第ニ王臣ノ器量果報ヲトロヘユクニシタガイテ、カ、ル道理ヲツクリカヘ〳〵シテ世ノ中ハスグルナリ。劫初劫末ノ道理ニ、仏法王法、上古中古、王臣万民ノ器量ヲカクヒシトツクリアハスル也。
> （『愚管抄』）

こう述べ、歴史の原動力を、王臣を問わず人の「器量」の傾向的な衰えと、それに反比例するかの

ごとく進む、その衰えつづける「王臣万民」の「器量」を「ヒシトツクリアハスル」――結合する――技術の発展（「ツクリカヘ」）に求め、そのうえで、歴史を次の五段階に段階づけた。

第一段階。初代神武天皇から一三代成務《せいむ》天皇までの時代。「国王世ヲ一人シテ補佐ナク」経営することのできた段階。

第二段階。しかし、やがて「国王」ひとりの「器量」だけでは、世の経営ができなくなり、「男女ニヨラズ天性ノ器量ヲサキトスベキ道理」に基づき、皇族中の有能者の助けを借りて「国王」が国家の経営を行うようになった段階。仲哀《ちゆうあい》天皇が、男女によらないその「天性ノ器量」の持ち主、神功皇后《じんぐうこうごう》の補佐を受けたのがそのはじまりであった。

第三段階。天皇の「器量」に皇族中の有能者の「器量」を足し合わすだけでは足りず、それに有力な臣下の「器量」も足し合わさなくてはならなくなった段階。暗君武烈《ぶれつ》天皇亡きあと、応神《おうじん》天皇五世の孫の継体《けいたい》天皇が、大伴金村《おおとものかねむら》ら群臣の推挙を受けて即位してから以降、大化改新にいたる時代。ちなみに崇峻《すしゆん》天皇が、「仏法ニ帰シタル大臣ノ手本」たる蘇我馬子《そがのうまこ》を亡き者にしようとして、逆に返り討ちにあったことなどは、この段階の到来を理解しない愚挙の招いた悲劇であった。

第四段階。しかし天皇・皇族の「器量」に臣下の「器量」を「ツクリアハ」せようとすれば、では臣下のなかのだれの「器量」を「ツクリアハ」せればいいのか、当然混乱が起こる。下手をすれば「下剋上」の風さえ引き起こしかねない。たとえばその臣下が蘇我馬子のときはよかったが、蘇我入鹿《いるか》になると「世ノスエ」としか言いようがなくなった。

そこでその天皇・皇族の「器量」に「ツクリアハ」されるべき臣下の「器量」を、天照大神と天兒《あめのこ》屋《や》根命《ねのみこと》の間の、「臣家ニテ王ヲタスケタテマツラルベキ期」いたらば、天兒屋根命の子孫（藤原氏）よく皇孫を助くべしとの「御一諾」（契約）に基づき、藤原氏の人びとの「器量」に限定した段階。

中臣鎌足《なかとみのかまたり》（藤原鎌足）が、皇極《こうぎょく》天皇及び中大兄皇子（天智天皇）を補佐し、蘇我入鹿を誅殺して大化改新をなし遂げてから保元の乱までの時代がそれであった。

そして最後に第五段階。しかし天皇、皇族を補佐すべき臣下の「器量」を、藤原氏の人びとの「器量」に限定すれば、当然その補佐する臣下の「器量」の低下を招く。あらゆる世襲制がともなう、それは弊害であった。そしてついには、菅原道真のような有能な臣下が、藤原氏以外から現れるといったことも起きた。

そこで天皇・皇族を補佐する臣下の「器量」を、藤原氏以外の人びとの「器量」にまで拡大する必要が生じた。そして遂には「ムサ《武者》ノ世」さえ招いた。それが第五段階であった。

かく、人は悟り得ぬもの、時間の経過とともにその能力（「器量」）は傾向的に低下するものとの認識を基礎に、歴史の発展を、その低下していく人の能力の結合方式の進化とみなす歴史観、それが慈円の歴史観であった。上記五段階を図化しておくと、次のようになる。

結合される「器量果報」の主時代
第一段階　天皇神武〜成務
第二段階　天皇＋皇族神功〜敏達
第三段階　天皇＋皇族＋臣下推古〜大化改新
第四段階　天皇＋皇族＋藤原氏奈良・平安
第五段階　天皇＋皇族＋藤原氏＋将軍保元の乱〜

しばしば末法史観とよばれるが、人の未来に向かって、きわめて楽観的な歴史観であった。だから次のようにも述べていた。その人の能力を進化さえさせれば、「世間」は衰えても、衰えても、そのつど盛り返すと。

世間ハ一部ト申テ一蔀ガホドヲバ六十年ト申、支干オナジ年ニメグリカヘルホドナリ。コノホドヲハカラヒ、次第ニヲトロヘテハ又オコリ〱シテ、オコルタビハ、オトロヘタリツルヲ、スコシモチオコシ〱シテノミコソ、今日マデ世モ人モ侍ルメレ。

（『愚管抄』）

そして彼は、その「ヒシトツクリアハスル」人の能力の数が今後ともどんどんと増えていき、やがては全国民の能力を「ヒシトツクリアハスル」ところまで深化する未来を予想し、それを肯定的に捉えていたのである。

## 「輿論政治」の時代へ

法然が人は悟り得ぬ存在だと言ったとき、いっぽうでかかる歴史観が成立していたのである。ひとことでいえば、「輿論政治」に人の未来を見いだす歴史観であった。

悟りに代えて王の正当性を支えるものは、この人の能力の結合＝輿論による正当化だったのである。そしてそれは、慈円よりも一〇〇年後の人、北畠親房の発言によっても裏付けることができる。

北畠は、北条義時追討の軍をあげて一敗地にまみれた承久《じようきゆう》の乱の首謀者後鳥羽《ごとば》上皇を評して「下ノ上ヲ剋スルハキハメタル非道ナリ。終ニハナドカ皇化ニ不順《まつろわざる》べ」し、されど「王者ノ軍《いくさ》ト云ハ、トガアルヲ討ジテ、キズナキヲバホロボサズ。‥‥義時久ク彼ガ権ヲトリテ、人望ニソムカザリシカバ、下ニハイマダキズ有トイフベカラズ。一往ノイハレバカリニテ追討セラレンハ、上ノ御トガトヤ申べキ」(『神皇正統記』)と述べ、その非を責めた。

一見過激な尊王主義者に見える北畠親房においてさえ、「人望」は「皇化」を上回る規範として認識されていたのである。

## 伊勢神道の広がり

しかもその考え方は、いったん成立すると、たちまち広く国民の間に浸透していったと思われる。鎌倉時代から江戸時代にかけて、絶大な影響力をもった伊勢神道の成立が、そのことを示している（高橋美由紀、二〇一〇）。

伊勢神道というのは、今日の我々の常識とは多少異なり、天照大神が、初代斎宮倭姫命《さいくうやまとひめのみこと》（垂仁《すいにん》天皇の子）に次のように命じたことを根拠に、外宮《げくう》の祭神豊受大神《とようけのおおかみ》を、内宮の祭神天照大神と同等、もしくはそれよりも上位の神として認識する神道であった。

吾ガ祭リ、奉仕《つかへたてまつ》るノ時ニハ、先ヅ止由気太神（豊受大神）宮を祭リ奉るベシ。然シテ後ニ我が宮ノ祭リノ事ヲバ勤め仕ふべき也。（『倭姫命世記』）

そしてそれを合理化するために、豊受大神を――『古事記』によれば――天地がはじめて分かれたとき、最初に現れた神々のなかの最上位の神、天之御中主神《あめのみなかぬしのかみ》と同体の神とみなす神道でもあった。

では豊受大神とはいかなる神だったのか。天照大神が倭姫命に次のように命じて丹波（いまの丹後）から呼び寄せさせた御饌津神《みけつ》、すなわち天照大神に対する奉仕の神であった。

吾れ一所《ひとところ》ニ耳坐《のみま》サネば、御餅《みけ》も安ク聞シ食サズ。丹波国与佐《よさ》ノ小見比治《をみひす》ノ魚井原《まいのはら》ニ坐しまス、道《みち》主《うし》ノ子ノ八乎止女《やをとめ》の斎《まつ》リ奉ル御餅都《みけつ》神止由居《とゆけ》太神（豊受大神）を、我ガ坐しますす国へト欲フ。

（『倭姫命世記』）

天照大神に対する奉仕の神を、天之御中主神と同体の神ということによって、強引に天照大神と同等、もしくはそれよりも上位の神にしたてあげる神道、それが伊勢神道であった。

## 「国民」の誕生へ

では外宮の神官家度会《わたらい》氏の人たち（忠行や家行）は、なぜ、かかる神道を構想したのだろうか。天照大神と豊受大神がそれぞれ現世における何を象徴しているのかを考えれば、簡単にわかる。天照大神は天皇を、豊受大神は天皇に対する奉仕者、国民を象徴していた。国民がじつは天皇より上位の存在であり、その国民の承認があってはじめて天皇は天皇たりうるという考え方を確立し、浸透させるために、そのような神道を構想したのである。今日の国民主権＝象徴天皇制につながる天皇観を確立するためであった。

伊勢神道もまた、王の正当性は、今後公議輿論の承認を得て保たれるべしとの考え方を表していたことが分かる。

そしてその伊勢神道が、鎌倉時代から江戸時代にかけて、御師《おんし》と呼ばれるツアーコンダクターたちの活躍もあり、爆発的な広がりをみせたのである。江戸時代に入ると、六〇年に一度、三回に一回の遷宮に合わせて、お蔭参りとよばれる、数百万人の人が一時に伊勢神宮を訪れる、爆発的な伊勢参詣ブームも起きた。

王の正当性は公議輿論に依るべしとの考え方は、鎌倉時代以降、確実に国民の間に広まっていっていたことが推測できるのである。

## 代議者の創始――将軍制の確立

### 「公議輿論」の形成法

ただ王の正当性を公議輿論＝民意に基づかせようとすると、公議輿論を形成するシステムを構築しなくてはならないが、そのためには、最小限、二つのことを解決しておかなくてはならなかった。そしてそれが、いたって困難な課題であった。だから王の正当性は公議輿論に基づくべしとの考え方の成立と、実際の公議輿論政治（立憲政治）の実現との間には、鎌倉幕府の成立から明治維新にいたる七〇〇年の歳月が必要だったのである。

ではその二つのこととは何か。ひとつは、まず公議に参加し輿論を形成することのできる代議者をつくりあげるということであった。方法は二つしかない。人びとの選挙に委ねるか、王権を分割し社会を封建化（分権化）させるか、であった。当然、当面とりうるのは後者であった。

そしていまひとつは、公議の仕方、輿論の形成の仕方をあらかじめ定めておく、法＝憲法を制定することであった。あらかじめ形成された（アプリオリな）法のない所に、公議も輿論の形成もあり得なかったからである。その場合、再三の引用になるが、人は所詮つぎのような存在であることを忘れてはならない。

人ト申ハ、世ノマツリコトニモノゾマズ、スベテ一切ノ諸人ノ家ノ内マデヲヲダシクアハレム方ノマツリコトヲ、又人トハ申ナリ。其人ノ中ニ国王ヨリハジメテアヤシノ民マデ侍ゾカシ。

（『愚管抄』）

公議を行えば、それは必ず私利私欲と私利私欲のぶつかり合いになる。そのなかで一定の、しかも正義とみなせる輿論を形成しようとすれば、公議と輿論の形成の仕方があらかじめ決められていなければならなかったのである。

## 頼朝の征夷大将軍就任儀礼

順番に検討していこう。まずこの国は、いかにして王権を分割し、封建制をつくり、代議者をつくりあげていったかであるが、それは統治階級の一員である源頼朝を、征夷大将軍に就任させ、「将軍制」とでもよぶべき国制を確立することによってつくりあげた。

そこでみておかなくてはならないのは、頼朝の征夷大将軍への就任の仕方である。彼は一一九二年七月二六日、征夷大将軍に任ぜられる「除書《じょしょ》」を鎌倉で受けとるが、その受けとり方は以下のとおりであった。

まず勅使肥後介《ひごのすけ》中原景良《なかはらかげよし》および同康定《やすさだ》によって鎌倉にもたらされた「除書」を、頼朝の御家人三浦義澄が鶴岡八幡宮において受けとり、それをこんどは三浦が比企能員《ひきよしかず》・和田三郎《わださぶろう》ら軍装の「郎従」一〇名を率いて頼朝の待つ「幕下西廊」にもたらし、あらかじめ束帯《そくたい》姿で「出御」していた頼朝に、ひざまずきながら渡すというものであった。

ではこの受けとり方の要点は何か。次の三点であった。

第一は、頼朝が「除書」を受けとった場所が、京都の朝廷ではなくて、鎌倉の幕府（陣営）であった点である。これは同じ将軍ではあっても、坂上田村麻呂などとは違い、頼朝が、京都から出撃して京都に戻る存在ではなく、鎌倉という戦場に常駐しつづける存在であることを示していた。「除書」を受けとるほうが京都に出向くのではなく、「除書」のほうが戦場にもたらされたのである。

第二は、頼朝が「除書」だけを受けとり、じつは「節刀《せっとう》」を受けとっていない点であった。征夷戦争に勝ち、凱旋すれば、やがて天皇に返さなくてはならない「節刀」を、頼朝は最初から受けとっていなかったのである。これは、頼朝が、征夷大将軍という臨時の官に就任しておきながら、それを近い将来辞する気持ちのまったくなかったことを示していた。

そして第三は、頼朝が勅使から直接「除書」を受けとらず、軍装の家臣たちを介して、その受け取りを行った点である。それは、将軍が天皇の勅使にへりくだるという姿を極力避けた結果であった。しかも三浦義澄に随従した比企能員・和田三郎以下が軍装であったことは、鎌倉が戦場として認識されていたことを示していた。

要は、頼朝が、みずからは半永久的に〝鎌倉という戦場〟に居つづける――京都に凱旋しない――ことを前提に、いっさいへりくだることなく、天皇から征夷大将軍の地位を受けとったというのが、この受けとり方（儀礼）の意味であった。

なお付け加えておくと、『吾妻鏡《あづまかがみ》』からその将軍就任のありさまがわかる、頼朝以外の五人の将軍（源頼家・源実朝《さねとも》・藤原頼経・藤原頼嗣・宗尊《むねたか》親王）の場合も、就任に際して頼朝同様、除書は受けとっても節刀は受けとっていない。またその除書の受け取りも、京都ではなく、鎌倉でなされている。将軍に就任すべく、京都から鎌倉に下った宗尊親王の場合も、鎌倉到着とほぼ同時の一二五二年四月一日に、将軍宣下《せんげ》を受けている。頼朝の征夷大将軍就任儀礼の普遍性が推量される。

## 中央集権国家から封建国家へ

ではなぜ頼朝は、かかる儀礼を踏まえ征夷大将軍に就任したのか。戦時下の征夷大将軍には、一一九〇年に源頼朝が奥州藤原氏の討伐に乗りだしたとき、頼朝の御家人たちが、京都からの討伐命令がなかなか届かないことに業《ごう》を煮やして、「軍中将軍の令を聞き、天子の詔を聞かず」（『吾妻鏡』）と述べたように、「軍中」においては「天子の詔」に代わる「将軍の令」を発する権限、「閫外之権《こんがい》」——敷居の外の権限、転じて国境の外の権限という意味——を与えられていた。ならば、戦時のほうを常態化（恒久化）させることができれば、その権限を利用して、頼朝はみずからを第二の王にすることができる。そのことを目指したから、頼朝は、征夷大将軍就任にあたって、上記のような就任儀礼を執り行ったのである。

究極においては、王は天皇ひとりということを維持しながら、それと矛盾することなく王を天皇と将軍に二重化するためであった。

しかもイデオロギー上、時は戦時、場所は戦場である。将軍に分有された王権は、戦場のルール——奉公に対する代償としての本領安堵《あんど》、新恩給与（御恩）——を使って、いとも簡単に幾多の御家人に分与することができた。その結果、王権の多元化、国家の封建化が可能になったのである。

以上、国家を封建化し、代議者をつくりだす方法は、「将軍制」を確立することであったのである。その場合、鎌倉幕府の成立以来、この国は政治は基本的には合議制によって運用されたことを忘れてはならない。鎌倉幕府や江戸幕府の最高意思決定機関が評定衆《ひょうじょうしゅう》や評定所という言葉で表現されていることに、それは現れていた。封建化とは、代議者選定の手段だったのである。

## 軍政（武家の世）の不合理

ただ王権の二重化、多元化、封建化による代議者の形成が、将軍制の確立を契機に行われたことには矛盾もともなった。

そのために征夷大将軍の有する「閫外之権《こんがい》」の永続化という方法をとったために、戦時のイデオロギーレベルでの常態化をはからなくてはならなかったが、それが国家の統治能力の全般的な低下を招いたからであった。

原因のひとつは、戦時が常態化すれば軍政（武家政治）も常態化するが、あらゆる政治を軍人が握る軍政は、行政の専門化をいちじるしく阻害したからであった。

たとえば江戸時代半ば、八代将軍徳川吉宗に仕えた儒者荻生徂徠《おぎゅうそらい》が、人材登用の方法について「徳なる者は得なり。人おのおの道に得る所あるをいふなり。或《ある》いはこれを性に得、或いはこれを学に得。みな性を以て殊なり。性は人人特殊なり。故に徳もまた人人殊なり」、故に「おのおのその性の近き所に随ひ、養ひて以てその徳を成す。徳立ちて材成り、然るのちこれを官にす」（『弁名』）べしと述べていたが、たとえ将軍制下ではあっても、人材登用の原則はどこまでも適材適所、専門的能力の尊重であった。しかし軍政の常態化はそれを大きく阻害したのである。

江戸時代の老中制に、明治維新後の内閣制のような専門分課の仕組みが見られなかったことに、それは現れていた。

そしていまひとつは、戦時が常態化すれば必ず「軍忠」（軍事的功績）が「器用」（行政能力）に優先し、世襲制の弊害が顕著になるからであった。

足利尊氏が「建武式目」において「軍忠」優先の弊害についてつぎのように述べ、

一諸国の守護人、ことに政務の器用を択ばるべき事

当時のごとくば、軍忠に募りて、守護職に補せらるるか。恩賞を行はるべくば、庄園を充《あ》て給ふべきか。守護職は上古の吏務なり。国中の治否ただこの職による。もつとも器用を補せられば、撫民の義に叶ふべきか。（『建武式目』）

荻生徂徠が世襲制の弊害についてつぎのように述べているところをみれば、その弊害の深刻さがわかる。

代々大禄・高官ナル人モ、其先祖ハ何レモ戦国ノ時生死ノ場ヲ経テ、様々ノ難儀ニ逢タルヨリ才智生ジテ、夫故功ヲ立テ、大禄・高官ニ成タレドモ、其子孫ハ代々大禄・高官ナル故、生ナガラノ上人ニテ、何ノ難儀ヲモセネバ、才智ノ可生様ナシ。位高ク下ト隔リタレバ、下ノ情ニ疎ク、家

来ニ誉ソヤサレテ育タル故、智恵モナシ。（『政談』）

しかし戦時が常態化した社会にあって、その弊害は避けられなかったのである。命がけで「奉公」する者が、「軍忠」への見返りとして官職を求めるのは当然であったし、「軍忠」への見返り要求が、自己の栄達以上に、その功績の子孫への伝承になるのも、自然であった。命をかけた奉公の代償は子孫に与えられてこそ、意味があるからであった。

## 自治の深化

ただ「将軍制」下における国家の――そして王権の分割を受けた封建領主たちの――統治能力の総体的な低下は、大局的にみれば、この国の民主主義（公議輿論政治）の発展に、プラスに作用した。そのぶんだけ、より社会の底辺からの自治が発展したからであった。

各地に「一揆」や「惣」や「座」とよばれる地域的、職能的自治団体がつぎつぎと形成され、しかもその運営が、かつてとは異なり全住民・全構成員の合議によって遂行されるようになっていった。そして時としてそれらが巨大な政治力を発揮し、室町時代に入ると、正長《しょうちょう》の土一揆（一四二八年）、嘉吉の土一揆（一四四一年）、山城国一揆（一四八五年）、加賀国一揆（一四八八年）といった、国家の根底を揺るがしかねない巨大な一揆が、つぎつぎと起こるようになった。

そして江戸時代になると、請負制──たとえば「村請《むらうけ》制」──という形による自治の補佐なしには、いかなる行政も成り立たないところまで、その自治は発展した。当然江戸時代になっても一揆は頻発した。そしてその将軍制下で発達した自治が、やがて一九世紀になると、選挙による代議者選定の土台を形成していったのである。将軍制をテコにした王権の分割を媒介にしなくても公議輿論が形成できる時代を切り開いたのである（藪田貫、一九九二）。

しかもその将軍制下の自治の発展の先駆けとなったのは、またまた大和であった。大和では、室町時代になると、多くの防禦機能（水濠）を備えた環濠《かんごう》集落がつくられ、稗田《ひえだ》（大和郡山市）、竹之内（天理市）、萱生（天理市）、今井（橿原市）などでは、いまなおその跡が残っている。

また自治を支えるさまざまな芸能も生みだされた。十津川や柳生に発達した自衛・護身のための武芸や、人と人の対話の術としての「茶の湯」「侘《わ》び茶」や、人気の流れるところを見極める感性を磨く猿楽《さるがく》などが、それであった。「茶の湯」は奈良町称名寺の村田《むらた》珠光《じゅこう》の考案になり、猿楽（能・狂言）は、円満井《えんまんい》座（今春《こんぱる》）、坂戸座（金剛）、外山《とび》座（宝生）、結崎《ゆうざき》座（観世）の大和四座に端を発した。

# 法の発見法──古き法の探索

## 法はだれがつくるか

さて公議輿論に基づく統治を確立しようとしたとき、もうひとつ確立しなくてはならなかったのは、先にも述べたように法の支配であったが、問題は、その法はいったいだれが制定するかであった。輿論以上の規範がもはや存在しなくなった時代に、その輿論を規制する法を、いったいだれが制定するかであった。神も制定できないし、王も制定できなかった。もはや悟りを言うことによって、一般の人から超越的な立場をとりうる王はどこにもいなかった。王の権威もまた民意に支えられなければ成り立たない時代がやってきていた。

ではだれが法を制定し得たか。そこで改めてみておきたいのが、慈円が輿論政治の必然を説いた、次の発言である。

日本国ノ世ノハジメヨリ次第ニ王臣ノ器量果報ヲトロヘユクニシタガイテ、カヽル道理ヲツクリカヘ〳〵シテ世ノ中ハスグルナリ。劫初劫末ノ道理ニ、仏法王法、上古中古、王臣万民ノ器量ヲカクヒシトツクリアハスル也。

（『愚管抄』）

慈円は、時の経過とともにおとろえていく「王臣万民」の「器量果報」を「ヒシトツクリアハ」せて輿論をつくるという場合、じつはその「ツクリアハ」される人の「器量果報」を、いまここに生きている人のそれに限定していなかった。「仏法王法」もその範疇に含めるとすれば、「上古中古」の「王臣万民」の「器量果報」までもそれに含めていたのである。だから彼は真の輿論のことを、長い道のり（時間）を歩んできてつくられた「理」という意味で「道理」と名づけたのである。

この「上古中古」の「王臣万民」の「器量果報」までを加えた輿論、言い方をかえれば死者の輿論こそが、慈円にとっては、通常の輿論——「王臣万民」の「器量果報」を「ツクリアハスル」もの——を超えた権威を備えた真の輿論、すなわち法であった。

法をつくりうる唯一の主体は、じつはすでにこの世にいない死者たちだったのである。そしてその死者たちが時間をかけてつくりあげてきた輿論こそ、じつは法だったのである。だからしばしば法は慣習と同一視されるのである。

したがって法を制定するということは、じつは死者の輿論を探り当てるということを意味した。

## 死者の輿論の発見法

ではどうすれば、もういまここにはいない死者の輿論が探り当てられるのか。そこで時空を超えてヒントを与えてくれるのが、フランス革命の父ルソーである。彼はなぜ「古い法律」が権威をもつかということについて、次のように述べている。

国家は、法律によって存続しているのではなく、立法権によって存続しているのである。昨日の法律は、今日は強制力を失う。しかし、沈黙は暗黙の承認を意味する。主権者が法律を廃止することができるのに、それを廃止しない場合には、彼はたえずその法律を確認しているのものとなされる。主権者がひとたびこう欲すると宣言したことは、すべて、取り消さないかぎり、つねにそれを欲していることになるのである。

それでは、古い法律に、あのように尊敬が払われるのはなぜか。それは、古いということそれ自体のためである。昔の〔人々の〕意志がすぐれていたのでなければ、古い法律をそんなに長く保存はできない、と考えなければならない。もし主権者が、それをたえず有益なものであると認めなかったならば、彼はそれを千回も取り消したであろう。よく組織されたすべての国家で、法律が弱まるどころか、たえず新しい力を獲得しつつあるのは、このためである。（『社会契約論』）

いちど制定された法が、取り消されることなく長く存続しているということは、長年多くの人がその法をすぐれた法として是認してきたことを意味する。したがって、成文法であれ慣習法であれ、「古い法律」は死者の輿論であり、故に法律は、それが「古い」という理由だけで尊重されなくてはならないのであると。

この論法にしたがえば、成文法であれ慣習法であれ、とにかく現代にまで残る古き法こそが死者の輿論だということになる。

しかもこのルソーの論法は、本居宣長《もとおりのりなが》が『古事記』に依るべき規範を求めたのと、まったく同じ論法であった。

宣長はそれが、①「漢に似るを旨として、其文章をかざれる」『日本書紀』などとは異なり、「上代に書籍と云《いう》物」がなかった時代の言葉をできるだけ忠実に復元しようとして書かれた書物であること、②いっさい勝手な解釈を加えず――「いさゝかもさかしらを加へず」――「古より云伝たるまゝ」の「事」をひたすら実直に書き記した書物であること、そして③『日本書紀』などにくらべて「飾なく」「見だてなく浅々と聞ゆる」書物であるのにもかかわらず、千年後の今日まで読み継がれてきた書物であることを理由に、『古事記』を、「古道」を書き記した、この国の国民が唯一規範とすべき書物としたのである。力点は、とにかく「古道」が忠実に書かれていることと、千年後の今日まで読み継がれてきたことに置かれていた（渡辺清恵、二〇一一）。

古きがゆえに、代々の読み手（死者の輿論）の支持を得てきたがゆえに、正しいという論法である。この論法は、ルソーが「古い」というそれだけの理由で「古い法律」こそ法の根幹としたのと、まったく同じ論法であった。

ルソーの論法には普遍性があった。したがって死者の輿論の探り当てようとすれば、現代に残る「古き法」、あるいは「古道」を探り当てればいいということになる。しかも可能な限り古い法を、ということになる。

## 貞永式目と建武式目

そしてそれはこの国の法の制定者たちが、実際に行っていたことであった。貞永式目《じょうえいしきもく》を制定した北条泰時《やすとき》は、弟重時《しげとき》（連署《れんしょ》）に宛てた書簡で、制定の意図をつぎのように述べていた。それは「道理」という名の、武家社会の慣習法に基づくと。

……さてこの式目つくられ候事は、なにを本説として被注載之由、人さだめて謗難を加事候歟。ま事にさせる本文にすがりたる事候はねども、たゞ道理のおすところを被記候者也。

（「北条泰時消息」北条重時宛（貞永一年九月十一日））

また足利尊氏から建武式目の立案を委嘱された八人の明法家《みょうぼうか》のひとり、二階堂道昭（是円）も、立案の精神を次のように述べていた。

右、時を量り制を設く。和漢の間、なんの法を用ひらるべきか。まづ武家全盛の跡を逐ひ、もつとも善政を施さるべきか。しからば宿老・評定衆・公人等済々たり。故実を訪はんに於て、なんの不足あるべきか。古典に曰く、徳はこれ嘉政、政は民を安んずるにありと云々《うんぬん》。早く万人の愁を休むるの儀、速かに御沙汰あるべきか。その最要あらあら左に註す。（『建武式目』）

すなわち「時を量り制を設く」、要するに「故実」に基づくと。ただ是円の「故実を訪はんに於て、なんの不足あるべきか」との言葉にもあるように、「故実」に基づこうとしても、その「故実」が、じつは豊富すぎた。「古き法」は錯綜し、また多様であった。そこで、何がいったい真に死者の輿論とすべき「古き法」なのか、その詮索が必要になった。ゆえに室町時代以降活発になったのが有職故実《ゆうそくこじつ》の学であり、さらには、その展開としての儒学や国学であった。

## ふたたび視線は大和へ、そして篤胤ワールドへ

### 大和ルネサンス

そして興味深いのは、「古き法」の探索は「法」の探索にとどまらなかったということであった。当然といえば当然かもしれないが、「古き法」を育んだかつての社会そのものの探索へと発展した。「古代」の探索に発展した。

そしてそうなると当然人びとの視線は大和に注がれるようになる。大和を舞台にした大規模な古典の復興、大和ルネサンスが起きたのである。

きっかけは、一一八〇年一二月、平重衡《しげひら》によって焼き討ちされ南都の大半が灰燼《かいじん》に帰するという事件が起きたが、そこからの復興であった。復興に際して、その先頭に立った大勧進重源《ちょうげん》や、その後援者、後白河法皇や源頼朝らが、単なる復旧ではなく、「古代」の復活を目指したのがきっかけであった。実際の復興をになった運慶《うんけい》や快慶《かいけい》ら慶派の仏師たちが、東大寺三月堂（法華堂）や戒壇院に残る奈良時代の仏像をモデルに、直前の時代にはなかったタイプの仏像をつくりはじめたのは、そのことを象徴していた（奈良女子大学21世紀ＣＯＥプログラム、二〇〇五）。

そしてそれをきっかけに、この国の知識人たちの視線は「古代」「大和」に釘付けになり、古典復興の機運が高まったのである。

たとえば和歌の世界では、藤原俊成・定家父子による本歌取りの技法の確立があり、『古今和歌集』をモデルにした『新古今和歌集』が編まれ、『万葉集』の書写も進んだ。また古典的名歌を採録した『小倉百人一首』なども編纂された。そしてそうした歌集が編まれたり、書写されたりするたびに、人びとの視線が、より強く大和に引き寄せられていったのである（石黒志保、二〇一五）。当然である。『万葉集』や『古今集』に採録された歌の多くが大和を詠んだ歌だったからである。平安から鎌倉にかけての時代を代表する歌人であった西行《さいぎよう》が、晩年吉野山に庵を結んだことも、それを加速した。

願わくば花の下にて春死なんその望月の如月《きさらぎ》の頃

この西行の歌の、辞世の歌としての著名度がそれを物語っている。

また、先にも触れたように、鎌倉から室町にかけてまさに「古き法」の発見を目的として、有職故実の学が盛んになるが、その大成者二条良基《にじようよしもと》や一条兼良《いちじようかねよし》なども、藤原氏の氏寺興福寺とのかかわりをつうじて、大和に深く関与していた。

大和はいつしかこの国の古典復興の中心地と化していったのである。

## 近代日本文化の揺籃

そしてその古典復興は、ヨーロッパのルネサンスがそうであったように、近代に向けて発展していく新たな文化創造の培養基の役割も果たした。

和歌が変形し、やがて俳諧へと発展していく媒介の役割をはたした連歌なども大和にはじまった。また先にも触れたが、猿楽（能・狂言）や侘茶なども大和にはじまった。大和は近代日本文化の揺籃《ようらん》の地となったのである。

そして江戸時代に入ると数多くの文人墨客《ぶんじんぼっかく》が大和を訪れ、大和の史跡を渉猟《しょうりょう》し、「古代」の詮索に血道を上げるようになった。本居宣長などもそのひとりであった。彼は、みずからを吉野水分《みくまり》神社の申し子――両親が同社に参詣した結果生まれた子――と思い込むほど、大和、とりわけ吉野に思慕の念を寄せた人であったが、一七七二年三月にはじめて大和を訪れると、そのときの感慨を『菅笠日記』に残している。

しき嶋のやまとごゝろを人とはゞ朝日にゝほふ山ざくら花

ちなみに彼の大和・吉野への思慕の念の深さは、彼が六一歳のときに詠んだ、この有名な敷島の歌

――自画像の賛――に現れている。

そして文人墨客がくれば、一般の人たちも遊山《ゆさん》に大和を訪れた。伊勢詣のついでに大和に立ち寄る人も多くいた。一七九一年には観光ガイドブックとしての『大和名所図会』（秋里籬島著・竹原春朝斎画）なども出版されている。

「法の支配」確立の必要が、人びとの関心を死者の輿論へ、そして「古き法」へ、さらにはその培養基としての「古代」へと誘ったとき、大和はたしかにこの国のルネサンスの舞台となり、近代日本文化の揺籃の地として、ふたたび「国のまほろば」となったのである。

## 「古き法」の矛盾とその克服法

ただ、法を定立すべく死者の輿論を探り当てようとして「古き法」を探索するのはいいが、それが「何わざも、己命の御心もてさかしだち賜はずて、たゞ神代の古事《ふること》のまゝに、おこなひたまひ治め賜」（『直毘霊《なおびのみたま》』）うべしとの確信に結びついたとき、それは深刻な矛盾に陥った。

その確信を、だれよりも口にした本居宣長自身が、逆に次のように述べていることからも、それがわかる。

させさやうに、世中のありさまのうつりゆくも、皆神の御所為なるからは、人力の及ばざるところなれば、其中によろしからぬ事のあればとても、俄に改め直すことのなりがたきすぢも多し、然るを古の道によるとして、上の政も下々の行ひも、強て上古のごとくに、これを立直さんとするときは、神の当時の御はからひに逆ひて、返て道の旨にかなひがたし、されば今の世の国政は、又今の世の模様に従ひて、今の上の御掟にそむかず、有来りたるまゝの形を頽さず、跡を守りて執行ひたまふが、即まことの道の趣にして、とりも直さずこれ、かの上古の神随治め給ひし旨にあたるなり、

（『玉くしげ』）

「上の政も下々の行ひも、強て上古のごとくに、これを立直さんとする」のはまさにその確信の実践であった。しかしそれを素直に実践すれば、とんでもない時代錯誤を犯してしまうのである。

その矛盾に気づいたから、宣長はこう述べ、その種の実践者を「神の当時の御はからひに逆ひて、返て道の旨にかなひがた」き者と酷評しているのである。しかしそれは自家撞着以外のなにものでもなかった。

当然この矛盾は乗り越えなくてはならなかった。乗り越えなければ、真の法の支配の実現は不可能であった。

ではその矛盾は、どうすれば乗り越えられるのか。乗り越えた先にあるものから、逆照射してみれ

ばわかる。乗り越えた先にあるものとは、次のように述べ（「告文」）たうえで、大日本帝国憲法を制定する感性である。「皇祖《こうそ》皇宗《こうそう》ノ遺訓」＝「皆皇祖皇宗ノ後裔ニ貽シタマヘル統治ノ洪範」＝「古き法」の名のもとに、当り前のようにプロシア流憲法、まさに現代法を制定する感性である。

皇朕レ謹ミ畏ミ皇祖皇宗ノ神霊ニ誥ケ白《もう》サク、皇朕レ天壌無窮ノ宏謨ニ循ヒ惟神ノ寶祚ヲ承継シ旧図ヲ保持シテ敢テ失墜スルコト無シ。顧ミルニ世局ノ進運ニ膺リ人文ノ発達ニ随ヒ、宜ク皇祖皇宗ノ遺訓ヲ明徴ニシ、典憲ヲ成立シ条章ヲ昭示シ、内ハ以テ子孫ノ率由スル所ト為シ、外ハ以テ臣民翼賛ノ道ヲ広メ永遠ニ遂行セシメ、益々国家ノ丕基ヲ強固ニシ、八州民生ノ慶福ヲ増進スヘシ。茲《ここ》ニ皇室典範及憲法ヲ制定ス。惟《おも》フニ此レ皆皇祖皇宗ノ後裔ニ貽シタマヘル統治ノ洪範ヲ紹述スルニ外ナラス。

（伊藤博文編『憲法義解』）

## 平田篤胤による死者の召喚

ではどうすれば「古き法」を探索しながら、そのような感性を手にすることができるのか。その課題を解決したのが、宣長の死後門人平田《ひらた》篤胤《あつたね》であった。

彼は国学者らしく、記紀の読解をつうじて、世界の成り立ちを次のように考えた。まず世界は最初

「一物」であった。『日本書紀』にあるとおりである。しかしそこに天御中主神とともに、高御産巣日《たかみむすびの》神《かみ》と神産巣日神が現れると、その「産巣日」生成の力（霊力）によって、清く澄みたるものは、「葦牙の如くにして、萌上がれる物に因」りて上昇し「天」となり、重く濁りしものは垂れ下がって「黄泉」となり、ちょうどその中間程度のものが次のごとく残って地となった。

また此国土は、天の澄明なると、底国の重く濁れるとが分去りて、中間に残在る物の凝成れるなれば、澄める物の萌上れるなごりと、濁れる物の下に凝れるそのなごりとが、相混りて成れるなる故、天の善と根国の悪きとを相兼ぬべき謂の灼然なり。（『霊の真柱』）

世界は「天」と「地」と「泉（黄泉）」に分かれた。

しかもいったん「天」と「地」と「黄泉」にわかれると、その三世界は、その後も「産巣日」の霊力は働きつづけたので、それぞれの間の距離をどんどん広げていき、やがては相互の間の往来ができなくなってしまった。とりわけ「地」と「黄泉」の間の往来は、大国主神が「地」から「黄泉」に行き、ふたたび「地」に戻って以降は、まったくできなくなってしまった。次のごとくである。

さてかくの如く、天・地・泉と三つに分り竟《ヲヘ》て後も、天と地は、神々の往来したまへる事実《コトノアト》の多《オホ》在《カレ》ども、地と泉とは、大国主神の往て還坐し丶後は、神々の現身ながらは更にもいはず、その御霊さへに往来したりし事実も、伝も更に見えざるは、此は伊邪那岐大神の、彼国を甚く悪みおもほす御心に、彼国此国の往還を止め定賜へる、御謂に因ること丶見えて、いとも畏き御定になむありける。

（『霊の真柱』）

生身の人間だけではない。霊魂の場合ではあっても、それはできなくなってしまった。したがって世の中には、人は死後「黄泉」に行くと思い込んでいる人がいるが、それは間違いである。その点では、「神も人も、善も悪きも、死れば、皆この黄泉国に往くことぞ」と述べていた本居宣

①

④

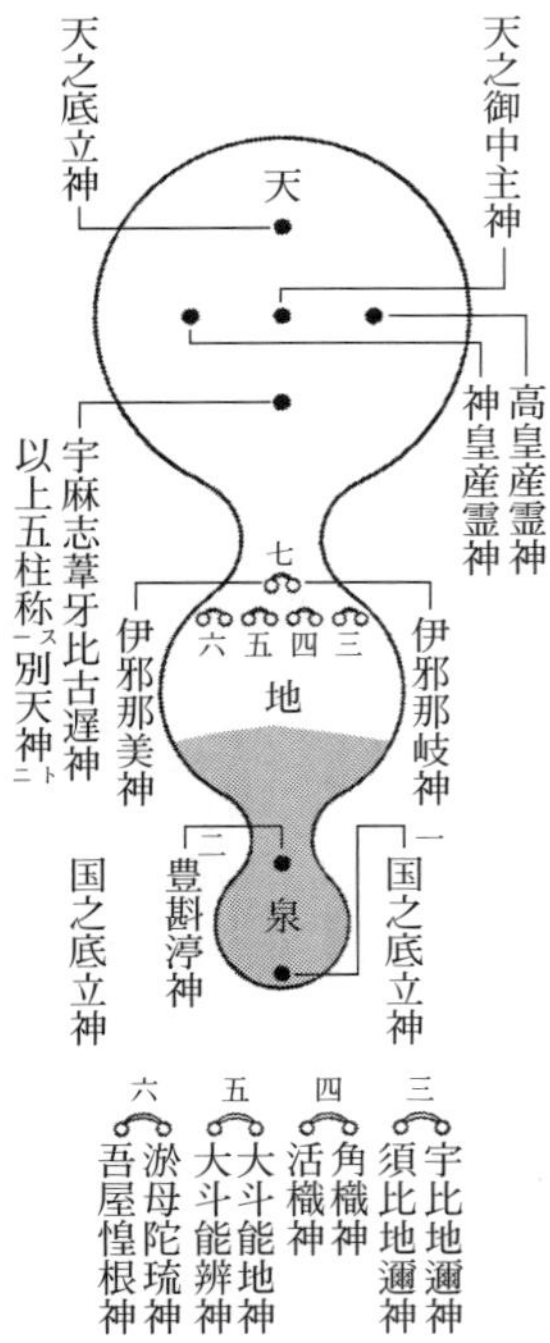

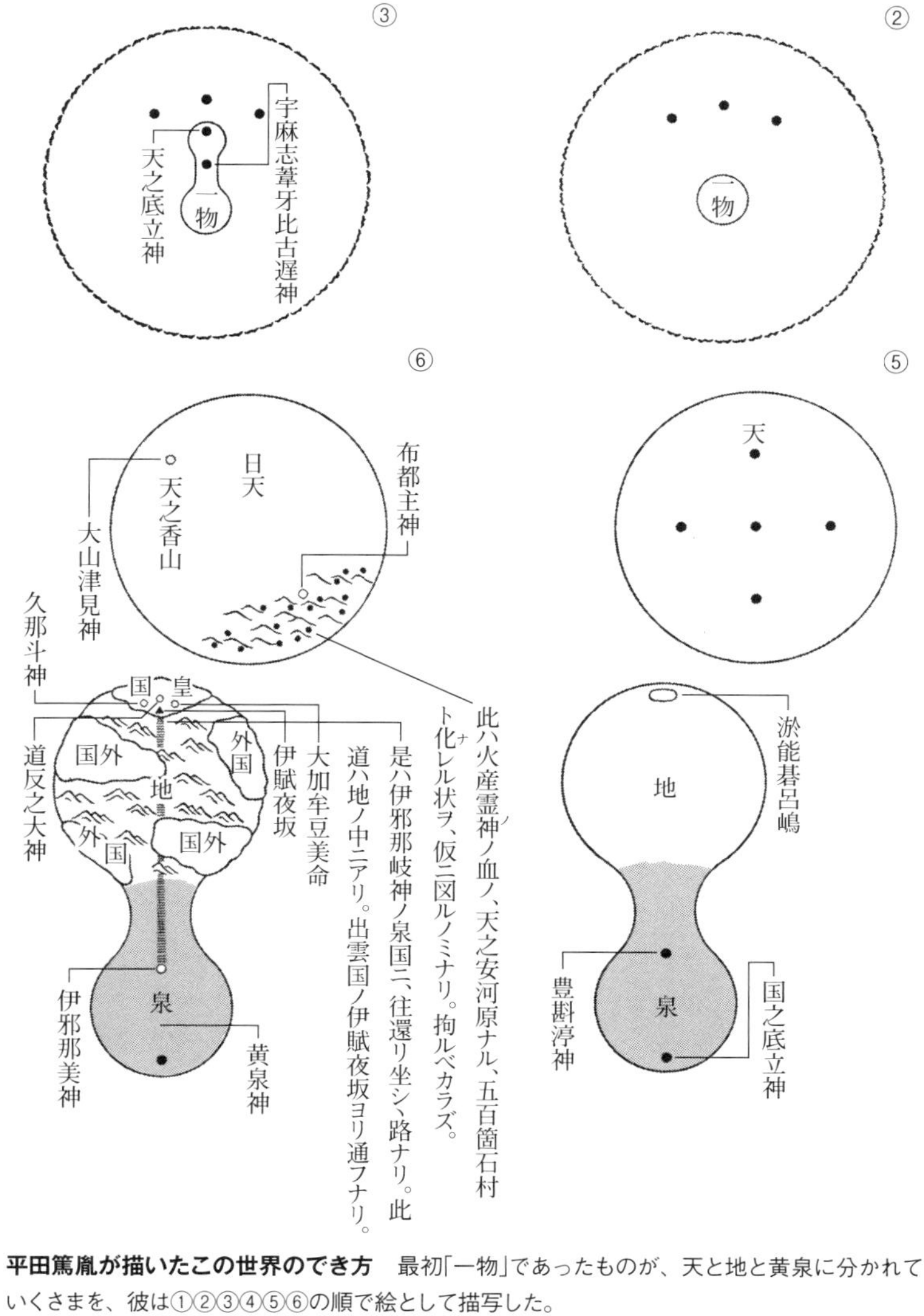


**平田篤胤が描いたこの世界のでき方**　最初「一物」であったものが、天と地と黄泉に分かれていくさまを、彼は①②③④⑤⑥の順で絵として描写した。

長も間違っていた。

では人は死後どこに行くのか。この世にとどまるのである。

然在ば、亡霊の、黄泉国へ帰てふ古説は、かにかく立がたくなむ。さもあらば、此国土の人の死て、その魂の行方は、何処ぞと云ふに、常磐にこの国土に居ること、古伝の趣と、今の現の事実とを考わたして、明に知らる。

（『霊の真柱』）

ただし「幽冥界」というところに。そこから我々のいる所は見えるが、我々のいる所からはそこが見えない所に、である。

篤胤はこう考え、死者の居場所を、あの世からこの世に移し替えたのである。ではそれはなんのために。いまこの瞬間における死者と生者の対話を可能にするためであった。そして「古き法」の名のもとに現代法を制定するためであった。着地点からいえば「皇祖皇宗ノ遺訓」の名のもとに大日本帝国憲法を制定することを可能にするためであった。

ただ死者の居場所をあの世からこの世に移すというのは、けっこう大変なことであった。大方の日本人の常識に反したからであった。だから篤胤学の定着は、あの世の肯定思想仏教に対するはげしい破壊行為（廃仏毀釈）をともなったのである。

大和においてもそれが猛威を振るったことは、周知の事実である（鈴木良、一九八五）。

## 死者との対話空間の整備

ただ篤胤の考えにしたがい、死者との対話をつうじて、現代に必要な法を死者の輿論、「古き法」の名のもとにつくりだそうとするとき、解決しなくてはならないことが、あと二つあった。

ひとつは、では生者は死者とどこで、どのように対話するのか、対話の場の確立が必要であった。というのも死者から生者は見えるが、生者から死者は見えないというのである。見えないものとの対話には、それなりの場のしつらえが必要だったからであった。

ではその場とは。篤胤は「神代の神等の、現世人に見えまさねど、今もなほ、其社々に、御身ながらに、隠鎮坐す」（『霊の真柱』）と述べ、神社など、死者のためにつくられた顕彰施設を想定していた。だから神社など、死者たちのための顕彰施設の整備が急がれた。

篤胤と親交の深かった佐藤信淵《さとうのぶひろ》は、「皇都」建設計画を練るにあたって「皇城」の南のまさに一等地に、あえて「神事台」——維新後でいえば「神祇官」——を置こうとし、誕生したばかりの明治政府は、「皇祖皇宗」のみならず、すべての国民の祖先（八百万《やおよろず》の神）を祀るために、神祇官を設け、さらには宮中に賢所《かしこどころ》・皇霊殿・神殿の三殿を設けた。

> 凡《およそ》皇都ヲ建ル法ハ、皇城ハ中央ニシテ、西ニ皇廟アリ、東ニ大学校アリ、北ニ教化台アリ、南ニ神事台アリ、又其南ニ太政台アリ。学校ノ東ニハ農事奉行・物産奉行・百工奉行・融通奉行ノ四府ヲ列シ、西北ニハ陸軍奉行ノ府アリテ、陸軍三十六営悉《ことごと》ク皇城ノ西北ヲ囲繞《いにょう》ス。東南ニハ水軍奉行ノ府アリテ、水軍三十六営悉ク皇城ノ東南ヲ囲繞ス。
>
> （『混同秘策』）

また第二次世界大戦に負けるまで、近代日本は、全国に散在する神社に対して、管理と保護の手を差しのべた。それが国家神道体制の確立につながった。

歴史の顕彰も盛んに行われた。全国いたるところに、歴史上の人物や歴史上の出来事を顕彰する碑などがつぎつぎと建てられ、歌碑や句碑なども建てられた（羽賀祥二、一九九八）。

## 橿原神宮の建設

そしてそれらの動きを総括するかのごとく、一八九〇年、帝国議会が開設され、本格的な公議輿論政治（立憲政治）がスタートを切るまさにその年に、その即位の地畝傍山《うねびやま》山麓に、初代神武天皇を顕彰する橿原《かしはら》神宮が創建されたのである。

そこで大事なことは、「諸事神武創業ノ始ニ原キ…」との維新（王政復古）のスローガンは、「報本反始」という考え方からきており、神武創業以来この国に生き、この国を支えてきたすべての国民――宮中三殿に祀られている人びと――の恩に報いるということを意味していたことということである。したがって神武天皇の顕彰は神武天皇の顕彰にとどまらなかった。神武以来の歴代天皇とともに生きたすべての国民（死者）の顕彰をも意味した。神武天皇は、まさにかつてこの国に生き、そして死んでいったすべての死者の象徴でもあったのである。

ということは、帝国議会開設に合わせて橿原神宮が建設されたということは、生者の議会の開設に合わせてじつは死者の議会＝「天安河原」――天照大神の岩戸隠れに対する対策を練ったとき、あるいは高天原からの須佐之男命追放のときに神々が集まった場――も同時に開設されたということを意味した。

国民と国家と国民が危機に瀕したとき、通常の法の操作などでは間に合わず、抜本的な憲法の修正にまで踏み込まなくてはならないような事態に遭遇したとき、あらためて全生者と全死者が対話するための空間が整備されたのである。

だからすでに国家総動員法が施行され、大東亜戦争突入を翌年に控えた一九四〇年、この国は、国家と国民をあげて、神武天皇即位二六〇〇年を記念して、橿原神宮と神武天皇陵をふくむ橿原神宮外苑の整備にいそしんだのである。

かくて橿原神宮の建設によって、大和は文字どおり「死者の都」となった。

コラム6◉橿原神宮建設から平城宮跡保存へ

なにか根本的な法や制度をつくりだそうとすれば、それを生者の輿論としてではなく、死者の輿論としてつくりださなくてはならない。そしてそのためには、橿原《かしはら》神宮のような、右総代で死者を代表する人物を顕彰するための施設をつくり、そこで生者と死者の語らいを演出しなくてはならない。これが橿原神宮の建設が示唆したことであった。

そしてその示唆は活かされた。一八九五年――日清戦争があったので一年先に延びたが――平安遷都一一〇〇年を記念して京都市で第四回内国勧業博覧会が開催されたが、それは遷都一一〇〇年を寿ぐとともに、京都市の招来的な郊外への発展を促進する本格的な近代的都市計画の確立を目的としていた。そのとき、琵琶湖疎水（蹴上《けあげ》発電所）の生みだす電気を利用した、日本で最初の市街電車（京都電気鉄道株式会社）が、伏見・七条（京都駅）・岡崎（博覧会場）間を走ったことにそれは象徴されていた。

しかし都市計画の確立というのは、必ず個々人の私権とぶつかりあう、困難きわまる課題であった。そこでその困難を克服するために時の政府や京都府（市）は、博覧会開催にあわせて平安神宮を建設し、桓武《かんむ》天皇をその祭神に迎えたのである。橿原神宮建設の示唆にならったのである。そしてそれは、その後のこの国の都市計画推進のモデルとなった。東京市が江戸時代以来の市街地の範囲を越えて、渋谷や新宿までを含めた大東京市へと発展していく課程で、その発展の無秩序化を防ぐために、日露戦後とられた手段が、青山練兵場跡と代々木御料地を利用した、まずは中止されたが日本最初の万国博覧会の開催を目指した日本大博覧会計画の推進であり、次いで明治神宮の建設（一九二〇年創建）であった。こんどは死んだ直後の明治天皇が祭神として呼びだされた(『史料集公と私の構造5　日本大博覧会と明治神宮』ゆまに書房、二〇〇三年)。大阪の場合も、都市計画推進のために仁徳《にんとく》天皇を祭神とする難波神宮の建設が計画された形跡がある。

そしてじつは、奈良市もその轍《てつ》を踏もうとしたのである。奈良町が奈良市となった一八九八年ごろから平城神宮建設運動がはじまったのは、それゆえであった。運動の中心人物は添《そえ》上《かみ》郡出身の造園師棚田《たなだ》嘉十郎《かじゅうろう》であり、建設予定地は、平城宮大極殿跡であった。また祭神には、当然のこととして聖武《しょうむ》天皇が迎えられることとなっていた。

しかし平城神宮は結果的に実現しなかった。平城宮跡は結局「史跡」として保存されることになったのである(一九二二年)。そして保存の決まった平城宮跡は、かえって奈良市の大奈良市への発展――西側校外への発展――を空間的に阻害する存在となっていった。棚田嘉十郎はそれに大いに不満を感じたのであろう。彼は一九二一年八月一六日、突然自刃して果てた。

（小路田泰直）

## 「万世一系天皇」の確立

### 水戸学と天皇

では、解決しなくてはならないもうひとつのこととは、だれが死者と対話するのか、という問題であった。だれもが勝手に、ランダムに対話したのでは、対話の結果が法にならない。目的は法の支配の実現であり、法は単一でなくてはならなかったからであった。

対話を事実上独占し得る「ひとり」をつくりださなくてはならなかった。それが解決すべく残されたもうひとつの課題であった。

ではどうすればその「ひとり」がつくりだせたのか。

そこで頼るべきは、平田派国学と並ぶもうひとつの維新変革の思想、水戸学であった。水戸学とは、天皇の地位を次のように考える考え方であった。

赫々《かくかく》たる日本、皇祖開闢《かいびゃく》より、天を父とし地を母として、聖子・神孫、世明徳を継ぎて、以て四海に照臨したまふ。四海の内、これを尊びて天皇と曰ふ。八洲の広き、兆民の衆《おお》き、絶倫の力、高世の智ありといへども、古より今に至るまで、未だ嘗《かつ》て一日として庶姓の天位を奸す者あらざるなり。君臣の名、上下の分、正しく且つ厳なるは、なほ天地の易《か》ふべからざるがごときなり。ここを以て皇統の悠遠、国祚の長久は、舟車の至る所、人力の通ずる所、殊庭絶域も、未だ我が邦のごときものあらざるなり。豈《あ》に偉ならずや。（『正名論』）

天地開闢以来、万世一系いちども皇統が絶えなかったのは、代々の天皇が人並みすぐれて賢かったからでも、有徳だったからでもない。この国の国民にも「絶倫の力、高世の智」を有する天皇以上の存在は、いつの時代にもたくさんいた。しかし「古より今に至るまで」そのなかのだれひとりとして「天位を奸」そうとする者が現れなかった。だから皇統は万世一系つづいたのである、と。

これは水戸学の祖藤田幽谷《ふじたゆうこく》の論であるが、同じことは、尊王攘夷派の志士たちに絶大な影響を与えた『新論』の著者、会沢安《あいざわやすし》も、次のように述べていた。

帝王の恃《たの》んで以て四海を保ちて、久しく安く長く治まり、天下動揺せざるところのものは、万民を畏服し、一世を把持《はじ》するの謂《いい》にあらずして、億兆心を一にして、皆その上に親しみて離るるに忍びざるの実こそ、誠に恃むべきなり。夫《そ》れ天地の剖判《ほうはん》し、始めて、人民ありしより、天胤、四海に君臨し、一姓歴歴として、未だ嘗て一人も敢《あ》へて天位を覬覦《きゆ》するものあらずして、以て今日に至れるは、豈《あ》にそれ偶然ならんや。（『新論』）

天皇の地位が長く保たれてきたのは、天皇が人びとを「畏服し、一世を把持」したからではない。むしろ人びとのほうが天皇に親しみを感じ、長く天皇から離れようとしなかったからだ、と。

水戸学とは、天皇が万世一系つづいてきた原因を、天皇の賢さや有徳に求めるのではなく、長年にわたって途絶えることなくつづいてきた、国民の天皇に対する親しみや支持に求める天皇論だったのである。万世一系つづいてきた天皇を、まさに死者の輿論の結晶としてとらえる天皇論であった。

## 「大日本帝国ハ万世一系天皇之ヲ統治ス」の意味

この考え方に立てば、死者たちと独占的に対話し、死者の輿論を汲みとり、「古き法」の名のもとに必要な新しき法（憲法）を、唯一制定できる主体としてもっとも適当なのは「万世一系天皇」ということになる。

近代日本はこの考え方に立ったのである。だから憲法は欽定《きんてい》憲法として制定し、憲法第一条には「大日本帝国ハ万世一系天皇之ヲ統治ス」との条文を掲げ、この国において唯一法を制定する権能をもつ存在は、「万世一系天皇」であることを宣言したのである。

そしてそれを可視化するために、神武天皇以来のすべての天皇の陵を、それがいったいだれの陵かを特定し、祭祀空間として整備（修陵）していった。血の継承性を可視化するには、墳墓の明証性に頼るしかなかったからであった。文久の修陵以来の修陵事業がそれであった。当然平田派国学的観点に立って、すべての陵には、被葬者の霊魂がいまなお宿っていることを前提にしてであった。

かくて修陵事業などをつうじて、この水戸学的天皇論が定着したとき、一九世紀末、ようやく、「万世一系天皇」が「皇祖皇宗ノ遺訓」あるいは「皇祖皇宗ノ後裔ニ貽《のこ》シタマヘル統治ノ洪範」を「紹述《しょうじゅつ》」しさえすれば、プロシア流憲法がなんらの不自然さもなく制定され得る条件が整ったのである。立憲日本の扉が開かれた。鎌倉幕府から数えて七〇〇年後のことであった。

そして見てきたように、大和は、その立憲日本誕生の「まほろば」の役割を、みごとに担ったのである。

# おわりに

さて以上長々と大和史を基軸に据えながら日本史を概説してきたが、それでは、最初に立てた問いには答えられたのだろうか。いちおう答えられたと思う。第一の問い、なぜ大和が建国の地になったのかという問いについては、何よりもまず大和が、列島交通の中心、「六合《くに》の中心」であったからというのがその答えであった。

ついで第二の問い、ではなぜ今日にいたるも、大和が我々日本人のアイデンティティーの要でありつづけているのかという問いについては、都が大和を去って以降、大和は、経済的には発展していながら政治的には権力の希薄な地帯になったために、自治と革命の発信源になり、この国の政治に「下から」影響を与えつづけたこと。またこの国が近代的立憲主義を実現していく過程で、死者の輿論＝「古き法」としての本質をもつ法を発見、創造していくうえで、大和が思索の場として重要な役割を果たしつづけたことなどが、その答えであった。

そしてわかったことは、大和の歴史を中心に据えることなく、この国の歴史は描けないということであり、さらにはそうなる原因は、やはり日本全体が黒潮の流れのなかにあり、大和はそのなかで「六合の中心」の位置を占めていたから、であったことであった。

しかしこのことは、一見当たり前のことのようにみえて、従来あまり気づかれてこなかったことである。本文中でも触れたが、日本は海で世界と隔てられ孤立し、そのお陰で長く未開にとどまり、だから多少の大陸文化の流入があっても、日本人にそれを理解する力が生まれなかったから、その影響を受けることなく過ごせた。しかしだからこそ、かえって固有性の高い日本文化を築くことに成功した。こう考える津田史学的な考え方が、牢固としてこの国の歴史学を支配してきたからである。この津田史学的発想から、黒潮の道への気づきは生まれないからであった。

当然その気づきを促す動きは、これまでもいくらでもあった。たとえば近代日本を代表する民俗学者柳田国男は、一九六一年に『海上の道』を公表して、次のように述べている。

私は三十年ほど前に、日本人は如何にして渡って来たかという題目について所感を発表したことがあるが、それからこの方、船と航海の問題が常に念頭から離れなかった。その中の一つで是非ともここに述べておきたいのは、日本と沖縄とを連ねる交通路のことである。今では沖縄へ行くのには概ね西海岸の航路を取っているが、古くは東海岸を主としていたのではないかということを説いてみたいのである。

（柳田国男、一九六一）

「今までの日本人論をみると、太平洋の交通を考慮に入れることが少し不十分であった」とは、みずからの反省でもあるが、民俗学にとどまらず当然多くの日本の人文諸科学に反省を迫る弁でもあった。当然大きな反響を呼んだ。しかしこの柳田の弁さえ、津田氏学的発想の前には歯が立たなかった。いつしか奇をてらった説のごとく、受けとめられる始末であった。

しかしそれにしても、津田史学的発想はなにゆえにかくも強固なのだろうか。日本文化の固有性を説明する方法がほかにないからである。逆の立場の論客の議論を参照すれば、それがよくわかる。邪馬台国論争で津田の師白鳥庫吉と対決した内藤湖南は、一九二一年に有名な「応仁の乱に就て」という講演をしているが、そこで次のように述べている。

大体今日の日本を知る爲に日本の歴史を研究するには、古代の歴史を研究する必要は殆《ほとん》どありませぬ、応仁の乱以後の歴史を知つて居つたらそれで沢山《たくさん》です。それ以前の事は外国の歴史と同じ位にしか感ぜられませぬが、応仁の乱以後は我々の真の身体骨肉に直接触れた歴史であつて、これを本当に知つて居れば、それで日本歴史は十分だと言つてゐゝのであります、さういふ大きな時代でありますので、それに就て私の感じたいろへな事を言つて見たいと思ひます。

（内藤湖南、一九七六）

日本の歴史を学ぶのに、応仁の乱以前の歴史など学ぶ必要がないと。その背景には、それ以前の日本は、どのみち中国文明を受け容れ、それを学ぶのに精一杯の時代だったので、そのような時代の歴史など学んでも、日本史を学んだことにならない。どうせ学ぶのなら、文明のもととなった中国の歴史を学んだほうが、はるかに建設的だとの認識があった。

ただこの認識では、日本文化の固有性は浮かびあがってこない。それでは中国文明の亜種ぐらいにしか見えてこない。それでは困ったのである。ならば白鳥や津田のように考えるしかなかったのである。そして大事なことは、二〇世紀という時代において——否、二一世紀の現代においても——、民族文化の固有性を語ることは、国家の死活にかかわる重要なことであったということである。

東アジアでは、日露戦争以降、世界的には第一次世界大戦以降、民族自決の原則こそが、国家存立の唯一の原則になったからであった。民族とは固有の文化で統合された、「自然発生的」な文化的共同体のことである。その存在の事実だけが、国家存立の正当性を占う根拠になる時代がやってきたのである（小路田泰直、一九九七）。ならば、日本の知識人が日本文化の固有性を語ることこそ、みずからの課題と思い込むのはよくわかる。その思い込みが生んだ歴史学が、白鳥東洋史学であり津田史学だったのである。

だから津田史学的歴史観は強靭なのである。柳田民俗学さえ跳ね返す力をもっていたのである。

だがそのことは分かったうえで、しかしもうこれ以上、我々は津田史学的歴史観のなかに生きるわけにはいかない、というのが私の意見である。

ひとつは、四方海に囲まれているから日本は孤立し、孤立しているから長く未開にとどまったなどといった認識は、もう事実認識として成り立たなくなってしまっているからである。学問がイデオロギーの影響を受けるのはやむを得ないが、学問をイデオロギーの僕にしてはならない。

そしていまひとつは、黒潮の道の存在に気づくとき、我々は津田らとは別の方法で、日本文化の特異性を明らかにすることができるからである。

どういうことか。これまで我々は世界からの文化の影響といえば、中国・朝鮮経由の影響しか考えてこなかった。たとえシルクロード（西方）からの影響ではあっても、そこを経由した影響しか考えてこなかった。だからその影響を重視する人たちは内藤湖南のようになり、それに反対する人たちは白鳥や津田のようになったのである。しかし黒潮の道の存在に気づくとき、同時に我々は、日本への世界からの影響は、決して中国・朝鮮経由のものだけでないことにも気づく。黒潮の道をつうじた南からの影響の大きさに気づく。

ならば日本文化をより深く複合文化として捉える視点が生まれるからである。

加えて固有文化への奇妙なこだわりも、もう捨ててもよいのではないかとも思うからである。

**【参考文献】**

本書引用史料については、おおかたは岩波書店の『日本思想大系』『日本古典文学大系』所載のものから引用したが、参考のしやすさを考え、『古事記』『日本書紀』「魏志倭人伝」『吾妻鏡』『法華経』『選択本願念仏集』『憲法義解』は岩波文庫版を、『日本霊異記』は講談社学術文庫版を用いた。また空海の『秘蔵法鑰』は筑摩書房刊の『弘法大師空海全集』から、「慶安の御触書」は創文社刊の『徳川禁令考』から引用した。


網野善彦『東と西の語る日本の歴史』そしえて、一九八二年
　『日本とは何か』講談社、二〇〇〇年
石黒志保『中世日本における言語認識と神仏』奈良女子大学学位論文、二〇一五年
石母田正『中世的世界の形成』東京大学出版会、一九五七年
伊藤隆『昭和期の政治』山川出版社、一九八三年
M・ヴェーバー著、世良晃志郎訳『都市の諸類型』創文社、一九七〇年
E・H・カントーロヴィチ著、小林公訳『王の二つの身体—中世政治精神研究』平凡社、一九九二年
小路田泰直「天皇制と古都」中塚明編『古都論』柏書房、一九九四年
　『日本史の思想』柏書房、一九九七年
　『「邪馬台国」と日本人』平凡社新書、二〇〇一年
　「『古都』奈良の誕生」奈良女子大学文学部なら学プロジェクト編『大学的奈良ガイド—こだわりの歩き方』昭和堂、二〇〇九年
　『邪馬台国と「鉄の道」』洋泉社歴史新書、二〇一一年
　『神々の革命』かもがわ出版、二〇一二年
　『卑弥呼と天皇制』洋泉社歴史新書、二〇一四年
　『日本近代の起源—三・一一の必然を求めて』敬文舎、二〇一五年
佐伯有清『邪馬台国』吉川弘文館、一九七一年
　『戦後の邪馬台国』吉川弘文館、一九七二年
　『邪馬台国論争』岩波新書、二〇〇六年
鈴木良『奈良県の百年』山川出版社、一九八五年

妹尾達彦『長安の都市計画』講談社選書メチエ、二〇〇一年
千田稔『日本文明史3宮都の風光』角川書店、一九九〇年
高橋美由紀『伊勢神道の成立と展開』ぺりかん社、二〇一〇年
田中聡「「陵墓」にみる「天皇」の形成と変質—古代から中世へ」(日本史研究会・京都民科歴史部会編『「陵墓」から
みた日本史』青木書店)、一九九五年
谷川健一『青銅の神の足跡』集英社、一九七九年
津田左右吉「『歴史学と歴史教育』に収録するにあたって『支那思想と日本』に付した「まへがき」」『津田左右吉全集』
第二〇巻、岩波書店、一九六五年
内藤湖南『日本文化史研究』下、講談社学術文庫、一九七六年
奈良女子大学21世紀COEプログラム『南都炎上とその再建をめぐって』報告集Vol.2、二〇〇五年
西村さとみ「大和と吉野—壬申の乱の前後」『吉野宮の原像を探る』(平成二八年大淀町地域遺産シンポジウム資料)
大淀町、二〇一六年
羽賀祥二『史蹟論—一九世紀日本の地域社会と歴史意識』名古屋大学出版会、一九九八年
A・ピレンヌ著、中村宏他訳『ヨーロッパ世界の誕生—マホメットとシャルルマーニュ』創文社、一九六〇年
広瀬和雄他『弥生千年の問い—古代観の大転換』ゆまに書房、二〇〇三年
北條芳隆「「日本はなぜ大和に誕生したか」への話題提供」『日本はなぜ大和に誕生したか—新大和論の構築にむけて』
放送大学奈良学習センター、二〇一七年
保立道久『かぐや姫と王権神話—『竹取物語』・天皇・火山神話』洋泉社歴史新書、二〇一〇年
前園実知雄「宮瀧遺跡と吉野宮」大淀町教育委員会『吉野宮の原像を探る』、二〇一六年
松田度「僧形の皇子たち—いざ、吉野へ—」大淀町教育委員会『吉野宮の原像を探る』、二〇一六年
村上麻佑子「網野貨幣論の到達と限界」永井隆之編『検証網野善彦の歴史学—日本中世のNATION2』岩田書店、
二〇〇九年
J・ルソー著、桑原武雄他訳『社会契約論』岩波文庫、一九五四年
柳田国男『海上の道』筑摩書房、一九六一年
渡辺清恵『不可解な思想家本居宣長』岩田書院、二〇一一年
薮田貫『国訴と百姓一揆の研究』校倉書房、一九九二年
若井敏明『邪馬台国の滅亡—大和王権の征服戦争』吉川弘文館、二〇一〇年

# 論点

---

## 西村さとみ◉にしむら さとみ

1963年、京都府生まれ。奈良女子大学大学院修了。博士(文学)、奈良女子大学研究院人文科学系准教授。専門は、日本文化史。おもな著書に『平安京の空間と文学』(吉川弘文館)、『「親信卿記」の研究』(共編著 思文閣出版) がある。

---

## 斉藤 恵美◉さいとう えみ

1982年、愛知県生まれ。奈良女子大学大学院修了。博士(文学)、奈良女子大学特任助教。専門は、日本古代史。おもな論文に「古代都市における仏教と天皇霊について」奈良女子大学21世紀COEプログラム報告集24『古代都市とその思想』)、「奈良時代の弥勒信仰と阿弥陀信仰—法相宗の弥勒信仰を手掛かりとして—」(『寧楽史苑』第60号) がある。

---

## 西谷地 晴美◉にしやち せいび

1959年、福島県生まれ。神戸大学大学院修了。博士(文学)、奈良女子大学研究院人文科学系教授。専門は、日本中世史。おもな著書に『日本中世の気候変動と土地所有』(校倉書房)、『古代・中世の時空と依存』(塙書房) がある。

---

## 村上 麻佑子◉むらかみ まゆこ

1986年、愛媛県生まれ。東北大学大学院修了。博士(文学)、東北大学学術資源研究公開センター教育研究支援者。専門は、日本貨幣史。おもな論文に「網野貨幣論の到達と限界」(『検証 網野善彦の歴史学』岩田書院)、「日本における古代銭貨流通の契機—中国「食貨志」との比較から—」(『寧楽史苑』第62号) がある。

---

# 大和と吉野——壬申の乱の前後

西村　さとみ

# はじめに

天智《てんじ》天皇一〇年（六七一）一〇月、病床にある天皇から後事を託された大海人《おおあま》皇子（のちの天武《てんむ》天皇）は、それを固辞して倭姫王《やまとひめのおおきみ》の即位と大友皇子の執政を請い、出家して吉野に入ったと、『日本書紀』は伝える。大海人を宇治まで送った或る人は、「虎に翼を着けて放てり」と述べたという。[1] それから半年あまり、挙兵の機をみた大海人は、六月に妃鸕野讃良《うののさらら》（のちの持統《じとう》天皇）らとともに吉野を発って東へと向かった。美濃、そして大和・近江と舞台を移しながら戦われた壬申《じんしん》の乱は、翌七月、瀬田川での決戦で近江方が敗走し、終幕を迎えたのである。

戦いに勝利した大海人は即位後、鸕野および草壁ら諸皇子をともなって吉野宮を訪れ、「天皇の勅の随《まにま》に、相扶《たす》けて忤《さか》ふること無」きよう皇子たちに誓わせた。[2] また、彼の跡を継いだ持統天皇が在位中三一回も吉野に出かけたことは、よく知られている。しかし、なぜ吉野であったのか、彼らにとって吉野とはいかなる場であったのかを、それとして伝えてくれる史料はない。

吉野をめぐりしばしば語られてきたのは、柿本人麻呂が「我が大君の　聞こし食す　天の下に　国はしも　さはにあれども　山川の　清き河内と　御心を　吉野の国の　花散らふ　秋津の野辺に　宮柱　太敷きませば」[3]、大君がお治めになる多くの国のなかでも、とりわけ山も川も清い谷間《たにあい》だとして、吉野国の秋津の野辺に宮柱をしっかりと立てられた、と詠った山河への憧憬、そして修験の地の信仰である。しかし、吉野という場のもつ意味は、それに尽きるのであろうか。

近年、考古学の進展により、交通の要衝としての吉野の姿が明らかにされつつある。紀伊半島を東西に横断する中央構造線に沿って流れる吉野川は、和歌山県に入ると紀ノ川と名を変えて紀伊水道に注ぐ。他方、吉野川から東側の櫛田川や宮川につづく谷は、高見峠を越えれば往来が比較的容易である。このルートが縄文時代からすでに、山深い紀伊半島を横断する限られた交通路として重要な役割を果たしていたことが、遺跡の分布やそこから出土する遺物をもとに論じられているのである。*4 そして、その交通は半島内にとどまるものではなく、海をつうじてその東西に広がっていた。

吉野の地名は、そうした交通の大動脈をなす吉野川流域のなだらかな丘陵地に由来するものであり、金峯山寺《きんぷせんじ》のある吉野山一帯が当初からその中核をなしていたわけではないという。*5

奈良盆地から山を隔てた「奥地」ではなく、列島規模の交通の要衝という地理的位置、そして、地名が指し示す範囲にみられるような場の歴史的変化に留意し、改めて史料を読みなおすことにより、奈良盆地に拠点をおく政権にとって吉野がいかなる意味を有していたかを、壬申の乱の前後に焦点をあてて考えてみたい。

## 伝承の吉野

### 応神・雄略朝の伝承

吉野という地名は、まず神武東征伝承にあらわれる。「六合《くに》の中心《もなか》」に「都」をつくるべく日向《ひゅうが》を出発した神武の一行は白肩津《しらかたのつ》に上陸し、生駒山を越えようとして長髄彦《ながすねひこ》に阻まれる。敗因は「日神の子孫」であるにもかかわらず太陽に向かい戦ったことにあるとして、一行は紀伊水道を迂回し熊野の荒坂津に到着。八咫烏《やたがらす》に導かれて菟田県《うだのあがた》にいたった神武は、そこから吉野を視察に訪れたと、『日本書紀』は伝える。

吉野では、尾があり光を放っている井光・磐石を押し分けあらわれた磐排別《いわおしわく》の子、梁《やな》で魚を取っていた苞苴担《にへもつ》の子らに迎えられた。それぞれ、のちに天皇に奉仕することになる吉野首・吉野国樔部《くにすら》・阿太養鸕部《あたのうかひら》の始祖であるという。*6

神武の足跡が『日本書紀』と『古事記』で異なることも含め、一連の記述が意味するところについては別の機会に譲るが、すでに述べた交通路の存在をふまえれば、紀伊半島の南部から奈良盆地に入ったという伝承を、交通の実態と乖離《かいり》しているとは必ずしもいえないことを、とりあえず確認しておきたい。

次に吉野が登場するのは、応神紀である。

吉野宮に幸す。時に国樔人来朝《まいけ》り。因りて、醴酒《こさけ》を以ちて天皇に献りて、歌して曰さく、

橿の生《ふ》に　横臼を作り　横臼に　醸《か》める大御酒　うまらに　聞し持ち食《を》せ　まろが父《ち》

とまをす。歌ふこと既に訖《おわ》り、則ち口を打ちて仰ぎ咲《わら》ふ。今し国樔、土毛《くにつもの》を献る日に、歌ひ訖りて即ち口を撃ちて仰ぎ咲ふは、蓋《けだ》し上古の遺れる則なり。夫れ国樔は、其の為人《ひととなり》甚だ淳朴なり。毎に山菓を取りて食ひ、亦蝦蟆を煮て上味とす。名けて毛瀰《もみ》と曰ふ。其の土《くに》は、京より東南、山を隔てて吉野河の上に居り、峰巘《さが》しく谷深くして、道路狭《さ》く巘《さが》し。故、京より遠からずと雖も、本より朝来ること希なり。然れども、此より後、屢参赴《しばしばまいき》て土毛を献る。其の土毛は、栗・菌《たけ》と年魚の類なり[*7]。

応神天皇一九年一〇月、吉野宮を訪れた天皇に「国樔人」が醴酒を献上して歌を詠み、それが終わると手で口を打ち、上を向いて笑ったと記されている。「京」からさほど遠くないにもかかわらず、険しい峰、深い谷に隔てられ、参向《さんこう》することは稀であった彼らがしばしば天皇のもとに産物を献じるようになったのは、これ以降であるという。

加えて、その地の産物は栗・茸・鮎の類であることや、いつも山の木の実を食しヒキガエルを良い味つけで煮るなど、国樔（国栖）の習俗についても記載がある。

つづいて雄略紀には、雄略天皇二年一〇月に天皇が吉野宮に出向き、御馬瀬《みませ》で狩猟を行ったこと、同四年八月にも吉野宮に赴いて、河上の小野で猟をし、そこを蜻蛉野《あきづの》と名づけたことがみえる。*8

河上の小野に幸す。虞人《やまのつかさ》に命せて、獣を駈らしめ、躬《みずか》ら射むと欲して待ちたまふに、虻《あむ》、疾く飛び来て、天皇の臂をくふ。是に蜻蛉、忽然《たちまち》に飛び来て、虻を嚙《く》ひて将《も》ち去ぬ。天皇、厥《そ》の心有ることを嘉したまひ、群臣に詔して曰はく、「朕が為に、蜻蛉を讃めて歌賦《うたよみ》せよ」とのたまふ。群臣、能く敢へて賦者《よむひとな》莫し。天皇、乃ち口号《くちつうた》して曰はく、

倭の　嗚武羅《をむら》の岳に　鹿猪《しし》伏すと　誰かこの事　大前に奏す　大君は　そこを聞かして　玉《たま》纏《まき》の　胡床《あごら》に立たし　倭文纏《しづまき》の　胡床に立たし　鹿猪待つと　我がいませば　さ猪《ゐ》待つと　我が立たせば　手腓《たくぶら》に　虻かきつきつ　その虻を　蜻蛉はや嚙ひ　昆虫も　大君にまつらふ　汝が形は置かむ　蜻蛉島倭

とのたまふ。因りて蜻蛉を讃めて、此の地を名けて蜻蛉野とす。

『古事記』には、ここに掲げたものとは異なる伝承が収められているが、やはり蜻蛉野という地名が

雄略の行幸に由来することが語られ、吉野における天皇の影響力を伝えるものとなっている。ただ、吉野宮が営まれたのは、『日本書紀』斉明天皇二年（六五六）是歳条に「吉野宮を作る」とある七世紀なかば以降とされ、応神紀・雄略紀の記述も伝承として紹介されるにとどまりがちである。しかし、あえてその時代の出来事として吉野行幸が記された背景には、それなりの理由があると思われる。記載内容をそのまま事実とみなすことはできないにしても、いかなる状況下で吉野に目が向けられたのかを検討することにより、場のもつ意味を浮き彫りにできるかもしれない。そこで、当該期の諸政策との関係において、応神・雄略両天皇の吉野行幸をとらえなおしてみよう。

## 山海の政

応神天皇は、三人の皇子のなかでも末弟の菟道稚郎子《うじのわきいらつこ》を寵愛し、彼を後継者にしようとした。それはのちに長兄大山守命《おおやまもりのみこと》の菟道稚郎子殺害計画を暴かれての死、次兄大鷦鷯《おおさざき》（のちの仁徳《にんとく》天皇）の即位を望む菟道稚郎子の自殺などを引き起こしたが、ここで注目したいのは、「菟道稚郎子を立てて嗣《ひつぎ》とした」応神が、「大山守命に任《ことよ》さして、山川林野を掌らしめたまひ、大鷦鷯尊を以ちて太子の輔として国事を知らしめ」ようとしたことである。[*9]『古事記』のなかでは「大山守命は、山海の政を為よ。大雀命《おおさざき》は、食国の政を執りて白し賜へ。宇遅能和紀郎子は、天津日継を知らせ」と表現されたような、統治における分掌関係が確認されるのである。[10]

応神紀には、「処々の海人」が命に従わなかったため、阿曇連《あずみのむらじ》の祖である大浜宿禰《おおはまのすくね》を派遣して騒擾を鎮めさせ、彼を「海人の宰」統率者とした、[11]諸国に命じて「海人と山守部とを定」めた[12]といった記事もみえる。

そこにいう海人は、漁労に携わるばかりではなかった。「淡路の御原の海人八十人」は水手として、父母を思い帰郷を願った応神の妃を吉備に送り、ときには「韓国」との間も行き来していた。[13]

また応神は、即位後しばらくして、伊豆で「長さ十丈」の船をつくらせている。海に軽く浮かび滑るように速く走るその船は「枯野」と名づけられたという。[14]長年にわたる「官用」に堪えた「枯野」は、その名を後世に伝えよとの応神の意向を受けて、次のように処理された。

群卿、便ち詔《すなわ》を被りて、有司に令して、其の船の材を取り、薪として塩に焼かしむ。是に、五百籠の塩を得たり。則ち施して周く諸国に賜ひ、因りて船を造らしむ。是を以ちて、諸国、一時に五百船を貢上り、悉に武庫水門《むこのみなと》に集ふ。[15]

解体した材を薪として塩を焼き、得られた五百籠の塩を諸国に配ることによって、新たな船をつくらせたのである。諸国が奉った五百の船は武庫水門に集められた。具体的な記述はないが、船の解体、塩の生産と分配、船材の調達、建造、そして運送に海人が無関係であったとは考えがたい。またこの過程には、たとえば山野で製材にかかわる人びとも組み込まれていたはずである。種々の技術をもつ人、その原料や製造した品々を運搬する人も含めた「山海」の人びとをいかに制御するかが、応神朝のひとつの課題となっていたことがうかがわれよう。吉野国栖の奉仕は、こうした状況下の出来事として語られていたのである。

なお武庫水門、兵庫県南東部を流れる武庫川河口の泊には、朝鮮半島出兵から帰還した応神の母神《じん》功皇后《ぐうこうごう》の船が進まなくなり、そこに停まって占った結果、天照大神の「我が荒魂」を「御心の広田国に居しますべし」との託宣を得たという伝承がある。[16] 応神朝に諸国から献じられた五百の船も、朝鮮半島政策に用いるものであったと推測されよう。

応神朝につづいて吉野行幸があったとされる雄略朝も、新羅《しらぎ》出兵[17]など、朝鮮半島に関する記事が『日本書紀』に散見される時期である。さらに、物部菟代宿禰《もののべのうしろのすくね》らを遣わして伊勢の朝日郎《あさけのいらつこ》を伐たせた記事[18]をはじめとして、大和盆地から東、伊勢方面に関する記事も少なからずみられる。崇神《すじん》朝の豊《とよ》鍬入姫命《すきいりひめのみこと》、垂仁朝の倭姫命につづき、稚足姫皇女《わかたらしひめのひめみこ》という「伊勢大神」に奉仕する女性の名が記されたのも、この時代のことであった。[19]

ところで、朝鮮半島をめぐる政策と吉野川・紀ノ川水運とのかかわりについては、すでに指摘があり、豊かな水量を誇り物資の大量輸送に適した両河川の水運は、五世紀後半から六世紀後半にかけて

「外征」上きわめて重要な意味をもったと論じられている。ただ、それは「半島情勢の悪化にともない、帝都が大和国南部という局地に偏在したという、いわば偶然の事情にもとづ」くものであったとされる。[*20]

吉野川・紀ノ川が、奈良盆地に拠点をおく政権にとって、列島の外へと開かれた重要な交通路であったことは頷《うなず》かれるが、それは対外関係の悪化により「局地」に政治拠点をおかざるをえなかったという「偶然」の結果にすぎないのであろうか。

その交通路が縄文時代にすでに確認され、「中世では高野山の年貢進上にさかんに利用され、近世でも大和の五条、紀伊の橋本は、上下船の発着点として殷賑《いんしん》をきわめた」といわれるように、時代を問わず活用されていたとすれば、特殊事情のもとでのやむを得ざる選択とみなすことには違和感が生じる。政権による交通体系の組織・再編は当然のことであり、重視されるルートも時代により変化するであろう。

ただ、時代をこえてさまざまに利用されつづけた交通の大動脈にアクセスしうる場所は必ずしも「局地」ではなく、またその交通の重要性を政権は十分に認識していたと思われる。

いずれにせよ、応神・雄略紀の吉野行幸は、広域交通とそれに関与する人びとの制御を問題化する文脈において語られているとみることができよう。斉明天皇による吉野宮の造営も、そうした吉野をめぐる認識とそれを支えるなんらかの事実を前提になされたものと推測される。斉明朝もまた、百済救援のため朝鮮半島に派兵した激動の時代であった。吉野宮の造営は出兵以前の斉明天皇二年（六五六）に遡るが、後飛鳥岡本宮《のちのあすかおかもとのみや》の造営、「天宮」とも呼ばれた両槻宮《ふたつきのみや》の造営や「狂心《たぶれごころ》の渠《みぞ》」と誹謗された大渠の工事と同年に行われている。[*21] また、同五年（六五九）三月の吉野行幸の二日後には、現在は大津市となった琵琶湖畔の「平浦」にも行幸があった。[*22] これらは、吉野が統治空間の全体設計との関係において把握されていたことを示していよう。

近江を去った大海人、彼と行動をともにした鸕野讃良も、こうした吉野の地理的、歴史的位置を十分に認識していたと思われる。内乱の出発点となったその地を、政権の中枢に立った彼らはどのようにみたであろうか。次に、これまでの考察をふまえ、とりわけ交通・軍事といった観点から天武・持統朝の諸政策を振り返ることにより、吉野という場の性格を考えてみたい。

# 変貌する吉野

## 天武・持統朝の行幸

さて、天武天皇の行幸記事を『日本書紀』から拾いだしたものが、左の表である。彼の行幸には、天武天皇九年（六八〇）九月の朝嬬《あさづま》行幸における騎射など、軍事的要素を帯びた事例がいくつか確認されることから、軍備にかかわる政策も付記することとした。

差しださせた良馬を「迹見駅家《とみのうまや》の道の頭」で駆けさせ、それを観た天武八年（六七九）八月の泊瀬。上述した朝嬬。行幸は停止されたものの、同一〇年（六八一）一〇月に親王以下郡卿たちが軽市で飾馬を検閲し、大山位《だいせんい》以下の人びとは馬に乗って「大路」を北進したという広瀬野。軍事色をともなう行幸の目的地は、当然といえばそうであるが、いずれも交通上の要衝であった。迹見は、奈良盆地南部を東西に走る通称横大路に沿い、墨坂峠を越えて東国へとつうじる位置にある。また朝嬬は金剛山の東麓にあり、騎射がなされた長柄杜《ながら》は、河内と大和を結ぶ水越《みずこし》街道と金剛・葛城山麓をとおる長柄街道が交差する地であった。そして広瀬野は、飛鳥川・葛城川などが大和川に合流するあたりの平坦地を指すとみられている。

## 天武天皇の行幸

| 年 | | 月 | 干支 | 行幸ならびに軍事関係記事 |
|---|---|---|---|---|
| 天武 | 3 | 8 | 庚辰 | 石上神宮の神庫にある氏族の兵器を諸氏に返却させる。 |
| | 4 | 2 | 丁酉 | 高安城に行幸。 |
| | | 10 | 庚寅 | 諸王以下初位以上の官人に武備を命じる。 |
| | 5 | 9 | 乙亥 | 王卿を京畿内に遣わし、人別に武器を調査させる。 |
| | 7 | 4 | 癸巳 | 十市皇女薨ずるにより、斎宮への行幸を停止する。 |
| | 8 | 2 | 乙卯 | 親王諸官人に武器や馬の検校に備えるよう命じる。 |
| | | 3 | 丁亥 | 後岡本(斉明)天皇陵に行幸。 |
| | | 5 | 甲申 | 吉野宮に行幸。乙酉…「吉野盟約」。丙戌…吉野宮より帰還。 |
| | | 8 | 己未 | 泊瀬に行幸し宴を催す。良馬を献上させる。 |
| | | 11 | | 竜田山・大坂山に関を置き、難波に羅城を築く。 |
| | 9 | 7 | 戊寅 | 犬養連大伴の家に行幸し、彼を見舞う。 |
| | | 9 | 辛巳 | 朝嬬(御所市南部)に行幸し、長柄森で騎射を催す。 |
| | 10 | 3 | 甲午 | 新宮の井の上で鼓・笛の調律をおこなわせる。 |
| | | 10 | | 広瀬野(河合町から安堵町にかけての地)行幸停止。親王以下群卿ら軽市で馬を検閲。官人は乗馬し「大路」を北進。 |
| | 11 | 3 | 己酉 | 新城に行幸。 |
| | 12 | 7 | 己丑 | 鏡姫王の家に行幸し、彼女を見舞う。 |
| | | | 癸卯 | 天皇、京師を巡行。 |
| | | 10 | 丁卯 | 天皇、倉梯(桜井市)で狩をする。 |
| | | 11 | | 諸国に「陣法」を習わせる。 |
| | 13 | 3 | 辛卯 | 天皇、京師を巡行し「宮室の地」を定める。 |
| | | 閏4 | 丙戌 | 「政の要は軍事」として官人に武器を調え乗馬の訓練をすることなどを命じる。 |
| | | 7 | 癸丑 | 広瀬(野)に行幸。 |
| | 14 | 5 | 庚戌 | 飛鳥寺に行幸。珍宝を奉納する。 |
| | | 8 | 乙酉 | 浄土寺(山田寺)に行幸。 |
| | | | 丙戌 | 川原寺に行幸。 |
| | | 9 | 甲寅 | 諸王を京畿内に遣わし、官人の武器を検校させる。 |
| | | 10 | 壬午 | 信濃に行宮を造らせる。束間温湯行幸のためか? |
| | | 11 | 丙午 | 大角・小角・鼓・幡旗などは「郡家」に収めさせる。 |
| | | | 戊申 | 白錦後苑(所在未詳)に行幸。 |

時間は前後するが、天武四年（六七五）二月には、高安城にも行幸があった。高安城は、大和と河内の国境にある山城で、天智天皇六年（六六七）一一月に「讃吉国山田郡の屋島城、対馬国の金田城」などとともに築かれている。[*23] 壬申の乱に際しては、この城を大海人側が占拠したのであった。「政の要は軍事」であるとの詔は、壬申の乱から一〇年以上を経た天武一三年（六八四）のものであるが、内外の緊張がただちに解消されるものではないことは、順当に皇位を継承したわけではない天武自身が深く認識していたであろう。

高安城には、持統天皇三年（六八九）一〇月、天武につづき持統も行幸している。[*24] また、翌年二月には「腋上陂《わきがみのつつみ》」に出向き、公卿大夫の馬を見たという。[*25]『日本書紀』が伝えるのは、ほぼ目的地と滞在期間のみであるが、持統の行幸にも天武朝につうじる性格がうかがわれよう。なお「腋上陂」は、御所市に鎮座する鴨都波《かもつば》神社近辺とみられている。

ところで、天武・持統両天皇が行幸した高安城の南東、かつて竜田山と称された生駒山地の南端には、天武八年一一月に「大坂山」と並んで関がおかれることとなった。注目されるのは、その「竜田の立野」と、先述した広瀬で神祭りがはじめられたことである。天武四年四月、天皇は「小紫美濃王・小錦下佐伯連広足を遣して、風神を竜田の立野に祠らし」め、「小錦中間人連大蓋・大山中曾禰連韓犬を遣して、大忌神を広瀬の河曲に祭らし」めた。[*26] この二祭は以後、ほぼ毎年四月と七月に行われたことが、『日本書紀』からうかがわれる。竜田の風神祭、広瀬の大忌祭の両祭は、孟夏および孟秋の祭祀として令制にも位置づけられた。

つづいては、交通・軍事上の要衝で開始されたこの神祭りの内容を検討することにより、天武・持統朝の政治課題としての吉野をめぐる問題に迫りたいと思う。

## 広瀬・竜田と吉野

延喜五年（九〇五）に編纂が開始され、延長五年（九二七）に撰進された『延喜式』には、広瀬大忌祭および竜田風神祭の祝詞が採録されている。*[27]

広瀬の川合に称え辞竟《お》え奉る皇神の御名を白さく、御膳持ちする若宇加の売の命と御名をば白して……
倭の国の六つの御県、また、山口に坐す皇神たちの前にも、皇御孫の命の宇豆の幣帛を、……かく奉らば、皇神たちの敷き坐す山々の口より、さくなだりに下し賜う水を、甘き水と受けて、天の下の公民の取り作れる奥つ御歳を、悪しき風・荒き水に相わせ賜わず、汝命の成し幸わえ賜わば、初穂をば汁にも穎《かい》にも、瓺《みか》のへ高知り、瓺の腹満て双べて、横山の如く打ち積み置きて奉らむと、……

記された時期は下るが、成立期の姿をとどめているとされるそれによれば、大忌祭は、「御膳持ちする若宇加の売の命」に加え、「倭の国の六つの御県」の神と「山口に坐す皇神」にも幣帛《へいはく》を捧げ、山谷から勢いよく流れ出る水が良い水となって草木を潤し、悪風や洪水に遇《あ》うことなく豊かな実りがもたらされるよう祈る祭であった。

他方、風神祭では、

龍田に称え辞竟え奉る皇神の前に白さく、志貴島に大八島国知ろしめしし皇御孫の命の、遠御膳の長御膳と、赤丹の穂に聞こし食す五つの穀物を始めて、天の下の公民の作る物を、草の片葉に至るまで成さず、……　誰の神ぞ、……　天の下の公民の作り作る物を、悪しき風・荒き水に相わせつつ、成さず傷るは、我が御名は天の御柱の命・国の御柱の命と、御名をば悟し奉りて、……竜田の立野の小野に吾が宮は定め奉りて、吾が前を称え辞竟え奉らば、天の下の公民の作り作る物は、五つの穀を始めて、草の片葉に至るまで、成し幸わえ奉らむと悟し奉りき。……奉る宇豆の幣帛は、……　天の下の公民の作り作る物を、悪しき風・荒き水に相わせ賜わず、皇神の成し幸わえ賜わば、……

「天の御柱の命・国の御柱の命」に、やはり風害や洪水を防ぎ、実りをもたらしてくれるよう祈願している。

この二祭に関する研究は多く、近年では、両社の立地から祭の成立過程や目的に言及した論考も発表された。そこでは、広瀬社が高市・葛木・十市《とおち》・志貴《しき》・山辺《やまのべ》・曾布の「六つの御県」をそれぞれ流れる飛鳥川・葛城川・寺川・初瀬川（志貴および山辺）・佐保川が合流する付近にあり、飛鳥・石村・忍坂・長谷・畝火・耳無の山口神もまたそれらの川沿いに位置することが確認される。そのうえで、河川交通の利便性が重視され、広瀬が御県神や山口神を合祭する国家祭祀の場となったと解される。対する竜田社は、大和と河内を結ぶ交通上の要所でありながら、通過に困難をともなう地でもあった。その竜田で神祭りを行うことは、政権による課題の克服を意味していたという。そして、二つの祭祀を一対で行うことは、飛鳥を中心とした奈良盆地から河内につづく大和川流域全体へと、政権が掌握する範囲の拡大を象徴しているとも論じられる。*28

ここで注目すべきは、交通の制御が、関の設置といった実際的対応とともに祭祀をつうじてなされていることであり、その祭祀が局地的な利を祈るのではなく、より象徴化された空間を対象にしていることであろう。紀伊半島を横断する交通路を擁する吉野の地も、同様の対応が求められたのではあるまいか。それは、いいかえれば、応神紀にみられた「山川林野を掌」ることと「国事を知らしめ」ることとを結び合わせる論理の創出である。

吉野行幸の背景に山川に対する信仰をみることは、もはや通説化しているといえよう。ただ、その多くは、奈良盆地とは異なるその風土への憧憬を前提に、信仰をある意味では超歴史的なものとしてとらえているように見うけられる。ここで述べたいのは、広瀬・竜田の地で新たな神祭りが創始されたのと同じ論理で、吉野においても政権の主導する祭祀が目指されたのではないか、ということである。文武天皇二年（六九八）、「諸国旱」に対して「幣帛を諸社に奉」るのに先んじ、「芳野水分峯神」に馬を奉ったとの記事がみえるが[*29]、こうした祈雨の祭祀がなされるようになった時期は、さほど遡らないように思われる。

もちろん、吉野の地でそれまで祭祀がなされていなかった、あるいは政権の論理が信仰のありようを決定していった、と述べるつもりはない。広瀬・竜田における神祭りに話を戻せば、竜田の神は祭祀の創始にいたる経緯が祝詞にくわしく、土地との結びつきもうかがわせる。しかし同時に、天武朝以前に祭りがなされていたとしても、場の性格を考えれば、それが農事にかかわるものであったとは断言できないのである。

吉野にあっても、作物の豊かな実りをもたらす水源としてまつるとの発想は、その内部から、あるいは山川があればおのずから生まれてくるという類のものではあるまい。祭祀空間の象徴化が進展しようとも、農事によらない吉野を、作物を育む水を祈るという論理で包摂するのはたやすくはなかったと思われる。その困難が、宮の造営や度重なる行幸を要請したのではなかろうか。

# おわりに

宮が営まれた吉野は、一時期、大和国ではなく監《げん》の管轄下におかれていた。「芳野監《よしののげん》」の名は『続日《しょくに》本紀《ほんぎ》』天平五年（七三三）正月丙寅《へいいん》条にはじめてみえるが、前年七月丙午《へいご》条に「両京・四畿内及び二監」とあり、霊亀二年（七一六）三月、茅渟宮《ちぬのみや》のために河内国から二郡を割いて和泉監が設置されたのとほぼ同時期に、大和国から分立したと考えられている。設置と同じく廃止の時期も明らかではないが、史料に確認されるのは天平一〇年（七三八）一〇月丁卯《ていぼう》条までで、和泉監が廃された天平一二年（七四〇）八月前後には大和国に復したとみられる。[*30]

それは、大宝元年（七〇一）二月と翌二年七月に文武天皇、養老七年（七二三）五月に元正天皇、神亀元年（七二四）三月に聖武天皇と、八世紀に入ってもつづけられていた吉野宮への行幸が、天平八年六月を最後にみられなくなるのと軌を一にしている。[*31] そのいっぽうで、『続日本紀』に名を残す僧広《こう》達《たつ》が「吉野の金の峯に入り、樹下を経行して仏道を求め」たのも、「聖武天皇のみ代」のことであった。[*32] そして、吉野は修験の場としての性格を強めていく。

直接の因果関係はさておき、これらは同時代に起こった一連の出来事として理解すべきであろう。そのうえで、政権の論理と吉野という場がもつ論理がどのようにかかわり、そうした事態になったのか、またその状況を支える論理はいなかるものであったのかを問わなければならない。

それらはついては他日を期し、課題の確認に終始した感はあるが、ひとまず考察を終えることにしたい。

＊1 『日本書紀』天武天皇即位前紀十月壬午条。以下、『日本書紀』の引用は、新編日本古典文学全集『日本書紀』（小学館、一九九四～九八年）による。
＊2 『日本書紀』天武天皇八年五月乙酉条。
＊3 『万葉集』巻第一―三六。新編日本古典文学全集『万葉集』（小学館、一九九四年）による。
＊4 松田真一「吉野を縦横に走る縄文街道」（前園実知雄・松田真一共編『吉野　仙境の歴史』文英堂、二〇〇四年）など。
＊5 足利健亮「吉野という世界」（上田正昭編『吉野―悠久の世界』講談社、一九九〇年）。
＊6 『日本書紀』神武天皇即位前紀。
＊7 『日本書紀』応神天皇十九年十月朔条。なお、天皇号の成立時期については議論があるが、以下『日本書紀』の記載により便宜上、天皇とする。
＊8 『日本書紀』雄略天皇四年八月戊申条・庚戌条。
＊9 『日本書紀』応神天皇四十年正月甲子条。
＊10 『古事記』中巻　応神天皇。新編日本古典文学全集『古事記』（小学館、一九九七年）による。
＊11 『日本書紀』応神天皇三年十一月条。
＊12 『日本書紀』応神天皇五年八月壬寅条。
＊13 『日本書紀』応神天皇二十二年三月丁酉条・仁徳天皇即位前紀。
＊14 『日本書紀』応神天皇五年十月条。
＊15 『日本書紀』応神天皇三十一年八月条。
＊16 『日本書紀』神功皇后摂政元年二月条。
＊17 『日本書紀』雄略天皇九年三月条。
＊18 『日本書紀』雄略天皇十八年八月戊申条。
＊19 『日本書紀』雄略天皇元年三月条。
＊20 薗田香融「古代海上交通と紀伊の水軍」（『日本古代の貴族と地方豪族』塙書房、一九九一年、初出一九七〇年）。
＊21 『日本書紀』斉明天皇二年是歳条。
＊22 『日本書紀』斉明天皇五年三月朔条・庚辰条。
＊23 『日本書紀』天智天皇六年十一月是月条。
＊24 『日本書紀』持統天皇三年十月庚申条。

＊25 『日本書紀』持統天皇四年二月壬子条。
＊26 『日本書紀』天武天皇四年四月癸未条。
＊27 『延喜式』巻第八・祝詞。虎尾俊哉編『訳註日本史史料　延喜式』（集英社、二〇〇〇年）による。
＊28 山口えり「広瀬大忌祭と龍田風神祭の成立と目的について」（『国立歴史民俗博物館研究報告』第一四八集、二〇〇八年）。
＊29 『続日本紀』文武天皇二年四月戊午条・五月朔条。
＊30 和泉監の設置・廃止の記事は、『続日本紀』霊亀二年三月癸卯条・天平十二年八月甲戌条にみえる。
＊31 『続日本紀』大宝元年二月癸亥条、同二年七月丙子条、養老七年五月癸酉条、神亀元年三月朔条、天平八年六月乙亥条。
＊32 『日本霊異記』中巻「未だ仏像を作り畢へずして棄てたる木の、異霊しき表を示しし縁　第二十六」。

本稿は、『平成二八年度大淀町地域遺産シンポジウム「吉野宮の原像を探る」資料集』（二〇一六年一一月五日　大淀町文化会館あらかしホール）から転載したものです。転載をご快諾くださった大淀町教育委員会のみなさまに御礼を申し上げます。

また転載にあたり、形式を一部改めました。ただその性格上、多くの先行研究それぞれに言及することはかないませんでした。ご海容たまわりますようお願いいたします。

# 熊野の神と本質

斉藤　恵美

## はじめに

熊野信仰に関する研究は膨大にある。*1 しかしそれらの研究を紐解けば解くほど、熊野信仰がよくわからなくなる。とにかくさまざまな要素が絡み合って複雑な体系を構築しているため、わかったようなわからないような状態に陥る。

これは私自身の知識不足のため、理解が追いついていないという個人的な要素もあるにせよ、熊野信仰それ自体の根っこの部分が曖昧模糊《あいまいもこ》としているためではないだろうか。曖昧なもののうえに事象を積み重ねても、その必然がよくわからないのは当然である。

根っこの部分とは、熊野信仰の基底にある宗教としての論理、つまり本質のことである。この本質について「熊野」という場所を手がかりに考察してみたいと思う。これを考えることは、熊野信仰に限らず、宗教とはなにか、なぜ人間は信仰をもつのかという問いへとつながる。

本稿では、この大きな問題を解くまでにはいたらないが、それを考える試みとして、熊野信仰がもつ特異性と普遍性をみてみようと思う。

# 三山体制成立以前

## 熊野信仰の発展

熊野信仰とはそもそもなんであるか?

熊野信仰は和歌山県南部に位置する熊野本宮《ほんぐう》大社・熊野速玉《はやたま》大社・熊野那智《なち》大社を中心として、全国に広まった信仰である。この三社の主祭神は本宮=家津美御子《けつみみこ》(熊野坐神《くまのにいますかみ》)・速玉=熊野速玉大神・那智=熊野夫須美《ふすみ》大神(牟須美《むすび》神)であるが、各社ともにほかの二社の祭神も合わせて祀り、三山体制として連合組織を形成している。

こうした形態は、修験者の主導のもと、平安中期に成立した。[*2] 熊野は『日本書紀』に記されるように、古くから常世・他界信仰の聖地とされ、[*3] また奈良時代には自然信仰・道教・仏教の融合による山岳修行の道場として認識されていた。[*4] 山岳信仰はのちに密教と結びつくなかで修験道へと発展するのだが、熊野の修験者は本宮を入峰《にゅうぶ》基地として吉野の大峰山《おおみねさん》から熊野に入るルートを開拓していき、先《せん》達《だつ》や勧進《かんじん》行為などによって、院政期の上皇・貴族の熊野御幸や鎌倉期以降の武士・庶民の熊野詣を手引きした。[*5]

その過程で本宮が発展し、三社の中での重要性が増していったことで、元来異なった地盤を有していた三社は、各社の特色を残しつつも時代の要求に応じて新たな関係性——浄土信仰の高まりや霊場巡りの流行を受けての本地仏《ほんじぶつ》の設定（本宮＝阿弥陀如来、新宮＝薬師如来、那智＝観音菩薩）[*6]、熊野伊勢同体説の提唱（家津美御子＝素戔嗚尊、速玉之男神＝伊弉諾尊、夫須美大神＝伊弉冉尊）[*7]、他霊場との関係を語る縁起や物語の作成など[*8]——を構築し、熊野の神はそのつどさまざまな性格を付与されつづけた。そしてこのような動きをつうじて、熊野信仰は全国に拡散することとなる。

以上のように修験者によって喧伝《けんでん》された熊野信仰は、修験道と浄土信仰によって発展し、山岳修験の本拠地としてその中心は本宮であるとみなされてきた。しかしありとあらゆる宗教が重層的に積み重なり、一見すると非常に複雑な信仰形態となっているため、その本質については見えにくくなっているともいえる。ここでは熊野信仰とはなんであるのか、なぜ熊野という地でこのような信仰が生まれたのかということを考える材料として、まずは三山体制がはじまる以前の各社の神々の関係をみてみようと思う。

## 神階授与と各社の拝殿位置

熊野の神々が史料にその名をあらわすのは、天平神護二年（七六六）に熊野牟須美《むすび》神と速玉神に神

## 社殿配置図

（拝殿の位置は「熊野曼荼羅」（クリーブランド美術館蔵）と『一遍上人絵伝』を参考にした。
●は各社の主祭神を祀る社殿。）

### 熊野本宮大社

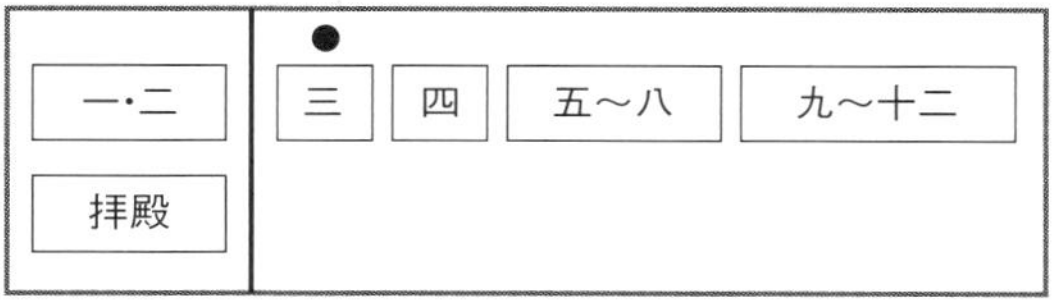


第一殿（西御前/結宮）:夫須美大神—伊邪那美大神—千手観音
第二殿（中御前/速玉宮）:速玉大神—伊邪那岐大神—薬師如来
第三殿（証誠殿）:家津美御子大神—素戔嗚尊—阿弥陀如来

### 熊野速玉大社

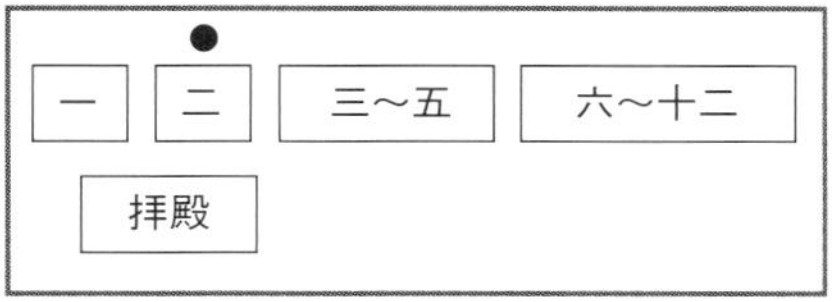


第一殿（結宮）:夫須美大神(熊野結大神)—伊邪那美大神—千手観音
第二殿（速玉宮）:速玉大神—伊邪那岐大神—薬師如来
第三殿（証誠殿）:家津美御子大神—国常立尊—阿弥陀如来

### 熊野那智大社

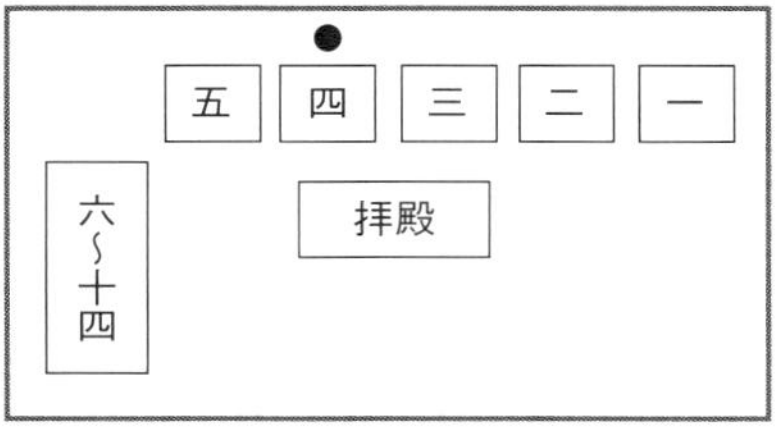


第一殿（瀧宮）:大己貴命（飛瀧権現）—千手観音
第二殿（誠証殿）:家津御子大神—国常立尊—阿弥陀如来
第三殿（中御前）:速玉大神—伊邪那岐大神—薬師如来
第四殿（西御前）:夫須美大神—伊邪那美大神—千手観音

封四戸を施入したという『新抄格勅符抄《しんしょうかくちょくふしょう》』大同元年（八〇六）牒の記事である。[*9]それ以降は神階授与の記事になるが、列挙すると次のようになる。

貞観元年（八五九）正月二十七日：熊野早玉神＝従五位上／熊野坐神＝従五位上[*10]
同年五月二十八日：熊野早玉神＝従二位／熊野坐神＝従二位[*11]
貞観五年（八六三）三月二日：熊野早玉神＝正二位[*12]
延喜七年（九〇七）十月二日：熊野早玉神＝従一位／熊野坐神＝正二位[*13]
天慶三年（九四〇）二月一日：速玉神＝正一位／熊野坐神＝正一位[*14]

以上であるが、八世紀中ごろに記された神名は「熊野牟須美神」と「速玉神」であり、那智と速玉の神を以て熊野の神としていたことがうかがえる。また九世紀中ごろからは、記された神名が「熊野早玉神」と「熊野坐神」となっており、「熊野牟須美神」の代わりに「熊野坐神」が登場する。本宮の神は『長寛勘文』（長寛元年〈一一六三〉）で家津美御子とされる以前は「熊野坐神」の名で呼ばれていたようだが、[*15]ここでは神階の差から「熊野早玉神」のほうが初期の段階では重要とされていたことがわかる。

この神名・神階の記述で注目されるのは、那智の神の名前が出てこなくなり、代わって本宮の神が登場するという点、一〇世紀半ばに神階が並ぶまでは速玉の神が熊野において重視されていたという点である。[*16]

まず一点目について、本来那智と速玉は同じ系統の信仰地盤に成立していたため、九世紀に、違う発生起源をもつ本宮が熊野の神として進出してきたのを契機に、那智・速玉と本宮という構図になったのではないかと考えられる。

そして二点目は、本宮は熊野信仰の発生時においては重要ではなく、古くは那智・速玉が熊野信仰の中心であったことを示しているといえるのではないだろうか。この神々の関係は、鎌倉中期の僧で浄土教の一派である時宗を開いた一遍（一二三九―八九）の生涯を描いた『一遍上人絵伝』に載る、当時の熊野三社の社殿図からもうかがえる。

当時の熊野信仰は阿弥陀如来垂迹の聖地として本宮が重視されていたが、[*17]描かれた社殿の配置図では、参詣者が神を拝む拝殿が、本宮・速玉・那智ともに那智の主祭神＝夫須美大神と速玉の主祭神＝速玉大神の前に位置しているのである（社殿配置図参照）。ここでも速玉・那智が揃って同じように扱われているのは、両者の信仰背景が同様であるのを示唆しているといえよう。またかつて同祀されていたとする記述があるのもそのことを後押しする。[*18]

那智・速玉においては、こうした背景と自社の主祭神を拝む構造であるため問題ないのだが、本宮への参詣者はふつうに拝殿から参拝した場合、本宮の主祭神である家津美御子ではなく那智・速玉の神を拝むことになる。これはつまり、一見本宮が中心のようではあるが、熊野において本当に重要視されているのは夫須美大神と速玉大神であり、この二神が熊野の本質にかかわる神だということをあらわしていることの証拠となるのではないだろうか。

では那智・速玉の神が熊野の本質ならば、それはどのようなものであったのだろうか？　また本宮の神である「熊野坐神」が後に家津美御子として熊野三山の首座になるのは何故であろうか？

那智と速玉の共通点は、二社とも海とのかかわりを強く感じさせることである。那智大社は西国観音霊場の第一番札所の青岸渡寺《せいがんとじ》に隣接し、那智大社の鎮座する那智山の麓には、観音菩薩のいる南方浄土を目指し海に乗りだす補陀落《ふだらく》渡海の拠点となった補陀洛山寺がある。

この補陀落山寺から熊野川河口付近の速玉大社までの距離は海岸沿いに一五キロ程度で、二社は非常に近い場所にある。その速玉大社では、例大祭として、神霊を神幸船に移し、熊野川上流にある御《み》船島《ふねじま》を競漕する御船祭が一〇月一六日におこなわれる。

いっぽう本宮大社は、先述のように大峰山とつながる修験道の本拠地として、山とのかかわりを強くもっているのが特徴である。ではこの海と山という視点からこの問題をみてみよう。

# 熊野信仰の本質

## 常世信仰の論理

結論からいうと、那智・速玉を中心とする信仰の根源は常世信仰だと考える。『古事記』『日本書紀』『風土記』などから、常世国は海の彼方にある富の源泉であり死者の国と考えられ、海をつうじて現実世界とつながるが、行くのはたいへん難しい場所とされる。[*19] 同様の内容をもつものとしてニライカナイや蓬莱山《ほうらいさん》が挙げられる。[*20]

那智・速玉はそのような常世国と海でつながった場所とされてきたのだが、ほかにも伊勢・丹波・出雲などもそういった場所とみなされていた。[*21] これらの場所で常世信仰が育まれた背景には、海を往来する交易の存在があるのではないだろうか。交易は距離が遠ければ遠いほど、危険は増すが大きな富を生みだすことができる。

常世信仰が見受けられる場所というのは、巨大な潮流である黒潮の寄せる海辺であると同時に、列島内における交通の要となる場所ばかりである。常世信仰の背後にある交易の範囲は、黒潮の潮流を利用して非常に広範囲に及んだのではないかと推測される。つまり常世国が富の源泉とされる理由は、海を往来する交易にあるといえよう。

那智・速玉もそうした交易によって富が集積する場所のひとつであったのだ。それは神武天皇が大和入りのために熊野（現在の新宮市、速玉大社がある）から上陸する経路をとったことにも関係する。神武天皇は上陸後多くの苦労を重ねながらも、高倉下からの霊剣献上や八《や》咫烏《たがらす》の道案内などによって、最終的には大和の有力者であった長髄彦《ながすねひこ》を討ち、先の統治者饒速日《にぎはやひ》を帰順させることで大和を手中に収めた。[*22] この饒速日というのは、のちの系譜で尾張氏などの海洋民系の氏族の祖であり物部氏などの技術集団の祖ともされており、[*23] 彼の帰順は、神武天皇がそれらの集団を把握したことを意味した。そしてそれは、取りも直さず神武天皇が紀伊半島を中心とした交易を掌握したことも意味する。

こうして那智・速玉は、大和から見たとき太平洋の東と西を結ぶ中継地点の機能をもった富の交錯する場所として、大和に王権が誕生するために大きな役割を担ったといえよう。

また常世信仰は生まれ変わりの信仰でもある。常世国は富の源泉であると同時に死者の往く世界であり不老不死の世界とされてきた。常世国からもたらされた文物は、そういった生者のとはまったく違う論理の世界を経てきた物でもあり、もたらされた段階では意味や価値がないといえる。そうした文物を手にし、生者の世界で流通させるためには、既存の価値観はいったん放棄され、新たな価値観が創出されなくてはならない。つまり常世国からきた物を流通させることで、さまざまなことが更新されるのである。こうして流通される物それ自体が意味や価値をもっていく。すると手にする者は逆に無意味・無価値な状態になる。

そうした意味で、常世に触れているものは無価値・無意味であり、つねに更新されるため、新たな価値観を付与される者はそのつど生まれ変わるといえよう。このような意味で、常世信仰は生まれ変わりの信仰なのである。

## 本宮の進出

こうした常世信仰は、那智・速玉以外でも交易の拠点とされる場所に点在していたが、熊野信仰がそこから一頭抜けたのは、密教の影響によると考える。先に神階授与で九世紀中ごろに那智・速玉とは発生起源の異なる本宮が登場するのを述べたが、この本宮の進出は九世紀初頭に空海が体系的な密教を請来し、高野山を開いたことに端を発する。体験や経験を重視するも、神は肉体に一時的に宿り、そのたびに肉体と神の関係が更新されるため言語化されることのなかった宗教行為の意味を、空海のもたらした密教は言語化することで言葉による内省をつうじて、カミ——神であり仏でもある、自己を相対化する存在——は自分の内にあり、心と体と言葉の一致による宗教行為はそれを確信するためのものとした。[*24]

そしてそれを行う場所として山が選択されたのではないだろうか。山はそれ以前も山岳信仰の場としてあったように、通常の生活場所とは異質な空間と考えられていたのは間違いない。その山という場所で肉体的な苦行をしながら静かに自分を見つめ、カミの内在性を感じるのである。これが山とかかわる本宮の存在意義が大きくなったことの理由なのではないだろうか。

こうした密教と山岳宗教が融合して発展した修験道の担い手によって牽引されてきた熊野信仰は、常世信仰の要素をそのまま取り入れながらも密教によって新たな意味が付加された。つまり熊野信仰は、根源である交易（流通）の要素を保持しつつ、生まれ変わりの信仰の内容を更新から覚醒へと変化させたことによって、聖人の創出という新たな要素をプラスしたのである。その結果、熊野信仰は熊野詣のブームを巻き起こし、全国へと広がったのだといえよう。

つまり、熊野信仰の本質は、交易とそれにともなう生まれ変わりの信仰である常世信仰であり、それは本宮の勢力が増したあとでも変化していないため、中世の社殿配置でも、那智と速玉の神が重視されていたのである。熊野坐神というほぼ固有名詞のない神が、熊野三山の首座となるのは、那智・速玉の常世信仰が、本宮を開拓した修験者によって新たな意味づけがなされ、三山体制が確立し、それによって熊野信仰へと発展したためだと考えられる。

# おわりに

熊野という場所から熊野信仰の根っこの部分を考えてみたところ、海洋交易が土台にあるのではないかという結論にいたった。そして海洋交易によって支えられる常世信仰の構造は、カミの外在性と強く関係していた。しかし八世紀中ごろに華厳経《けごんきょう》が本格的に導入され、カミは内在するという論理が提供されたことで、観念の一大変革が起こったと考えられる。そして九世紀、その論理をもとに、悟るための方法、つまり内省の方法が空海によって提唱され、その場として山が選択されたのである。熊野信仰が修験道に深くかかわるものになった理由はここにあるといえるのではないだろうか。

以上のように、常世信仰のひとつの側面であるカミの外在性というのは、熊野のみに限られるものではなく、文物・人が往来することで必然的に生まれる観念であり、普遍的なものといえよう。しかしカミの内在性という観念は、熊野信仰に特異的なものであり、それゆえ熊野信仰がオンリーワンとして全国区になったのだと考える。

そしてこのカミの外在・内在という観念は、一見相反するがどちらか片方というのでなく、程度の問題として共存するものであり、時代の状況によって変化する。それを可能にしたのが三山体制なのではないだろうか。

＊1　三重大学人文学部日本中世史研究室で作成された熊野信仰関係文献一覧が、ホームページ上で公開されている（http://onryo.syuriken.jp/kumano.html：最終閲覧二〇一七年二月二十二日）。

＊2　近藤喜博「熊野三山の成立」地方史研究所編『熊野』、地方史研究所、一九五七年。

＊3　『日本書紀』（本稿では坂本太郎・家永三郎・井上光貞・大野晋校注、岩波文庫を使用）では、熊野は伊奘冉尊が葬られた地であり（「伊奘冉尊、火神を生む時に、灼かれて神退去りましぬ。故、紀伊国の熊野の有馬村に葬りまつる。」巻一・神代上・第五段・第五）、少彦名命が大国主命との国造りの後に常世郷にわたった地（「少彦名命、行きて熊野の御碕に至りて、遂に常世郷に適しぬ。」巻一・神代上・第八段・第六）、神武天皇の兄三毛入野命が熊野荒坂津に至る前に海上で暴風によって溺れて常世郷にいった場所（「遂に狭野を越えて、熊野の神邑に到り、且ち天磐盾に登る。仍りて軍を引きて漸に進む。海の中にして卒に暴風に遇ひぬ。皇舟漂蕩ふ。…三毛入野命、亦恨みて曰はく、「我が母及び姨は、並に是海神なり。何為ぞ波瀾を起てて、灌溺すや」とのたまひて、則ち浪の秀を蹈みて、常世郷に往でましぬ。」巻三・神武天皇即位前紀戊午年六月丁巳条）として描かれている。

＊4　『日本霊異記』に、八世紀の中頃、熊野の山中で死しても経を唱え続けた修行者の話が載っている（下巻「法花経を憶持する者の舌、曝りたる髑髏の中に著きて朽ち不る縁　第一」）。

＊5　『日本歴史大辞典』、旺文社、二〇〇〇年〔熊野三山＝山本殖生〕。新城常三「中・近世の熊野参詣」『熊野三山信仰事典』、戎光祥出版、一九九八年。

＊6　熊野の祭神の本地仏が初めて明記されたのは、源師時の日記『長秋記』の長承三年（一一三四）の御幸記録であり、これは鳥羽上皇第三度目の御幸に随行した際に先達から教えられたものである（村山修一「熊野における神仏習合思想の展開」『熊野三山信仰事典』、戎光祥出版、一九九八年）。

＊7　長寛元年（一一六三）に甲斐国で起きた国衙と熊野社領八代荘収公事件訴訟で作成された勘文集である『長寛勘文』に収められる「熊野権現御垂迹縁起」で、伊勢神宮（天照大神）の母神を祀る熊野神の性格が論議された。

＊8　『熊野三所権現金峰山金剛蔵王縁起』（鎌倉期）、『熊野権現事』（南北朝期以降）、『熊野の本地』（室町期）などが作成された。

＊9　「神封部　合四千八百七十六戸…熊野牟須美神　四戸　紀伊　天平神護二年奉充…速玉神　四戸　紀伊　神護二年九月廿四日奉充…」（神事諸家封戸　大同元年牒）。

＊10　『日本三代実録』貞観元年正月二十七日甲申条。

＊11 『日本三代実録』貞観元年五月二十八日癸未条。

＊12 『日本三代実録』貞観五年三月二日甲子条。

＊13 『日本紀略』延喜七年十月二日丙午条。

＊14 天慶三年の記事は『長寛勘文』に載るのみで『日本紀略』には見られないため、史料的な確実さはない。しかし後世に付け加えられたとしても、速玉神と熊野坐神を同格に捉えることができる時期として、一〇世紀半ばが選択されたことの意味を考えてみる必要がある。

＊15 管見の限りでは本宮の神の名を「家津美御子」としたのは『長寛勘文』が初めてである。

＊16 本文中「早玉」「速玉」両方の表記をするが、「早玉」は史料用語として、「速玉」は熊野速玉大社の祭神を指す場合に使用する。同様に「牟須美」「結」は史料用語として、「夫須美」は那智の祭神を指す場合に使用する。

＊17 五来重『熊野詣』、講談社学術文庫、二〇〇四年。

＊18 「熊野権現御垂迹縁起」では、熊野の神がいかにして彼の地に鎮座したのかが描かれる。昔甲寅年に、唐の天台山の王子信が三尺六寸の水精になって日本の鎮西日子の山（英彦山）に降り立った。その後伊予国の石鉄峰（石鎚山）・淡路国の遊鶴羽峰（諭鶴羽山）・紀伊国無漏（牟婁）郡切部山・同国新宮神蔵峰と移り、阿須賀社の北の石淵谷に静まり、はじめて「結玉家津美御子」という名前をあらわしたとあり、この時社は二宇とされている。

往昔甲寅年唐乃天台山乃王子信旧跡也。日本国鎮西日子乃山峰雨降給。其体八角奈留水精乃石。高佐三尺六寸奈留仁天天下給布次五ヶ年平経天戊午年伊予国乃石鉄乃峰仁渡給。次六年平経弖甲子年淡路国乃遊鶴羽乃峰仁渡給次六箇年過。庚午年三月廿三日紀伊国無漏郡切部山乃西乃海乃玉那木乃淵農上乃松木本渡給。次五十七年平過庚午年三月廿三日熊野新宮乃南農神蔵峰降給。次六十一年庚午年新宮乃東農阿須加乃社乃北石淵乃谷仁勧請静奉津留始結玉家津美御子登申。二宇社也。

（『甲斐叢書』第八巻）

「熊野権現御垂迹縁起」より半世紀ほど前に、藤原宗忠は熊野参詣を『中右記』に書いているが、天仁二年（一一〇九）十月二十六日の記事に「証誠殿」に参り、次に「両所権現」に参ったとしている。また先にも挙げた『長秋記』には「証誠殿」＝「阿弥陀」、「早玉」＝「薬師」、「結宮」＝「千手」とあり、「両所権現」が速玉と那智を指していたことがわかる。つまり速玉と那智の神は同祀されていたのである。

＊19 **【常世国とは】**

①少彦名命の「常世郷」行き／注3『日本書紀』巻一・神代上・第八段・第六参照

②神武東征の際の熊野灘での三毛入野命の「常世郷」行き／注3『日本書紀』巻三・神武天皇即位前紀戊午年六月丁巳条参照

③天照大神が伊勢国に鎮座した理由＝「常世の浪の重浪帰する国」／『日本書紀』巻六・垂仁天皇二十五年三月丙申条

天照大神を豊耜入姫命より離ちまつりて、倭姫命に託けたまふ。爰に倭姫命、大神を鎮め坐させむ処を求めて、菟田の筱幡に詣る。筱、此をば佐佐と云ふ。更に還りて近江国に入りて、東美濃を廻りて、伊勢国に到る。時に天照大神、倭姫命に誨へて曰く、「是の神風の伊勢国は、常世の浪の重浪帰する国なり。傍国の可怜し国なり。是の国に居らむと欲ふ」とのたまふ。故、大神の教の随に、其の祠を伊勢国に立てたまふ。因りて斎宮を五十鈴の川上に興つ。是を磯宮と謂ふ。則ち天照大神の始めて天より降ります処なり。

④田道間守の「常世国」行き／『日本書紀』巻六・垂仁天皇九十年二月庚子朔～九十九年明年三月壬午条

天皇、田道間守に命せて、常世国に遣して、非時の香菓を求めしむ。香菓。此をば箇倶能未と云ふ。今橘と謂ふは是なり。…九十九年の秋七月の戊午の朔に、天皇、纏向宮に崩りましぬ。…明年の春三月の辛未の朔壬午に、田道間守、常世国より至れり。則ち齎る物は、非時の香菓、八竿八縵なり。田道間守、是に、泣ち悲歎きて曰さく、「命を天朝に受りて、遠くより絶域に往る。万里浪を蹈みて、遥に弱水を度る。是の常世国は、神仙の秘区、俗の臻らむ所に非ず。是を以て、往来の間に、自づからに十年に経りぬ。豈期ひきや、独峻き瀾を凌ぎて、更本土に向むといふことを。然るに聖帝の神霊に頼りて、僅に還り来ることを得たり。今天皇既に崩りましぬ。復命すること得ず。臣生けりと雖も、亦何の益かあらむ」とまうす。

⑤浦嶋子の「蓬莱山」行き／『日本書紀』巻十四・雄略天皇二十二年七月条

丹波国の余社郡の管川の人瑞江浦嶋子、舟に乗りて釣す。遂に大亀を得たり。便に女に化為る。是に、浦嶋子、感りて婦にす。相逐ひて海に入る。蓬莱山に到りて、仙衆を歴り覩る。語は、別巻に在り。

『丹後国風土記逸文』（本稿では植垣節也校注・訳、『新編日本古典文学全集』、小学館を使用）

与謝郡。日置里。…長谷の朝倉の宮に御宇ひし天皇の御世、嶼子、独小き船に乗り海中に汎び出でて釣せり。三日三夜を経ぬれど一つの魚をだに得ず、乃ち五色の亀を得つ。心に奇異しと思ひ船の中に置き即ち寐つるに、忽に婦人となりぬ。その容美麗しくまた比ぶひとなし。…女娘、曰はく「君棹廻すべし、蓬山に赴かむ」といふ。嶼子従ひ往く。女娘、眠目らしめ、即ち不意之間に、海中なる博大之嶋に至りぬ。その地は玉を敷けるが如し。闕台は瞭映え楼堂は玲瓏けり。…女娘の父母共相に迎へ、揖みて坐にましき。ここに、人間と仙都の別を称説き、人と神の偶会の嘉を談義れり。…時に嶼子、旧俗を遺れ仙都に遊び、既に三歳のほどを逕ぬ。忽に懐土之心を起し、独、二親に恋ひつ。…「僕近く親故之俗を離れ遠く神仙之堺に入りぬ。恋眷に忍びずて、輙ち軽慮を申しつ。所望はくは暫本俗に還り二親に奉拝まくほりす」といふ。…即ち相分れて船に乗り、仍ち眠目らしめ、忽にもとつ土の筒川の郷に到りぬ。即ち村邑を瞻眺らふに、人も物も遷り易り、また由るによしなし。…

⑥「常世神」は富と若さを与える／『日本書紀』巻二四・皇極天皇三年七月条

東国の不尽河の辺の人大生部多、虫祭ることを村里の人に勧めて曰はく、「此は常世の神なり。此の神を祭る者は、富と寿とを致す」といふ。巫覡等、遂に詐きて、神語に託せて曰はく、「常世の神を祭らば、貧しき人は富を致し、老いたる人は還りて少ゆ」といふ。是に由りて、加勧めて、民の家の財宝を捨てしめ、酒を陳ね、菜・六畜を路の側に陳ねて、呼はしめて曰はく、「新しき富入来れり」といふ。都鄙の人、常世の虫を取りて、清座に置きて、歌ひ舞ひて、福を求めて珍財を棄捨つ。都て益す所無くして、損り費ゆること極て甚し。是に、葛野の秦造河勝、民の惑はさるを悪みて、大生部多を打つ。其の巫覡等、恐りて勧め祭ることを休む。時の人、便ち歌を作りて曰はく、「太秦は　神とも神と　聞え来る　常世の神を　打ち懲ますも」此の虫は、常に橘の樹に生る。或いは曼椒に生る。曼椒。此をば褒曾紀と云ふ。其の長さ四寸余、其の大きさ頭指許。其の色緑にして有黒点なり。其の皃全ら養蚕に似れり。

・常世国は海の彼方にある（①②④⑤）
・海を通じて現実の世界とつながっているが行くのは大変難しい（③④⑤）
・富に満ち時間の流れが違う理想郷（⑤）
・仙人の住む蓬莱山と同一視（④⑤）→不老不死＝死なない＝死んでいる→死者の国

・常世国は富と命や寿命の源泉←常世神は富と寿命を司る神（⑥）

＊20 谷川健一『常世論』、講談社学術文庫、一九八九年。

＊21 注19史料参照。常世国とつながっている場所として、熊野（①②）・伊勢（③）・丹後（⑤）・出雲（①）が挙げられる。また豊かな国という意味で常陸国を常世国になぞらえている（『常陸国風土記』）。

＊22 『日本書紀』巻三・神武天皇即位前紀戊午年六月丁巳条～十二月丙申条。

＊23 『先代旧事本紀』「天孫本紀」に饒速日の子孫の系図がある。

＊24 奈良時代、それ以前の仏教の目指す悟りは、常人には理解不能で一生のうちに達成できないものであった（拙稿「奈良時代の弥勒信仰と阿弥陀信仰―法相宗の弥勒信仰を手掛かりとして―」『寧楽史苑』第六〇号、二〇一五年）。しかし八世紀中ごろ華厳経が導入されたことで、仏の内在化によって不可能な悟りを可能にする論理が提供された。その後真言密教によって、悟りは身・口・意一体による即身成仏とされ、マニュアル化されたといえよう。

# 熊野街道の夜

西谷地 晴美

## はじめに――吉野郡の謎

吉野郡は、謎を秘めた地域である。

山岳地帯とはいえ、大和国の南部、一国の半分以上の広大な土地が、吉野郡というひとつの郡で占められている理由が、中世史を専攻する私には、まずわからない。しかも周知のように吉野郡は、吉野川水系と熊野川水系の二つの大きな水系域（生活圏）から構成されている。

熊野川水系の地では、江戸時代に水運を活用して材木などの物資を新宮湊へ下ろしているから、[*1]代官所のあった五條など内陸北方への志向性が以前より強まっていたとしても、吉野郡南部の人びとの日常的意識は、やはり南方（太平洋）へ向いていたと考えられる。地理的条件を考慮すれば、この意識は古代へさかのぼる可能性が高い。

そうだとすれば古代の国郡（評）制施行時に、熊野川水系の地域を、大和国にではなく紀伊国に附属させてもよかったはずである。なぜそうしなかったのだろうか。

吉野郡の地に、水系や物流とは異なるなんらかの求心力が働いていたからなのか。あるいは八世紀に一時設置された芳野監《よしののげん》の事例が示すような、古代国家の特殊な行政上の理由からなのか。そういった根本的な問題が未解明のままのように、私には思える。しかし吉野郡の歴史的性格や役割が判然としないままでは、大和国の地理的特性の核心にも、国家の中心性が有する歴史的本質にも、近づくのは難しいだろう。

吉野郡の存在理由を理解するには、だからまずは、道路と河川の交通体系の歴史を押さえておかねばならない。本稿は、その基礎的作業の一部である。

古代以来近代にいたるまで、この吉野郡域は基本的に保たれてきた。五畿内(大和・摂津・河内・和泉・山城)と呼ばれた国々のなかでの大和の圧倒的な大きさと、そのなかでの吉野郡のこの大きさは、吉野の歴史的重要性を示している。

## 西熊野街道をめぐる諸問題

### 西熊野街道の現在

吉野郡の街道をインターネット検索していくと、『文化庁月報』五二三号に掲載された、とある記事にたどり着くことができる。それは五條市教育委員会事務局文化財課町並保存整備室室長の署名記事で、宇智郡の「五條村」が中世に起源をもつこと、旧紀州街道・伊勢街道・西熊野街道・河内街道・下街道の五つの街道が五條市で交わり、それが「五條」の地名の由来ともいわれていること、などが述べられている。[*2]

ここに記された西熊野街道とは、周知のように十津川街道ともよばれている道で、『文化庁月報』の記事内容にしたがえば、その街道は中世にまでさかのぼる可能性があることになる。

「十津川村の大山塊が、大塔村や西吉野村の山塊とともにやがて大和盆地へ降りてゆく最初の平坦地が、五條の町である」という『街道をゆく12　十津川街道』のなかの司馬遼太郎氏の名文や、[*3]ベストセラーとなったその著書そのものの影響もあるのだろうか。現在では、ＰＤＦファイルに収められた、インターネット上のいくつかの公文書にいたるまで、すでに強固な常識となっている、この五條を起

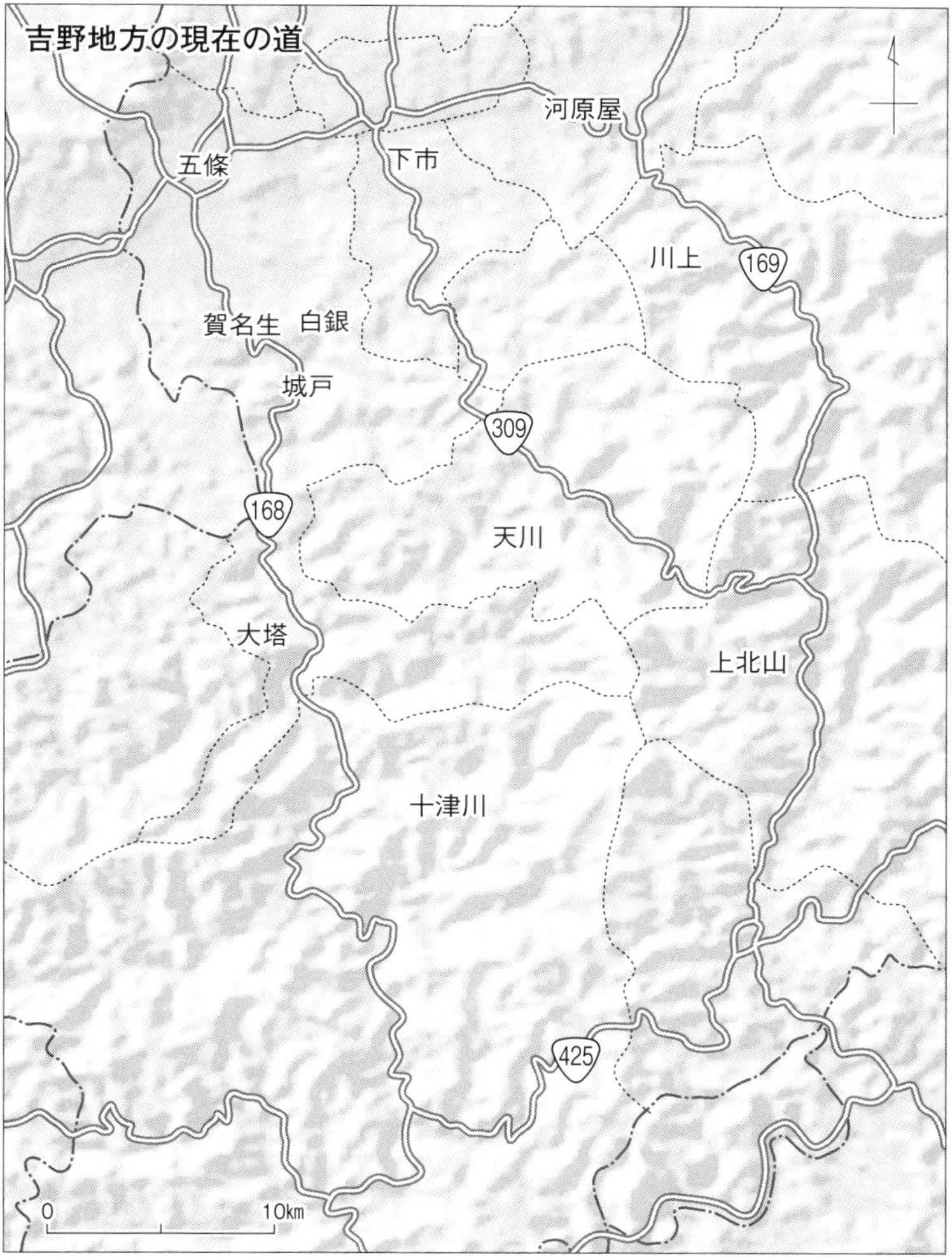


現在吉野地方を走っている国道は、基本的に吉野川水系と熊野川水系の川沿いに、深い渓谷のなかを走っている。国道と国道の間には大峰山系の山々がそびえる。ただ修験道が盛んであった時代には、この山々の尾根筋がもうひとつの交通路であった。

点とする「熊野街道」認識には、強い違和感がある。西熊野街道とよばれるこの道路が、南朝の行宮《あんぐう》がおかれた賀名生《あのう》の地を、いま、南北に縦貫しているからである。中世史を専攻する者として、世間に流布したこの通説の難点を、見すごすわけにはいかないだろう。

## 『太平記』と賀名生

南北朝の内乱を描いた『太平記』には、二か所で賀名生が登場する。その最初は、建武新政が破綻し、後醍醐天皇が京都を脱出して吉野へ潜幸する場面にあらわれる。[*4] 夜陰にまぎれて大和へ逃れ「吉野十津川ノ辺」に皇居を定めることを、味方の貴族から進言された後醍醐天皇は、それをただちに実行に移して賀名生に到着する。『太平記』では、この地が人家のほとんどない、人里から遠く離れた山深い場所として描かれている。

第二は、四条畷《しじようなわて》の戦いで楠正行《くすのきまさつら》軍が高師直《こうのもろなお》・師泰《もろやす》軍に敗れ、後村上天皇が吉野を脱出して賀名生に移る場面である。[*5] 注目すべきは賀名生の位置表現で、「芳野炎上事」の段では「天河ノ奥加納ノ辺」、「賀名生皇居事」の段では「天ノ河ノ奥賀名生ト云所」と記されており、いずれも賀名生は天川の奥にあったことになっている。この点は、「吉野十津川ノ辺」に行こうとした後醍醐天皇が、賀名生にたどり着いたことと通底している。

これは要するに、『太平記』が書かれた時代には、天川・十津川と賀名生との位置関係が、一般にはほとんど知られていなかったことを示している。なぜ知られていなかったのか。それは、賀名生に街道がつうじていなかったからにほかならない。しかも、後醍醐天皇・後村上天皇とも、敵軍の脅威から逃れるために賀名生に入っている。賀名生が情報の飛び交う街道沿いにあったのでは、賀名生の地がいかに険しい場所であっても、二人の天皇は、身を隠すのもままならなかったことだろう。

では、西熊野街道が室町時代にこの賀名生の地につうじていないとすると、それは五條に代官所のおかれた江戸時代に開通した街道だったのだろうか。私のこれまでの調査によれば、それも違う。大正一三年（一九二四）に刊行された『奈良県宇智郡誌』の記述によれば、賀名生を縦断する五條・城《じょう》戸《ど》間の街道は、明治以降につくられた新道にすぎず、江戸時代、ここに街道はなかった可能性がきわめて高いからである。[*6]

吉野郡西部を南北にとおる江戸時代の熊野街道は、「郡中之府」[*7]といわれた下市が起点だった。

## 下市の「大橋」と「板橋」

一九五八年に発刊された『大和下市史』に、天明七年（一七八七）下市村明細帳の写しが全文掲載されている。[*8]この史料に、吉野川に架けられた「大橋」と、下市の秋野川に架かる「板橋」に関する独立した記述がある。[9]

それによるとこの「大橋」は、「大峯山・天ノ川」と「十津川・熊野山」への「往還筋」になっていて、その重要さゆえに、かつては吉野郡中から竹木と人足を出して洪水などに対処してきたが、近年は郡中の合力もなくなり、下市村の出費がかさんでいることを嘆いている。ところで、この橋が古くから村々の合力によって維持されてきた話は、宝永二年（一七〇五）の史料にもみえるので、[10] この橋の歴史は江戸時代前期へ確実にさかのぼる。

いっぽう、秋野川に架かる「板橋」の記述はこうなっている。この橋は「熊野川、十津川」へとおる道筋にあって、「栃原村・古田郷・桧川郷・宗川郷・十二村郷（のちの大塔《おおとう》村）」への往還に使われているが、「願行寺《がんぎょうじ》境内」の「除地《よけち》」（免租地）に架けられているので、願行寺と下市村の両方が修復費を出してきた、という。

江戸時代に、下市村から城戸を経て、熊野まで道がつうじていたことは明らかである。しかしこれだけでは、吉野郡西部の熊野街道の起点が下市だった決定的証拠にはならない。そのためだろうか、『大和下市史』では、栃原波比売《はひめ》神社参道前と平原《へいばら》竜王の辻に、「くまの」表示の道標があることを写真とともにていねいに示しながら、下市・城戸間の道を「十日市街道（下市宗檜《むねひ》街道）」という近代の名で記すのみで、本文中に熊野街道の話はまったく出てこない。[11] なおこの点は学問的に気がかりなので、最後にもういちど触れることにしたい。

## 吉野郡の熊野街道

### 熊野街道の復元──その一

ところで奈良県には、明治二四年（一八九一）に刊行された『大和国町村誌集』という便利な資料集がある。[*12] 奈良県が明治一四年（一八八一）に大阪府の管轄に編入された際に作成されたと推定されているもので、「県内十五郡各大字の田租・戸口・社寺・物産など、二十数項目にわたって網羅」した、[*13] いわば村明細帳集のごとき内容をもつ。この二十数項目のなかのひとつに道路情報が入っており、その記述を追っていくと、明治初期に吉野郡内に存在した主要な街道が浮かび上がってくる。

『大和国町村誌集』には、吉野郡の二つの熊野街道が記されている。まずは、いわゆる東熊野街道について、その表記のある場所を記載順に書き上げてみよう。

国樔村〈樫尾、宮瀧、菜摘、南国栖〉。
川上村〈北和田、西河、大瀧、寺尾、迫、高原人知、井戸、上多古、柏木、大迫、伯母谷〉。
上北山村〈西原、河合、白川〉。

下北山村〈上池原、下桑原〉。

以上の地域で書き上げられた道路名称の大半は「熊野街道」となっているが、「国樔《くず》村」の宮瀧には「東熊野街道」とあり、明治期において一部の地域では東熊野街道という呼称も使われていたようである。この熊野街道は、吉野川右岸（川の北側）を離れて「龍門村」の峰寺・佐々羅へ東進する伊勢街道と、「龍門村」の河原屋で南方へ分岐するので、そのすぐ南にある「国樔村」の北楢井に「熊野街道」の記述がほしいところだが、それはない。しかしここでは、『大和国町村誌集』によって吉野郡東部の熊野街道をほぼ完全に復元できることが確認できれば十分である。

なお、この「熊野街道」の名目上の起点は「龍門村」の河原屋になるが、流通機能等からみたこの道の実質上の起点は上市だと考えられる。

## 熊野街道の復元――その二

では、問題のもうひとつの熊野街道に関する記事をみていこう。これもその表記のある土地を、『大和国町村誌集』の記載順に掲示する。なお、十津川村の熊野街道についてはダム湖の障害などもあって未調査なので、ここではとりあえず「東十津川村」と「西十津川村」を除いた情報を載せている。

下市町〈下市、平原、栃原〉。
白銀《しろがね》村〈尼ヶ庄、小古田、汗入、八ツ川、唐戸〉。
（宗檜《むねひ》村には熊野街道記事なし）
大塔村〈小代、辻堂、閉君、阪本、簾〉。
北十津川村〈杉清、三浦、五百瀬、宇宮原、沼田原、旭、上野地、高津〉。
十津川花園村〈野尻、山崎、風屋、瀧川、池穴〉。
中十津川村〈小森、小原〉。
南十津川村〈込ノ上、平谷、樫原、那知合、谷垣内、山手、桑畑、七色〉。

以上の掲示ですぐに気づくのは、「白銀村」と「大塔村」の間にある「宗檜村」に、熊野街道の記事がまったくあらわれない点だろう。これは道路情報そのものが「宗檜村」では一か所もあがっていないためで、それがこのときの「宗檜村」の申告方針だったと考えられる。

先に述べた下市の「大橋」と「板橋」の話をふまえれば、下市を起点とした熊野街道が、「白銀村」をとおって、城戸のある「宗檜村」を越え、「大塔村」へ延びている点に、疑う余地はない。また、全体の道路名称のほとんどは「熊野街道」であり、西熊野街道の表現は存在しない。

なお、「北十津川村」の旭に「五條街道」がみえ、上野地と高津では「五條街道」と「熊野街道」が併記されている点、また「中十津川村」の小森に「五條大坂紀州新宮熊野木本街道」が、小原に「五條大阪街道」の記述がある点には、注意が必要だろう。これらの表現は、この二か村だけに特徴的に出現するもので、当街道の一般的な名称ではないし、城戸から五條へ向かって街道が延びている様相を示しているわけでもない。

もちろん『大和国町村誌集』では、五條と城戸の間にある宇智郡「野原村」、宇智郡「坂合部村」の吉野川左岸地区（川の南側）、吉野郡「賀名生村」のいずれにも、熊野街道表記は存在しない。ただし、「白銀村」の西新子《にしあたらし》に「五條街道」が記されているように、城戸・下市間の熊野街道には、五條へ抜けるための数本の脇道が用意されていた。前述した平原竜王の辻の道標は、そのために立てられたもののひとつである。

## おわりに――学問の闇

下市が起点だった熊野街道の歴史を、人びとは忘れてしまった。いまは、五條を起点とする「西熊野街道」の真新しい歴史意識が闊歩する時代になっている。吉野郡の重要な軸線だったこの道の歴史は、ゆがんだまま、直る気配がない。

このゆがみを引き起こし、それに根拠を与えたのは、一九五八年、ほぼ同時期に刊行された『大和下市史』（八月八日発行）と『五條市史　上巻』（一一月三日発行）だった。

すでに述べたように、『大和下市史』では、熊野街道に関する本文記述はなく、それを十日市街道（下市宗檜街道）と表記している。この記述は『大和下市史』の「地理編」のうち「交通・通信」の箇所にあり、その執筆担当者は伊原不二雄氏だった。伊原氏は『大和下市史』の「調査・編集委員」であるが、社会的肩書きは記載されていない。*14

彼の執筆箇所を読んでいくと、文意の不明瞭なところが一か所存在していることに気づく。それがじつは、この十日市街道（下市宗檜街道）に関する記述なのである。

この道は東の方広橋峠を越えて天川方面に到り、阪本で十津川街道と合している洞川街道と共に五条町より南の方吉野川の支流の丹生川沿いに南進して十津川との分水嶺をなしている天辻峠（八〇〇米）を越えて阪本に下り、十津川に沿って南下する街道と合する。これもまた洞川街道と共に下市奥地との連絡に極めて重要な街道である。

原稿用紙に手書きで文章を書いていた点を考慮したとしても、伊原氏がこの内容を完成原稿として入稿したとはとても思えない。これは、最終校正か念校の段階で、急遽修正が入った結果だと思われる。それを行った可能性のある人物は、伊原氏本人を除けば、『大和下市史』で地理の「調査委員」だった堀井甚一郎氏（奈良学芸大学教授）と坂部達雄氏（高田高等学校教諭）の二人であるが、[*15] 地理の最高責任者が堀井氏だった点は明らかで、この意味不明な修正には堀井氏の意向が働いていたと推測される。

ではなぜ修正が入ったのだろうか。伊原氏は「竜王の辻」の写真の説明で、こう書いていた。[*16]

樺の木峠から平原へ下ると竜王の辻がある。その軒下に小さく見える道標より向かって左は「くまの」街道　右は「きんぷせん・こうや」道になっている。

いまとなっては想像するしかないが、伊原氏の提出原稿には、十日市街道（下市宗檜街道）の箇所に「くまの」街道の話が書いてあったのではなかろうか。もしそうだったとすると、その記述は、堀井甚一郎氏にとって都合の悪い内容だった。堀井氏は、『大和下市史』と同時並行的に刊行準備が進行していた『五條市史　上巻』でも、地理の「調査委員」筆頭であり、[*17]その『五條市史　上巻』では、歴史の「調査委員」だった安彦勘吾氏が、注記6で詳述したように、五條を起点とする西熊野街道を近世にさかのぼらせているし、堀井氏本人も『五條市史　上巻』「地理」編「交通・通信」で、西熊野街道が古代にまでさかのぼるかのような記述をしていたからである。[*18]

不都合な記述を念校で発見して、急遽変更を加えたのではないか、というここでの私の想定がもしも当たっているとすると、出版されたばかりの『大和下市史』を手にとって自分の執筆箇所に目をとおしたときの、伊原不二雄氏の驚きと無念さは、いったいいかばかりであっただろうか。

ところで五條市は、一九八七年に『五條市史　新修』を発行している。その「地理」編第五章第一節「交通網の整備」の執筆は、地理の調査委員で当時はまだ愛知大学大学院生だった西野寿章氏（現在は高崎経済大学教授）が担当し、「通史」編近世・近代の「交通」関係は、通史の調査委員だった安彦勘吾氏が担当した。[*19]

西野氏はその冒頭で、「当市は街道の発達した近世初期以降、和歌山へ通じる紀州街道、吉野川沿いを東進し伊勢詣りの街道として栄えた伊勢街道、また天辻峠を越えて十津川沿いを新宮へと通じる西熊野街道、さらに奈良盆地への中街道・下街道、河内方面へと通じる河内街道等の主要街道、地方街道の交叉点、要所として発達してきた」と述べて、[20]『五條市史　上巻』の主張をていねいに踏襲しているし、安彦氏による近代交通の記述にいたっては、かつての『五條市史　上巻』とほぼ同じ内容というありさまだった。「西熊野街道」に関する一九五八年段階の研究上の誤りを是正することなどは、およそ望むべくもない状況だった。

よくある不注意と、ある種の強引さと、隠れた権威主義が、真実を人びとから遠ざけた。吉野郡の熊野街道にこうして夜の帳《とばり》がおりてから、すでに長い時がすぎた。そろそろ闇夜が明けてもいいころだろう。

＊1　西田正俊『十津川郷』十津川村史編輯所、一九五四年、四七八頁。
＊2　上田井朗「五條市五條新町伝統的建造物群保存地区　古い町並みの伝統と新たな賑わい」(『文化庁月報』五二三号、二〇一二年四月)。
＊3　司馬遼太郎『街道をゆく12十津川街道』朝日文庫、一七頁。旅の時期は一九七七年。
＊4　『太平記』巻一八、「先帝潜幸芳野事」。
＊5　『太平記』巻二六。
＊6　『奈良県宇智郡誌』奈良県宇智郡役所、一九二四年、三七頁。
なお、『五條市史　上巻』(一九五八年)では、『奈良県宇智郡誌』の県道に関する記述を、

五條上市線―元伊勢街道
奈良和歌山線―元中街道
御所五條線―元下街道
宗桧五條線―西熊野街道

と整理し(六五七～六五八頁、執筆者は安彦勘吾氏)、また「近世」の「交通と商業」において、「五條の対岸野原村は西熊野街道の出発点となっており、ここから城戸を経て吉野の村々に道が通じていた」と述べているように、宗檜・五條間の街道の歴史を近世までさかのぼらせるのだが(四九二頁、執筆者は安彦勘吾氏)、この見解にはまったく従えない。『奈良県宇智郡誌』の県道の記述はこうなっているからである。

五條上市線　元伊勢街道と称す。五條町を起点として大阿太村に到る。延長二里二十町。
奈良和歌山線　元、中街道と称せしを、大正九年四月一日上の名に改む。北宇智村より和歌山県界に到る。延長三里十五町。
御所五條線　元、下街道と称せしが、大正九年四月一日上の名に改む。北宇智村より五條町に到る。延長一里二十町。
宗檜五條線　別名を西熊野街道といふ。五條町を起点とし宗檜村大字城戸に到る。
明治四十年七月、五條町外六箇村組合設立。大正八年県道に編入(野原村大字野原より宗檜村大字城戸迄認定)同九年四月一日、野原村大字野原より五條停車場迄延長し、宗檜五條線といふ。延長三里十町。

右にあるとおり、五條上市線・奈良和歌山線・御所五條線の三線の記述では、いずれも、県道の以前の名称・県道の起点と終点・県道の距離情報を、簡潔に記している。しかし、宗檜五條線の記事内容は、それとは全く異なっている。まず見逃せない点は、宗檜五條線には以前の道路名称が存在しないことである。「別名」と「元名」では、その指し示している時間（時期）が、前者は現在、後者は過去なのであって、同列に扱えない。さらに、「明治四十年七月」以下の記事内容を勘案すれば、宗檜五條線の前史が他の三線の前史と異質である点に疑う余地はない。

＊7　後述する下市村の「大橋」の記事に、「当村ハ郡中之府ニ御座候故」とある。

＊8　下市町史編纂委員会『大和下市史』一九五八年、一九八～二〇六頁。

＊9　『大和下市史』二〇三頁。

＊10　『大和下市史』三一一頁。

＊11　『大和下市史』四〇～四二頁。

＊12　川井景一編『大和国町村誌』（名著出版、一九八五年）は、その復刻版である。

＊13　『大和国町村誌』池田末則氏「解説」。

＊14　『大和下市史』八八八頁。

＊15　『大和下市史』八八七頁。

＊16　『大和下市史』四〇頁。

＊17　五條市史調査委員に関しては、『五條市史　下巻』末にその一覧がある。

＊18　『五條市史　上巻』一二八～一二九頁。なお、堀井甚一郎氏は『大和下市史　続編』（一九七三年）で「交通」を執筆し、五條からの道を西熊野街道と明記し、それが前近代にさかのぼりうるかのように記している（三三～三四頁）。

＊19　『五條市史　新修』一九八七年、一三八〇～一三八一頁。

＊20　『五條市史　新修』二五三頁。

# 装飾品から考える人間社会

村上麻佑子

## はじめに

われわれが「貨幣」というとき、何が思い浮かぶだろうか。紙幣・コイン・金銀などがその代表格であろうが、ほかにも貝や石貨・穀物・布・家畜などを挙げる人もいるかもしれない。じつにさまざまな物品が貨幣として認識されている。

では、貨幣はどのように成立したと考えられてきたのであろうか。エンゲルスの『家族・私有財産・国家の起源』は、いまもって人間社会の起源を論じる際の規範とみなされることが多いが、次のようにその諸段階を定めている。

野蛮——既成の天然産物の取得を主とする時代。人間の工作物は主としてこの取得のための補助道具である。未開——牧畜と農耕を習得し、人間の活動による天然産物の生産増大のための方法を習得する時代。文明——天然産物のいっそうの加工、本来の工業と技能を習得する時代。*1

彼は人間の進化の過程について、生命の生産と再生産の条件となる食料獲得が影響すると考え、それが家族形態の変遷とともに展開することを論じた。野蛮から未開の中期までは、氏族に象徴される

「原始共産制的な合同世帯」があるとされ、「最下位の段階では、人間は直接に自分たちの必要のためにだけ生産していた。たまたまみられた交換行為も個別的であって、偶然に生じた剰余をめぐるものにすぎなかった」[*2]とあるように、生産も消費もすべて氏族制的共同体の内部で自己完結するものとして構想されていた。そして徐々に生産過程のなかに分業が入りこみ、個々人の間の物々交換を生み、「交換のための生産」としての商品と貨幣が成立してくるとする。[*3]

人間社会と経済の近代以前のあり方を「非市場経済」として論じたポランニーにおいても、その論理構造は変わらない。彼の場合、近代資本主義社会以前には「社会的な人間」が自給自足の生活を営んでおり、自然発生的な社会組織である双対的組織・集権的組織・家族に依拠する形で「互酬」「再分配」「家政」が社会的諸関係のなかに埋め込まれ、経済領域は独立していなかったとした。しかし、一八世紀末における統制的市場から自己調整的市場への移行によって、社会構造は「完全な転換」が起こり、実際には非経済的制度や動機も作用して社会が成り立つにもかかわらず、「結局、人間社会は経済システムの付属物と」[*4]みなされるようになったという。これに対して彼は次のように主張する。

> 人間の経済は、したがって、経済的な制度と非経済的な制度に埋めこまれ、編みこまれているのである。非経済的な制度を含めることが肝要である。なぜかといえば、宗教や政府が、貨幣制度や、労働の苦しみを軽減する道具や機械そのものの利用可能性と同じくらいに、経済の構造と機

能にとって重要となることもありうるからである。[*5]

ポランニーは、原始共産制社会については「未開人は共産主義的な真理をもっているとする伝説」にすぎず、「疑わしいもの」とみなし、[*6]その理想化を批判している。しかし「共産主義的真理」は持ち合わせないにせよ、自足的な共同体として前近代社会の構造を読み解く発想は同じであり、この文章にみられるように、そのような共同する社会への意識的回帰を求めた。それゆえに、彼にとっての貨幣は、「象徴」や「シンボル」として共同体内部あるいは共同体同士の間で通用し、時に儀礼として共同体を統合する役割を果たすものであり、自足的な共同体を成り立たせる一部として焦点があてられている。[*7]

しかしながら、貨幣論は共同体論を前提にしなければ成り立たないのであろうか。たとえば宝貝を例に考えてみると、中国では四〇〇〇年前の殷代には盛んに流通し、その歴史は新石器時代にまで遡るという。[*8]東南アジアやオセアニア、インド、アフリカなどでも宝貝は長い間貨幣として利用されてきた。[*9]素材を貝全般に広げてみると、一〇万年前から一三万五〇〇〇年前と推定される北アフリカやレバントの遺跡ですでに貝ビーズが出土しており、その後数万年を経て日本にまで貝の流通は及ぶ。[*10]また身近な例でいえば、金や銀についても約六〇〇〇年前から五〇〇〇年前の間に流通がはじまり、[*11]現代に至るまで世界中いたるところで貨幣として利用されている。

こうした例が示すのは、貨幣のなかに共同体の内部・外部にかかわらず流通可能で、時間や空間に限定されない貨幣がある可能性である。つまり貨幣は必ずしも自己完結した共同体論に基づく必然性はないのではないか。そうだとするならば、共同体論を前提としてなされてきた貨幣の起源についての議論や定義も、改めて考察する必要が生じてくる。

以上のことから、本論ではこのような貨幣の起源と意義、そしてそこから派生する人間社会について考察したい。その過程で、従来語られてきた共同体とはいったい何なのか、その位置づけに関しても議論することになるだろう。

# 装飾貨幣とは何か

## 貨幣の性質

まずは、貨幣の帯びている性質を確認しておく。この点については、以前すでに根拠を挙げて論じたところであるため、[*12]ここでは論証の過程は省き、結論のみを使用しながら議論を進めていきたい。

第一に、貨幣はほかの商品交換の媒介となるために、絶えず人から人へと流通しつづける存在である。この究極の媒介物は人が使用し消費できる必要はなく、実際、ほかの用途にはならない紙幣やコイン、数字などが貨幣として機能している。さらにいえば、だれにも消費されないからこそ流通しつづけることが可能となるため、だれの目にも明らかな「使用価値をもたない性質」をもっている。

ただ、このような使用価値をもたない性質は、媒介としてふるまううえで重要であるものの、欠陥がある。それは本当に無用なものであれば、自分以外の他者がそれを貨幣として受け取らなくなった瞬間に、ゴミ屑同然の代物になってしまう危険性があることである。ところが実際には、使用価値をもたないものであってもそれとは無関係に高い貨幣価値が見いだされ、われわれは疑いなく貨幣として利用している。[*13]また、流通できなくなったとしても、それはほかの貨幣や物品に従来の貨幣としての機能が移行するだけのことで、[14]ふたたび無用なものに高い価値を見いだす行為が繰り返されるのである。

ではなぜ人は、このように無用なものに高い価値を見いだすという奇妙な行動をとることができるのか。それは、貨幣に対する価値の信用がどこから生じたかを問うことにもつながる。

この点に関して注目されるのが、古代以来世界各地の貨幣形態が金や銀との交換比率や関係をもってきた事実である。たとえば、古代バビロニアでは塩や大麦と銀の交換比率が存在し、[15]古代ローマで発行される鋳造貨幣の多くは、金銀で鋳造され、時にその含有率の高さによって貨幣の価値が左右された。[16]中国の秦《しん》においても半両銭とともに公的貨幣として制定されたのは金であり、[17]古代日本で発行された最初の銭貨である和同開珎や当時物品貨幣として流通していたと考えられている布や糸もまた銀との交換比率が遺され、重視されていたとうかがえる。[18]

これら諸貨幣は国家によって制定されたものであるけれども、それと同時にわかるのは、法的信用だけで貨幣価値が定まるのではなく、金や銀との関係が貨幣価値を裏付けるうえで決定的に重要であったことである。すなわち金銀の価値に依存しなければ、国家の発行する新しい貨幣はそれとして機能できなかった可能性がある。

そうした場合、金銀はいったい何によって高い価値を担保しているのか。その価値は国家や共同体の枠組みとは別に存在する。また希少性がその理由として一般的に挙げられるが、そのすべてが高い価値を見いだされるわけではない。

いっぽうで、だれもがわかる特徴としては、それが「装飾品」ということが考えられる。装飾という概念は改めて捉え直すと奇妙な思惟様式で、きらきらとした輝きや、ビーズや文様のように無用なものや記号の繰り返しに対して、われわれはたちまちに「かざり」なり「装飾」という意味を読みとり価値を見いだす。その性質は原始の時代から確認できる人の特徴であり、[*19] いまもって世界中のあらゆる人が同様に価値を理解できる普遍性がある。したがって装飾概念こそが、貨幣の性質としてあるもうひとつの特徴、「使用価値をもたないものに対して無関係な高い価値をもつ」ことを可能にするうえで必要な条件と考えられる。ここまでが過去に論じた貨幣のもつ二つの性質であった。

しかしながら、このように貨幣に関し二つの性質を定義したとき、矛盾を感じることも少なくないだろう。たとえば、貨幣には「使用価値がない」というが、「装飾」という行為自体が有用な目的であって、結局貨幣は使用価値があるのだという反論が想定できる。さらにいえば、金や銀は「装飾品」という「道具」であり、人にとって役立つ「道具」が「商品」となって交換が行なわれ、徐々に信用を得ていわゆる商品貨幣となっていったのではないか。このように捉えれば、従来の貨幣論とも矛盾がなく、共同体論に基づいて貨幣発生の構造を論じることにも問題はないだろう、と。

そこで「道具」や「商品」の意味を調べてみると、「道具」は「物を作り、また事を行うのに用いる器具の総称」(『広辞苑』)であり、それを利用する固有の環境や文化的事物に依存し、ある社会においては重要な意味をもつが、時代や環境が異なるとまったく意味をなさない事態が起こりうる。[20] あるいは「商品」とは、「人間にとってなんらかの意味で有用な使用価値」であり、かつ「交換をつうじ他の商品を入手するのに役立つ価値」とされるが（『岩波小辞典　経済学』）、具体的には、共同体内で発生した剰余生産物や、共同体と共同体との間の交易関係から成立した外来物が想定され、最終的に使用され消費されるものであるから、結局のところ「商品」も空間と時間に規定されている。

他方で「装飾品」は、ビーズや繰り返しの文様に象徴されるように、普遍的に理解される価値をともなう。「装飾品」はあらゆる人にとって永久に使用可能な対象といえるのであり、これを「道具」や「商品」と同じ範疇で捉えることはできないのである。

そしてこのように理解したとき、われわれは「装飾品」とは何か改めて考察する必要に迫られるだろう。かつて、装飾品の連なって成り立つ構造が貨幣と同じ意味をもつのではないかと論じたが、[21] 今回は「使用価値」という点で人間の行動を含みこんで理解する必要がある。つまり装飾品と人の関係性についても、貨幣と人のそれと同様であるかどうかが議論の焦点になる。

## 装飾貨幣について

ではこのような装飾品に使用価値はあるのだろうか。

人類にとっての装飾は、身体に塗るレッド・オーカーがフランスのニースでTerra Amata原人の三五万年前の遺物として見つかっていることから、身体装飾にはじまると考えられている。[*22] 現在、ほかの霊長類は身体装飾をおこなっておらず、現生人類を含めたホモ属の特徴として、飾る行為は認められる。ただ人類がもともとおこなっていた身体装飾とはどのようなものであったか、またどの範囲の人に見せる行為かは不明である。もしかすると群れのなかや異性に対する視覚的なアピールや個人的な欲望を充足させる楽しみであったのかもしれない。仮にそういった使用がなされていた場合、それはたしかに個人にとって有用な消費活動であり、使用価値をもつと捉えても差し支えない。しかし、現生人類の生みだした装飾品が、それと同等かは疑問である。なぜならわれわれにとっての装飾品は、群れや異性、みずからのために消費するといった限定的な用途に合わないからである。どういった点でそういえるか、考えてみよう。

身体装飾以外の装飾品が見られるのは、現在のところ約一三万年前の現生人類からである。ただもちろん、考古学上の発見があればそれより前に遡る可能性は否定できない。先に挙げたレバントの貝がそれであるが、この装飾品が前代の身体装飾と大きく異なるのは、飾りの取り外しが可能になった点である。直接身体に描かれず取りはずせるということは、他者へもその飾りを移行できたことを意味する。しかもその貝には穴があいていて、ひもを通し連ねるとビーズになり、それが首や腕に巻く飾りであったことをわれわれは理解できる。貝ビーズは一三万年前も現在も同じく「飾り」なのである。

したがって人は貝ビーズに対し、個別の人間関係や群れのなかだけでなく、いつでもどこでも同様に装飾的価値を見いだし、まったく新しい人間関係においてもビーズを交換することが可能となっている。そしてビーズは装飾以外に用途がないため、人びとは装飾品を飾る、人に見せる、取り外す、また飾るという行為を延々と繰り返し、その結果、装飾品は不特定多数の人の間を半永久的に移動しつづける。つまり装飾品を飾る行為そのものが、人間の間を流通し、交換行為を生みつづけるための還元装置となり、消費されることのないようにできあがっているのである。

金銀の場合はどうか。金銀は特徴として溶解することでさまざまなアイテムに自在に変化可能なことが挙げられる。あるときは首飾り、またあるときは王笏《おうしやく》・食器といった多様な形態に変化できるため、だれにでも飾りとして受容され、*23 つねに人目に触れる場所に置かれる。その結果、消費によって流通から退くことは永遠になく、絶えず流通に還元される構造をとっている。

そして装飾が使用を促すのではなく、むしろ個人的な使用や消費活動を抑制し、絶えずあらゆる人の間でおこなわれる流通に還元される構造をとる以上、やはり装飾品は使用できず消費もできない存在なのであり、使用価値をもたないとみなせるだろう。われわれは、ふたたび二七〇ページで考察した貨幣の性質に立ちかえることになる。「貨幣とは使用価値をもたないものであり、かつ高い価値を見いだされる存在である」、この定義からして装飾品とは貨幣そのものなのであって、貨幣として装飾品の形態が生まれたと考えられる。装飾品のもつ性質、つまりはだれにでも理解可能な普遍的価値をもち、取りはずせる飾りとして人目に触れつづける性質は、不特定多数の人びとの間を流通しつづける貨幣としてのふるまいを実現するためのものなのである。

筆者はこれまで、このように現生人類が一三万年前に生みだした原初的な貨幣形態を、単なる「貨幣」と区別するために「装飾貨幣」と呼んできた。この装飾貨幣は、あらゆる人において同じく使用価値がないにもかかわらず高い価値が見いだされ、人から人へ絶えず流通していく。言い方を変えれば、明らかに使用価値がないものに対して、すべての人間が同様に高い価値を想定し飾りつづける、その前提のなかで装飾貨幣は成り立っている。では、「ない」はずの価値を「ある」と人間が認識するこの奇妙な現象は、どのようにして起きているのだろうか。

## チンパンジーと人との認知の違い

この問題は、チンパンジーとの認知の違いから考えてみたい。彼らは人間とDNAのゲノム配列が九八・七七パーセント同じであり、六〇〇〇万年前まで遡れば共通の祖先をもつ。それゆえに霊長類のなかでももっとも近しい間柄にある。

しかしながら人の認知のあり方と比較すると、興味深い違いがみられる。霊長類学研究所の実験によると、チンパンジーは一歳八か月ころから、人間は一歳半ころから「なぐりがき」が可能となり、その後両者が描く絵は、下絵の線に沿ってそのままなぞるものとなる。チンパンジーは成長しても下絵をなぞりつづけるが、人間は二歳半をすぎると下絵にないもの（この実験では、チンパンジーの顔の絵で、そこに唯一描かれていなかった「目」）を想像し、補って描きはじめるという。[*24] このことは、チンパンジーが、目の前にあるものを画像のまま認識するのに対して、人間がそこにない事物まで勝手に想像することを示唆している。

このような認知と深くかかわるのが、両者の記憶力の違いである。チンパンジーの子どもの直観像記憶力は、人間のおとなよりもすぐれており、[*25] またボノボもいちど見た出来事を長期的に覚えていることが証明されている。[*26] 人間は脳容量においてまさるものの、ほかの霊長類ほど瞬時に細部を記憶する能力がなく、長期記憶力についてもすぐれていない。

ではなぜ人の記憶力は脳容量に比して高くないのか。松沢哲郎氏は「知性のトレードオフ仮説」を提唱し、直観像記憶のような瞬間的な記憶機能と表象を操作する言語機能のトレードオフが起きたと推測している。[*27] 実際、人は、言葉をとおして他者から情報を得ることで記憶を補完し行動をとる。言葉の獲得によって、個人の記憶力が衰えるのと引き換えに、不特定多数で構成された人間社会に記憶装置を転化し、そこから得る情報にしたがって生存活動を行うようになったと考えられる。その結果、より多くの人間の経験知に基づく複雑な活動ができることとなる。

先の絵の事例でいえば、チンパンジーはいまそこにあるものを正確に記憶し模倣する動作をとるのに対し、人間はあるがままに認識するのではなく、社会的情報を総合させて判断し動作にいたるため、そこにないものまで描いてしまうと考えられる。言い方をかえれば、われわれは事物を直接認識しようとしてもできず、つねに中間項としての社会を介して考え行動している。ただし、これは人間以外の生物に社会がないということを意味するわけではない。生物はすべて、実際に接触しあう個体間のはたらき合いのなかで調整をしながら社会を形成している。

そのなかで人間が特殊なのは、実際に接触している社会関係だけでなく、目に見ることも触ることもできない実体のない社会までをおのずから認知する点である。しかも我々はその実体をもたない社会に絶えず従属した行動を取りつづけてきた。たとえば、人の発する言葉は先天的に不特定多数の人間によって共有されるだけではなく、*28 物語や歴史として客体化され、人は直接的にはその経験にかかわり合いをもたないにもかかわらず、客体化された言葉に規制を受け、従いながら行動や言葉を生んでいくことになる。

装飾貨幣の場合、だれにとっても使用価値がないために、個人的にそれを所持することにはなんの意味もない。人はこの貨幣に面したとき、個人的意思ではなく不特定多数の他者が「飾り」として高い価値を認識しつづけ、繰り返し流通していることを無意識に想起する。そして不特定多数によって構成された社会の総意をみずからの認識に置き換え、貨幣に対して同じように価値を共有していく。ロシアのスンギール遺跡では、二万八〇〇〇年前の墓からおびただしい量の象牙ビーズを装着した遺体が見つかり、[*29] その後、世界中で死者への装飾品の副葬が行われつづけるが、これらからは死者もまた装飾貨幣で飾る対象となることがわかる。つまり過去や異世界の人間も含めた不特定多数で構成された社会を介して、人は貨幣を利用するのである。

以上からして、装飾貨幣の存在は、現生人類が、主観的な価値や言動とは直接結びつかない、不特定多数で構成された社会に本能的に従属し、生きていることを意味する。このように社会的総意に基づくことで、はじめて使用価値をもたないものに高い価値を見いだし成り立つ装飾貨幣を生むことが可能となる。

## もうひとつの貨幣・計算貨幣

### ケインズの論じる「貨幣」と「社会」

貨幣と人、そして社会との密接な関係性を自覚的に語った人物のひとりに、近代経済学の大家ケインズがいる。彼は『貨幣論』（一九三〇年）において、「貨幣は文明にとって不可欠な他の幾つかの要素と同様に」「その起源は、氷河の氷が溶けつつあった時代の霧の中」「間氷期の人類の歴史における楽園の合い間にまで及ぶとみてよい[*30]」と語り、貨幣の起源をそれまで考えられていたよりはるかに古い段階にみていた。

ケインズはなぜ、貨幣の起源を原始まで遡って語り得たのだろうか。彼は貨幣の定義を次のように行っている。

計算貨幣（money of account）、すなわちそれによって債務や価格や一般的購買力を表示するものは、貨幣理論の本源的概念である。計算貨幣は、繰延支払いの契約である債務および売買契約の付け値である価格表とともに現われる。このような債務と価格表とは、それらが口頭で述べられようとも、または焼いた煉瓦や紙の書類に記帳することによって記録されようとも、計算貨幣によってしか表示されない。…貨幣と計算貨幣との区別は、計算貨幣は記述あるいは称号であり、貨幣はその記述に照応するものであるといえば、恐らく明らかにしうるであろう。*31

彼にとっての貨幣とは、債務の契約や売買の付け値によって発生する記録としての計算貨幣を指す。ゆえに彼もまた、数という実体がなく使用価値が発生しない存在に貨幣の本質を捉えていたことがわかる。加えて重要なのは、「契約と付け値に言及することによって、すでにわれわれはそれらを履行させることのできる法律（law）あるいは慣習（custom）」、「国家（the State）あるいは社会（the community）を導入している」*32とし、貨幣経済（monetary economy）の成立には国家や社会の存在が前提条件となることを指摘した点である。これらが貨幣交換に及ぼす働きは次のように述べられている。

さらに貨幣契約の一つの特殊の性質は、国家または社会が、単に引渡しを強制するだけでなく、計算貨幣をもって締結されている契約の合法的あるいは慣習的な履行として引き渡さなければならないものは何かということをも決定する点にある。

すなわち計算貨幣を用いる者は、国家の法や社会的慣習にしたがって交換や交換対象を決めるため、みずからの主観を除外して売買行為を履行していることになる。この貨幣交換における社会的意思の所与性は、計算貨幣とかかわりをもたない「物々交換」(real exchange economy)に関する説明をみるとわかりやすい。

ただ単に交換のその場でその便宜的な媒介物として用いられるにすぎないものが、一般的購買力を保持する手段を表わしているというかぎりで、貨幣としての存在に近づくこともあるであろう。しかしもしそれだけにとどまるならば、われわれはほとんど物々交換の段階から脱してはいない。本来の貨幣は、この言葉の完全な意味内容からいって、ただ計算貨幣とのかかわりでしか存在することはできない。*33

交換の場において売り手と買い手が便宜上あるものを媒介として用い、かつその媒介物が一般的にも購買力を保持したとしても、そのことで貨幣となるわけではない、とケインズは論じる。これは、それまで考えられていた「物々交換の繰り返しの中で貨幣が成り立つ」という論理を彼が否定したことを示している。

## 物々交換と貨幣

ところで、この物々交換の論理から忠実に貨幣社会を読み解いたのがポランニーであった。彼は、自給自足的共同体のなかで共同体を統合する象徴的役割を果たすものに貨幣の原点を置いている。

それゆえ、現代の社会では、貨幣のさまざまな用法の統一化がたまたまその交換機能を基礎にしてなされたけれども、初期の共同体（community）では、互に異なる複数の貨幣の用法が個々別々に制度化されていることということになる。それらのあいだに相互の依存関係があるかぎりでは、支払い、標準、あるいは富の貯蔵のための使用法の方が交換のための使用法よりも優位に立ちうるのである。[*34]

彼がこのように特定の目的でのみ使用されるさまざまな貨幣形態を前近代社会に想定したのは、その成立を物々交換から読み解いたからであった。物々交換では、互いの欲するところをよく知り、つねに同じように行動する間柄でなければ、交換が順調に成り立たない。それゆえ、特殊な人間関係や共同体に基づき、それぞれの目的に沿うかたちで多種多様な貨幣が成立することになる。[*35]したがってポランニーの想定する「社会」では、売買行為は個人的意思からなされるのであり、貨幣も、ある時代、ある場所でのみ通用する特殊な「手段」として限定的に機能すると捉えられていた。

しかしながらケインズが指摘したように、このように特殊な目的のための「便宜的な媒介物」として機能するだけでは貨幣とはいえない。その媒介物はあくまでその場限りの道具にすぎず、それが他者との間でも同様に媒介物となる事実は、なんら交換に影響を与えるものではないからである。[*36] 本論で述べてきたように、貨幣は一過性の道具や商品とは異なり、絶えず人から人へ流通し交換されつづける特性をもつ。

ケインズはこの点に自覚的であり、『貨幣論』のあとに出版された『一般理論』(一九三六年[*37])では、貨幣の特性として流動性 (Market Liquidity) の高さを挙げ[*38]、人間がこの流動性に対してフェティッシュな傾向を抱くとした。貨幣の流動性とは、いうなれば、消耗することなく現在も未来も人から人へ交換され流通しつづける性質であり[*39]、人の流動性選好から貨幣を保蔵しようとする動きも生まれる。[*40] 『貨幣論』での彼は、不特定多数の他者との交換が不可欠となる貨幣流通が行われるには、みずからの意思や目的とは完全に切り離された国家の法や社会の慣習に、価値の評価を依存する必要があると考え、それらを前提にはじめて成り立つ計算貨幣を「本来の貨幣」とみなしたのだと思われる。

そのうえで彼は、この計算貨幣が原始時代からみられるものとした。

国家による重量の標準の最初の改革は、はっきりした記録のあるところでは、紀元前三〇〇〇年代の終り頃のバビロニアの改革であった。しかしこれがその初めではなかった。それ以前にも幾つもの標準が存在していた。そして原始時代に、人類がまだ重量という概念やあるいは秤の技術的な工夫にまでは至っていないので、度量のためには大麦の粒あるいはいなご豆の粒あるいは宝貝を数えるということに頼らざるをえなかった時代にあっても、一、二あるいは一〇というような数を使って表わされていた支払い債務に対して、どのような種類あるいは品質の単位がその正常な返済となるかを決めていたのは——ちょうど後に一三世紀にもなってイングランドの政府が英貨一ペンスを、「穂の真中にある小麦の粒三二」の重さと定めていたときのように——やはり国家あるいは社会であったであろう。*41

たとえ原始時代であったとしても、数を使って表す支払い債務はすべて「計算貨幣」であり、それが存在する限り、人は必ず国家の法や社会の慣習に則って交換を行うものとみなされる。またこれによって、「本源的概念」としての貨幣や国家そして社会が、原始から現代まで一貫して存在することを想定していたとわかる。

ただし注意したいのは、本論で述べた装飾貨幣は、ケインズの「計算貨幣」とは異質な性質をもつ点である。ケインズのいう〝the State〟や〝the community〟は、不特定多数によって構成されるとはいえ、ある空間や時間に規定される概念であり、そのなかで上から与えられるかたちで人びとは

〝law〟なり〝custom〟を共有し、特殊性を帯びた数で表現される貨幣を利用する。これに対して本論の論じる装飾貨幣の場合、その流通は共同体の内外を問わずあらゆる人の間で交換され、また数の論理も必要ない。装飾貨幣をつうじて従属する社会の総意は、茫漠と広がった人間社会全体を単位として形成される。

だがこの違いはどちらかのみが正しいわけではなく、貨幣流通には二つの次元があるのではないだろうか。ひとつは、あらゆる人の間で貨幣が交換される次元、もうひとつは国家や社会（正確には共同体）が価値を保証することで、その内部で貨幣が流通する次元である。

装飾貨幣は、人がそれを見て「飾り」と認識し、欲しい、与えたい、奪いたい、などと思えば、対価の量がいかほどであろうと関係なくおのずから交換が生まれるという、いわば不等価交換を意味している。いっぽうで計算貨幣は、つねに価値が数字によって表現され、正確な対価の量が定められた等価交換を前提にしている。

それゆえに計算貨幣は、等価の論理を理解する者には一律に公平な交換を実現させるものであるが、等価の論理を知らない、あるいは理解できない人間の場合は、交換を成り立たせることはできない。ところが装飾貨幣は、あらゆる人が先天的に「飾り」を認知し、だれでも不等価交換を実現できるから、二つの次元のうち、より本能的で原初的な貨幣流通は、装飾貨幣の方であると思われる。

## 装飾貨幣から認識される人間社会

### 分業社会との相互不可分性

先にも述べたように、装飾貨幣が成立する前提には、人が飾ることで装飾品が人から人へ絶えず流通していくという構造的連関を社会的総意とみなし、必ず従うことが不可欠となる。たとえば装飾品には地元で採集されるものよりも、遠い場所で採集されたもののほうが価値をもつことや、[*42] はるか過去に採集され年月を経たものが価値をもつ性質[*43]がある。これらについても空間的、時間的に不特定多数の人を経由しつづけた連続性に対して、人が価値を見いだしたとうかがえる。ところで、このような装飾貨幣は実際の人間社会でどのように働くものなのであろうか。

装飾貨幣があらゆる人にとって同様の価値をもち、飾りつづける対象物であるということは、それを所持する人が他人も飾ることへの確信をもっていて、つねにだれとでもそれを交換可能な状況にあることを意味している。また装飾貨幣の多くは耐久性にすぐれ、飾られたまま消費されることはないから、いますぐに交換もできるし、遠い先に交換してもかまわない。いざ交換する際は、対価として貨幣を受け取る他者にとってもあらゆる人の価値物であることは認識されており、交換は両者にとって望ましいものであるから、装飾貨幣の代わりに自分に必要な物を他人が取り換えてくれる。そしてこれは、人が装飾貨幣をもってさえいれば、自分の生活の糧は他人にまかせても生きることができる状況を意味している。他の動物の場合、成長すれば日々の糧を自分の力で獲得し生命活動を維持する。たとえばチンパンジーは、食べ物を分け合う習性をもつものの、分配は関係が限られ不特定多数の他者との間で行われるものではない。[*44]

絶滅したほかのホモ属については不明だが、現在のところ装飾貨幣を利用し、主体的に不特定多数の人類との間で交換をしていた痕跡は認められていない。[*45] 基本的には群単位で狩猟採集を行っていたと考えられている。いっぽうで現生人類は装飾貨幣を利用し、あらゆる人と必要なものを交換できるために、自給自足をせずとも暮らすことができる。いうなれば人は自立する能力を完全に放棄した見返りとして、不特定多数の他者と交換しながら、社会に生かしてもらうことを選択したのである。

だが、他人まかせの生き方を飢え死にすることなく持続させるには、人は貨幣を得つづけなければならない。そこで自分以外の他者の欲望を充足するために生産し、その対価として貨幣を得る分業も必要となる。分業は、現在でも需要の見込みがあるが未開拓の分野に向かって果てしなく細分化していく傾向をもつが、これは道具を使って同じ環境を棲み分ける形で成立し得ると考えられる。[*46] この構造は、一般動植物の環境への適応と同じ原理であり、生物としての強固な適応方法といえよう。このように、装飾貨幣をつうじ、あらゆる人と結びつくことが可能な社会を基盤に棲み分けが起こることで、社会はさまざまな分業を含み、交換によってそれぞれ個人が充足することになる。

したがって、装飾貨幣の流通は同時に分業を成り立たせるといえる。人がみずからの意思だけを頼りに自足して生きる段階から、相互連関のなかで形成された社会全体の総意を拠りどころに生きる方向へ展開したことで、装飾貨幣も分業も生まれた。それは、北アフリカのレバントで約一三万年前の遺跡から貝ビーズが発見され、イスラエルのカフゼー洞窟では約一〇万年前、モロッコの「ハトの洞窟」で約八万二〇〇〇年前等々見つかっていることから、[*47]出アフリカの時期には転換が生じ、社会を介して瞬く間に変わったとみられる。[*48]そして装飾貨幣が一三万年前から存在する以上、分業もそのときから存在すると捉える必要がある。

## 計算貨幣と国家

それでは、計算貨幣はなぜ生れてくるのだろうか。このように問うのは、装飾貨幣があらゆる人に共有されるのに対し、ケインズの語る計算貨幣は国家や共同体の内部で共有され、流通範囲が限定的であり、両者の性質が異なっているからである。

国家や共同体概念が社会的総意に関連することは、古代人によって自覚的に語られている。たとえば古代ギリシャのプラトンは、ソクラテスの言葉として、国家を次のように述べている。

ぼくの考えでは、そもそも国家というものがなぜ生じてくるかといえば、それは、われわれがひとりひとりでは自給自足せず、多くのものに不足しているからなのだ。……したがって、そのことゆえに、ある人はある必要のために他の人を迎え、また別の必要のためには別の人を迎えるというようにして、われわれは多くのものに不足しているから、多くの人々を仲間や助力者として一つの居住地に集めることになる。このような共同居住にわれわれは〈国家〉という名前をつけるわけなのだ。

（『国家』）

まず彼は、人間は自給自足せずつねに不足するとしたうえで、多数の分業者が互いに不足を補い合うために共同居住をおこなう状態を「国家」と表現している。すなわち分業者同士の集合する場を「国家」と名づけているのがわかる。

加えてこのような国家は、ただ場として存在するだけではなく、管理する者を必要とする。具体的には「全生涯にわたり、国家の利益と考えることは全力をあげてこれを行なう熱意を示し、そうでないことは金輪際しようとしない気持が見てとれるような[*49]」「国の守護者」を挙げ、分業を担う一般民衆とは隔絶した人格を想定する。それは哲学者であり「神霊的な、神に近い者たち」であって、彼らは「全時間と全存在を観想するほどの精神[*50]」をもち、一般の民衆が盲目的に従うほかない社会的総意の構造を知る者として、主体的に国家を運営していく。ゆえに、ソクラテスの語る「国家」は分業社会であると同時に哲学者によって認識された社会的総意に基づいて運用される概念といえる。

いっぽう中国では、後漢時代に班固《はんこ》が、農業による食糧供給と、貨幣と市を媒介に不足を補い合うことが、国を充足させ民衆を豊かにすると記している。

『尚書』洪範篇の八つの基本政策中、第一は食であり、第二は貨である。食とは、食糧となる農業生産物であり、貨とは、衣料となる布帛、及び貨幣であり、財貨を分配し、流通させる手段である。この二者は、人間生活の根本であり、神農の時代に興ったものである。……食料が充ち財貨が流通した後に国は充足し、民衆は豊かとなり教化が達成される。（『漢書』食貨志・序文）

「食」すなわち農業を重視するのは、みずから食料を獲得せず他人から供給されることに身を任せる人びとがいるからであり、市場での交換も含め、分業社会を前提に構成された文章といえる。ここに現れる神農とは三皇五帝のひとりであり、『周易《しゅうえき》』繫辞伝下にも、民衆に農業を教え、市場を開いて民衆に有無を交易させた人物とされる。このことから、古代中国でも分業社会とそれを管理する君主からなる国家の存在を確認することができる。

また春秋戦国期から漢代にかけて、天が民を生み、自治能力を欠く生民を養うために天が君主を立てて統治させるという生民論が成立しており[*51]、君主は自律できない民衆から超越した立場で均一、公

平な政治を行うとされた。戦国時代の秦の叙述には、

むかし聖王が天下を統治すると、必ず公平を先にした。公であれば天下は平和になる。平和は公正によって得られるのだ。…君主が立てられるのは、人心の公正から出たものである。…天下は一人の天下ではない。天下の天下である。

（『呂氏春秋』孟春紀・貴公篇[*52]）

とあるように、政治は聖王の時代から繰り返し公平な政治を行いつづけ、形成された天下の絶対的な公共性を保つかたちでなされる必要があった。したがって君主の統治行為は君主のためのものでなく、抽象的な天下に内包される民衆のため、遠い過去から含めた不特定多数の人びとの総意に基づいて施されるものである。

古代インドの場合、紀元前七世紀以降、「集団」や「あつまり」を意味する「ガナ」「サンガ」と呼ばれる共和政体の国家が成立する。[*53] 原始仏教聖典には、共和政治をおこなうヴァッジ国が強力である理由として、「共同して集合し、共同して行動し、共同してヴァッジ族として為すべきことを為す」こと、「未だ定められざる事を定めず、すでに定められた事を破らず、往昔に定められたヴァッジ人の法に従って行動しようとする」ことなどが挙げられている。[*54]

これらから、貴族層のクシャトリアたちが、過去の人びとがつくってきた法や規範に則り、国のた

めに協力して政治を執り行ったことが読みとれる。

さらに原始仏教に興味深いのは、もろもろの存在を成立せしめるところの「かた」である法について、常住不変の形而上学的実体を仮定する考え方を排斥し、「これがあるときに、かれがある」[*55]という相互依存性を意味する縁起に根拠を置いた点である。これは存在の相互依存的な無限の連なりのなかに、人があることを表現しており、時間的にも空間的にも互に結びついてある社会的総意に、すべての人が従属し生きることを意味するといえよう。

加えてブッダが「わたくしのさとったこの真理は深遠で、見難く、難解であり、しずまり、絶妙であり、思考の域を超え、微妙であり、賢者のみよく知るところである」[*56]と説法を躊躇したように、ありのままの縁起を理解することは凡人にはできず、悟りを得た者だけが構造連関を解し得ることも明示されている。ただブッダはその前提を理解したうえで、それでも積極的に人びとのために教えを説くことを決意し、それによって世界宗教としての歩みがはじまった[*57]。

これら三地域では、人間の無限の連関で成り立つ社会的総意を共通して意識し、その構造にすべての人が従い生きていること、にもかかわらず、その事実をありのまま認識することは常人には不可能で、無意識に従うほかないとの古代人の解釈が見て取れる。そのなかで分業社会の仕組みを悟った人が現れ、多くの他者を生かすために抽象概念であるところの国家を管理するのだとした。したがって国家にとってその管理者が必要不可欠となることがわかる。

いずれも紀元前七世紀ごろには最初の鋳造貨幣が成立するが、[*58] これは君主や指導者が分業社会において貨幣が必須であること、またその価値の根拠が個人から隔絶した社会的総意への信用にあるのを理解した結果、人為的に創出されたといえよう。

## 国家はいつから存在するか？

そしてこのような管理者をともなう「原国家」ともいえる共同体の出現は、それよりずっと早くにはじまったのではないか。現生人類以前のホモ属は男性と女性の分業があり家族を軸として相互依存的な小集団の群れを成したのに対し、[*59] 一三万年前に見いだされた装飾貨幣は、個々の家族を超え人がだれとでも繋がること、換言すればだれにでも依存し従属することを可能にした。

これにより群れの自己完結性は失われる代わりに、つねにだれかと繋がるため、異質な分業者同士が出会う集合場所が恒常的に必要となる。この不特定多数が集合し交わる場は、人びとの移動する交通路の結節点に市《いち》として発生し装飾貨幣を利用して交易する場合と、管理者を中枢に据え、その収集と再分配に依存する形で寄せ集まる共同体編成の二つの方向性が考えられる。

その最初の痕跡を見いだすのは容易なことではないが、装飾貨幣と分業は同時並行で成り立つから、それらと同じ時期にはじまった可能性が想定される。現在確認される先史時代の神殿建築[*60]は、目の前の人間だけでなく、過去や他者を含めた不特定多数で構成される世界観から成り、かつその場を中心に人びとが繰り返し集まっているから、少なくとも一万二〇〇〇年余り前には共同体編成を確認できる。

また一万年前ごろからは農業を開始し、食料を分業者たちに供給、[*61]さらに採掘・工芸技術や冶金術[*62]を取りこむことで貨幣流通も管理して、すさまじい人口と領域を抱えた国家の様相を現しはじめる。そして紀元前一〇〇〇年ごろからは製鉄技術が拡散し、[*63]複数の国が勃興して資源や燃料を獲得するために土地を奪い合うなかで「国家」の自覚化が展開した結果、最初の哲学者たちが言葉を残していったのではないだろうか。

ケインズが示した計算貨幣とは、そのような共同体ないし国家のなかでさまざまな分業を維持するために制御された貨幣であったとみられる。そして計算貨幣は、その成立根拠が飾りによって自然に成り立つ社会的総意から、人為的に創出された共同体内部の慣習や国家の法へと転換しているため、装飾貨幣とは違って時の経過や空間の制約を受け、そこからずれると通用しなくなる性質をもつ。

その弊害に対処し永続的に通用させようと、国家は法律を繰り返し制定し、また共同体では儀礼化することで人びとの信用を保つ努力を惜しまなかった。刑罰や制裁行為、禁忌があるということは、内部の人びととの信用を保持し分業を維持する責務を国家や共同体が負ったことを示している。

## おわりに

本論では、装飾品が、「飾る」という行為をとおして、消費されることなく、飾る、人に譲渡する、飾るという無限の連環のなかにありつづけることから、使用価値をもたず流通しつづける貨幣の性質と同じであるとし、それ自体貨幣であると位置づけた。このいわゆる装飾貨幣は飾るほかに用途をもたないため、所持しても個人の消費目的にかなうことはない。

他方で人びとは個人にとっては意味をもたない空虚な装飾品に面したとき、すでに不特定多数の人びとを経由しつづけている事実、そこに見いだされる社会的総意をおのずから想起することとなる。その総意に無意識に人が従うことによって人間共通の価値認識が成立し、あらゆる人の間で装飾貨幣の交換が可能となっている。

また人は、装飾貨幣を利用してあらゆる人との間で交換が可能になったことにより、日々の糧を見知らぬ他者に依存しながら生活し、同時に多様な分業を棲み分けて成り立たせることができるようになったと考えられる。だがそれは、人間が自給自足的生活を放棄し、絶えずほかのだれかと交換しつづけなければ生きられない状況に陥ったことをも意味している。

このような不特定多数の人間同士が出会う場には、人びとの移動する道の結節点にあって、定期的あるいは不定期に集合して交換を行う市場と、多数の分業者を共同体として編成し管理者によって人びとを制御しながら常時成り立たせる「原国家」の二つの可能性が想定される。このうち後者において、人びとの消費活動を制御する手段として、農業生産の管理による食糧供給とともに、法や慣習に信用を担保された計算貨幣による流通管理がなされるようになる。

計算貨幣は装飾貨幣と同様に、個人の使用価値とはまったく無関係な国家や共同体の信用によって価値が成り立っているが、装飾貨幣がすべての人との間で交換可能であるのと異なって、ある限定された時間と空間のなかで流通している。

そしてここまでの議論で留意したいのは、計算貨幣の成立によって装飾貨幣の流通が失われたわけではないということである。ふだんは計算貨幣を利用していても、その貨幣価値が下落し不信感が高まったときや、見知らぬ他者との交易、国家間の交易などの際には、装飾貨幣が絶えず媒介物として利用されてきた。またそもそも装飾貨幣が存在し、社会的総意にしたがってあらゆる人と交換できる状況になければ、不特定多数の人を内包して成り立つ共同体編成はできない。

それゆえに装飾貨幣の存在は貨幣使用を成り立たせる根幹なのであり、人間社会において決定的に重要な存在といえる。

*1 エンゲルス『家族・私有財産・国家の起源』岩波書店、一九六五、三八頁。

*2 『家族・私有財産・国家の起源』、二一八〜二一九頁。

*3 『家族・私有財産・国家の起源』、二三〇〜二三二頁。

*4 カール・ポランニー『経済の文明史』筑摩書房、二〇〇三、四四頁。

*5 『経済の文明史』、三七三頁。

*6 『経済の文明史』、五八頁。

*7 「贈与」はマリノフスキーやモースが注目し、前近代の経済活動を語る上で不可欠のキーワードとなり、装飾品の流通に関しても贈与交換と結び付けて解釈されてきた。この「贈与」に焦点があてられた背景には、ポランニーと同様に共同体内部、あるいは共同体同士の間での儀礼的なやりとりを示す意図があり、突き詰めるとある閉じた社会空間を前提にした人々の特殊な結びつき、マナやハウを対価とした個別的な信用や契約のあり方を描くために注目されてきた。しかし、ここで論じる装飾貨幣は、贈与交換、市場交換、あるいは略奪や盗みであろうと同じ働きをし、対価があろうがなかろうがひたすらに流通する。つまり共同体とは無関係に、初めから人から人へ積極的に移動するようにできているため、その流通は贈与交換に限る必要はなく、発生の起源を置く必要もない。

*8 青海省楽都県柳湾の九一六号墓にてトルコ石の首飾りに混じって海貝（宝貝と同じ）と石貝が見つかり、同じ遺跡の斉家文化時期の九九二号墓では胸に玉の飾りをつけ太股の間に三六個の海貝を副葬した遺跡が見つかっている。殷墟では婦好墓（殷墟Ⅰ期）で総数六八八〇余りの海貝が、また山東省域の殷後期の大型墓でも一四三二個の海貝の副葬が見られるという（佐原康夫「貝貨小考」『奈良女子大学文学部研究年報』四五号、二〇〇一）。またモルディブやフィリピン産の宝貝の流通は一三世紀後半においても雲南地方やインド、アフリカで見られ、一五世紀には琉球から明への朝貢品として宝貝五五〇万個が含まれていた（安樹新一郎「一三世紀後半モンゴル帝国領雲南における貨幣システム」『国際研究論叢』二五号、二〇一二）。

*9 「タカラガイ」『大日本百科事典　ジャポニカ11』小学館、一九六九。波部忠重、大森元吉執筆。

*10 これらの事例については拙稿「装飾貨幣と鋳造貨幣」（『史創』五号、史創研究会、二〇一五）に論じた。

*11 時代が特定できる最も古い金は、ブルガリア東部の黒海に近いヴァルナ湖の埋葬地から出土した紀元前四二五〇年から四〇〇〇年頃のペンダントやブレスレットなどの装飾品であり、銀は紀元前三〇〇〇年にはアナトリアやメソポタミアで普及していた（スーザン・ラニース他『大英博物館　図説　金と銀の文化史』柊風舎、二〇一二）。

＊12　拙稿「網野貨幣論の到達と限界」『検証網野善彦の歴史学　日本中世のNATION2』岩田書院、二〇〇九。

＊13　中国では古くから、新しく国家が鋳造した銭貨は、私鋳や盗鋳によって民間で錫や鉛が混ぜられ質が落ちる傾向にあるが、材料としての価値が落ちても民間で流通する。例えば隋では銭貨の私鋳によって薄い鉄片を切り取り、それに皮や紙を切り張りして鋳貨とするものもあり、それらの銭が混在して流通した（『隋書』食貨志）。

＊14　新の貨幣制度が複雑で利用しづらいと、人々はそれを利用せず民間では五銖銭を利用するようになった（「百姓憒レ乱、其貨不レ行。民私以二五銖銭一市買」『漢書』食貨志）。

＊15　明石茂生「古代メソポタミアにおける市場、国家、貨幣」『経済研究所年報』第二八号、二〇一五。

＊16　湯浅赳夫『文明の「血液」　貨幣から見た世界史』新評論社、一九八八、八七～八九頁。

＊17　「秦兼二天下一、幣為二二等一、黄金以レ溢為レ名二上幣一。銅銭質如レ周、銭文曰二半両一、重如二其文一」（『漢書』食貨志）。

＊18　松村恵司「無文銀銭の再検討」『古代の銀と銀銭をめぐる史的検討』奈良文化財研究所、二〇〇四。

＊19　南アフリカのブロンボス洞窟では貝ビーズの他、骨器でギザギザの線による文様を掘られたオーカー（赤鉄鉱）が見つかっている（K・ウォン「人類の文化の夜明け　早かった象徴表現の起源」『日経サイエンス』日本経済新聞社、二〇〇五）。

＊20　現在最古の人類の道具はアフリカのケニアで見つかっている三三〇万年前のハンマー、台、ナイフの役割を果たす石器である。またチンパンジーや他の類人猿も木の実を割る時に石器を使用することが近年明らかになっている（Erella Hover, *Tools go back in time*, *Nature* 521,p294~295(2015)）。人が道具を使用するのは類人猿に共通する特徴と見られ、この行動様式自体は交換や分業とは関係なく成立したと考えられる。

＊21　拙稿「装飾貨幣と鋳造貨幣」。

＊22　鈴木守「化粧品技術者のみた化粧品ルーツ考」『粧技誌』第二二巻第二号、一九八八。またネアンデルタール人もオーカーを使用していたと考えられている。

＊23　金も銀も考古学的に発掘された最古の物においてすでに装飾品として存在し、またペンダントやブレスレット、ビーズや櫛、食器などさまざまな形態をとっている。

＊24　齊藤亜矢「想像は創造の母？」『人間とは何か―チンパンジー研究から見えてきたこと』岩波書店、二〇一〇、一八二～一八三頁。

＊25　人間の子どももごくまれに直観像記憶が可能な子どもがいるという。しかし、チンパンジーの子どもはすべてこの記憶力を持っている。Sana Inoue, Tetsuro Matsuzawa, *Working memory of numerals in chimpanzees*, *Current Biology* 17, Issue 23,p1004~1005(2007).

*26 Fumihiro Kano, Satoshi Hirata, *Great apes make anticipatory looks based on long-term memory of single events.* *Current Biology* 25, Issue 19,p 2513~2517(2015).

*27 松沢哲郎「直観像記憶と言語のトレードオフ仮説」『人間とは何か』、一六二～一六三頁。

*28 言葉が先天的に存在しそれを習得していく現象は、類人猿の中で人から一番遠縁にあたるテナガザルにもみられる（打越万喜子「テナガザルの歌の発達」『人間とは何か』、一三〇～一三一頁）。

*29 スティーブン・ミズン『心の先史時代』青土社、一九九八。

*30 ケインズ『ケインズ全集5　貨幣論Ⅰ貨幣の純粋理論』東洋経済新報社、一九七九（以下『貨幣論』）、一四頁。また、イギリスの王立経済学会が出版したThe Royal Economic Society, *The Collected Writings of John Maynard Keynes,Vol.5,A Treatise on Money*, Cambridge University Press(1971)も参考にした。

*31 『貨幣論』、三頁。

*32 『貨幣論』、四頁。

*33 『貨幣論』、三頁。

*34 『経済の文明史』、八八頁。

*35 「むしろ、貨幣という言葉は、それぞれが別々の方法で貨幣の役割を果たすことができるような、いくつかの素材の小さな集合全体に対してあてはまるものである」（『経済の文明史』、八六頁）。

*36 ここでケインズの語った「物々交換」とは、次のようなものではないか。二才二カ月のチンパンジーのアユムは「問題を解いてお金を手に入れ、それを自動販売機に入れてお買い物をする」ことができる。彼は問題が解ければお金が手に入り、お金を自動販売機に入れれば好きな物が手に入る、という一連の道具と動作の対応関係を理解している。しかし、その貨幣を使って自販機以外の場で別の交換を行なわず、彼の交換はあくまでその場限りの物である。チンパンジーのそれは「物々交換」であり貨幣の背景にある社会的価値観を認知し、その価値観に準じて貨幣を用いるわけではない（岡本早苗、クラウディア・ソウザ、松沢哲郎「初めてのお買い物」『人間とは何か』三四～三五頁）。

*37 ケインズ『雇用、利子および貨幣の一般理論』岩波書店、二〇〇八〈上〉、二〇〇八〈下〉（以下、『一般理論』）。

*38 『一般理論』上、三三七頁。

*39 「貨幣の重要性は本質的にはそれが現在と将来とを結ぶ連鎖であることから生じる」（『一般理論』下、五九頁〈第二一章、一節〉）。

*40 「保蔵という概念は流動性選好という概念の一次近似と見なすことができる」（『一般理論』、二四一頁）。

＊41 『貨幣論』、一三頁。

＊42 『管子』国蓄篇には、「玉起二於禺氏一、金起二於汝漢一、珠起二於赤野一、東西南北、距二周七千八百里一、水絶壌断、舟車不レ能レ通。先王為二其途之遠其至之難一、故託用二於其重一、以二珠玉一為二上幣一、以二黄金一為二中幣一、以二刀布一為二下幣一、三幣」とある。

＊43 ニューギニア山奥に住む石器文化を持つ高地パプア人は宝貝（キギ）を貨幣として使用したが、その貨幣価値には等級がありその価値の区別は種類では無く、古さや美しさが基準であったとされる（本田勝一・藤木高嶺『ニューギニア高地人』朝日新聞社、一九六四）。

＊44 チンパンジーは主に男性から女性に限ってパパイヤを分配し（松沢哲郎他『パパイヤの贈り物』『人間とは何か』）、子供からの積極的な要求があれば、母親の持っている食べ物をとっていくのを許容するという形で食物分配が起こるが、基本的には食べ物を与えることはほとんどないという（京都大学霊長類学研究所『新霊長類学のすすめ』丸善出版、二〇一二、八九頁）。

＊45 ただし、我々とDNAが九九・五パーセント共通するネアンデルタール人は、四万五千年前に現生人類が欧州に到達して以降、骨で作ったビーズや貝殻の装飾品を使用していたとみられている。これは装飾品を使用する現生人類との交わりの中で生じた現象と考えられる（ユージン・E・ハリス『ゲノム革命―ヒト起源の真実』早川書房、二〇一六）。

＊46 今西錦司『人間社会の形成』日本放送出版協会、一九六六、一一二頁。ただし今西の議論では、一〇〇万年前ころに人間が地上の各地に棲みわかれ、土地に適応した暮らしを自給自足的に行う中で（「なんらかの交渉をもちつづけた」可能性は示唆）、農耕社会の成立により余剰が発生した結果、権力が成立すると考察している。

＊47 Daniella E. Bar-Yosef Mayer et al. *Shells and ochre in Middle Paleolithic Qafzeh Cave, Israel: indicationsfor modern behavior, Journal of Human Evolution56*, (2009)p 307-p314.

＊48 現在、約一二万年前と七万年前の二回に亘って現生人類による出アフリカがあったと考えられている。これを機に人は約六万五千年前にはアンダマン諸島、六万年前にオーストラリア、四万年前にヨーロッパ、一万二千年前には南アメリカまで到達するという異常な拡散をみせる。

＊49 プラトン『国家』上、岩波書店、一九七九、二四六頁。

＊50 プラトン『国家』下、岩波書店、一九七九、二三頁。

＊51 渡辺信一郎『中国古代の王権と天下秩序』校倉書房、二〇〇三、四八頁。

＊52 原文は「昔先聖王之治天下也、必先レ公、公則天下平矣。平得二於公一。…凡主之立也、生二於公一。…天下非二一

人之天下也、天下之天下也」。

*53 中村元『インド古代史』上、春秋社、一九六三、二三一～二三三頁。

*54 『インド古代史』上、二三八頁。

*55 長尾雅人『仏教の源流―インド』中公文庫、二〇〇一、一六二～一六五頁。

*56 中村元『中村元選集　ゴータマ・ブッダ』第一一巻、春秋社、一九六九、二一三頁。原本は『相応部』六・一や『律蔵』にある。

*57 『ゴータマ・ブッダ』第一一巻、二二〇～二二三頁。

*58 ギリシャでは鉄串が金銀コインよりも早い通貨と考えられており、紀元前七世紀初頭にはギリシャで流通し、コインの導入後も小額貨幣としてギリシャの各地で通用した（『貨幣から見た世界史　文明の血液』、五九頁）。中国では、西周末には原始布と呼ばれる鋳造貨幣が始めて現われ、春秋戦国時代に入ると、諸国の間で急速に多種多様な鋳造貨幣が創出されていく（宮澤知之『中国銅銭の世界』、思文閣出版、二〇〇七）。インドも紀元前七世紀ころから発行が始まり一定の重量を持ち純度と重量を保証するシンボル・マークの押された打刻印貨幣で、国家の保証印もあった。初期の大部分は銀貨で、銅貨もあるが数は少なく、両者はインドで独自に出現したとされる（P・L・グプタ『インド貨幣史―古代から現代まで―』刀水書房、二〇〇一）。

*59 ロビン・ダンバーは脳の大きさと平均的な集団の大きさとの間に相関関係を見出し、チンパンジーが平均で六〇人、ホモ・エレクトゥスが平均一一一人、ネアンデルタール人は平均一四四人で、現代人類の約一五〇人の値とほとんど変わらない規模とした。これは初期人類が日々の生活を送っていた集団の規模に関するのではなく、社会的知識を持っているような相手の数に関する推測である。ただ考古学的には初期人類の住居跡はどこでも小さな集団を暗示しており、また遺跡の人工物の分布も見たところでたらめで、集団の他の成員を見たり関わり合ったりすることに何の関心も無く、個々人或いは小集団ごとに活動していたかのようだとされている（『心の先史時代』、一七五～一七八頁）。

*60 トルコのギョベックリ・テペでは当地において農耕開始以前と考えられている一二〇〇〇年前の遺跡として巨石で作られた円形建築が見つかっている。抽象的な模様の彫刻が施されていることから宗教施設と推測されており、定住の跡は見つからないため地域の集会場所となっていたと考えられている（チャールズ・C・マン「人類最古の聖地　トルコ　ギョベックリ・テペ遺跡」NATIONAL GEOGRAPHIC日本版、二〇一一）。

*61 中国長江流域では遺伝学的に八二〇〇年前から一三五〇〇年前に米の生産が始まったとされ（Jeanmaire Molina et al, *Molecular evidence for a single evolutionary origin of domesticated rice, PN AS*

108(20), p8351-p8356（2011)）、レバントのテル・アブ・フレイラ遺跡では約一一〇〇〇年前のライムギ農耕遺跡が見つかっている。

*62 小アジアでの冶金による銅器文化の開始は紀元前八千年紀にまで遡り、地中海や中東、ユーラシアへと伝播していく。紀元前二千年期紀には中国の斉家文化や二里頭文化で青銅器生産が確立し、殷代以降拡散する（小林青樹「ユーラシア東部における青銅器文化―弥生青銅器の起源をめぐって」『国立歴史民俗博物館研究報告』一八五、二〇一四）。

*63 オリエント世界では紀元前一九世紀頃にはアッシリア商人たちが製鉄技術を持っており、ヒッタイト帝国の繁栄と滅亡によって技術拡散が起こったとされている（Hideo AKANUMA, *Analysis of Iron and Copper Production Activity in the Central Anatolia during the Assyrian Colony Period 125, KAMAN-KALEHÖYÜK* 16(2007)）。インドでも紀元前二千年紀の早い段階で始まり前一三世紀には製鉄技術が拡散したとされるが（Rakesh Tewari, *The origins of iron working in India: new evidence from the Central Ganga Plain and the Eastern Vindhyas, Antiquity*, vol.77, Issue 297(2003)）、中国では少し遅れ、紀元前一〇世紀頃から隕鉄による鉄器生産が開始され、紀元前五、六世紀頃から本格的な製鉄が行なわれる（関清「東アジアにおける日本列島の鉄生産」『古代東アジア交流の総合的研究』国際日本文化研究センター、二〇〇八）。

# あとがき

先日、関西経済の活性化をはかるということをテーマにしたある会合（シンポジウム）に出ていて、ふと思ったのは、人間にとってアイデンティティーというのはいったいなんだろうということであった。みずからをある社会の周辺に位置づけるのと、中心に位置づけるのとでは、何がどう違うのかということであった。

そしてもし人間の創造性が、みずからをある社会の中心に位置づける感覚からしか生まれないものだとすれば、そこにこそ東京一極集中の弊害があると思った。地方の人びとがどんどん非創造的になっていく仕掛けがそこには組み込まれているからである。いまこの国で露呈しているのは、その弊害である。

と同時に、だからこそ人は、広くグローバルに生きる——世界中どことでもつながって生きる——ということをつねに行いながら、他方、社会を共同体といえる程度の小さな社会（村や町）に小分けするということも行ってきたのである。そして隣村との少しばかりの違いを言いたてることに、意外と熱心になってきたのである。

しかし官僚制という化け物は、人の均質化を好む。多種多様な人よりも、規格化された人——人ひとりとは何か、その要件の定まった人——の方が統治しやすいからである。だから官僚制が際限なく発達する社会にあっては、中央集権化が進み、ひとつひとつの小分けされた社会の自立性が不断に奪われていく。近代日本において、町村の境界が破壊されつづけ、かつて明治の初めに約七万あった町村が、いまや二〇〇〇弱にまで減ってしまったゆえんである。それでも飽き足らず、官僚とその仲間たちは、道州制の導入なども模索している。

しかしそれは確実に、人びとの創造性の破壊につながっている。「東京に出なければ」との焦慮は、関西が本場のお笑いの世界にさえ及んでいる。

ふたたび小分けされた社会の自立性を取り戻すこと、それが我々の課題である。そしてイマヌエル・カントが思索を重ねた場所が、プロイセン王国の首都ベルリンではなく、ケーニヒスベルグという東プロイセンの田舎町であったことこそ想起すべきである。そのためには、古都京都・奈良を含む「関西」の再首都化をはかり、この国を、東京中心の真円構造から、東京、「関西」中心の楕円構造に持ちこむことがまず第一歩となる。

本書は、そのための思索の糧も提供しえたのではないかと思う。

小路田泰直

装幀・デザイン　姥谷 英子
図版作成　蓬生 雄司
編集協力　阿部 いづみ
写真協力　北條 芳隆／指宿市観光課

奈良女子大学叢書 2
日本史論——黒潮と大和の地平から

2017年3月24日　第1版 第1刷発行

編著者　小路田 泰直
発行者　柳町 敬直
発行所　株式会社 敬文舎
〒160-0023　東京都新宿区西新宿 3-3-23
ファミール西新宿 405号
電話　03-6302-0699（編集・販売）
URL　http://k-bun.co.jp
印刷・製本　中央精版印刷株式会社


Printed in Japan ISBN978-4-906822-87-4